第四版说明

重新认识人文社会科学领域大学生信息素质的本质内涵，调整教材的内容和形式，以切实提高信息素质教育的效果，是这次改版的基本思路。

人文社会科学领域大学生信息素质的本质内涵，应该由相辅相成的三个方面组成，即科学辩证的信息认识观、熟练扎实的信息技能和积极而合法的信息行为。有了这样的信息素质，学生才能把握信息资源，在信息海洋上扬帆远航，成为合乎时代要求的信息利用者和创造者。

基于这样的认识，本版在理念、结构和内容三个方面进行了调整。具体为：

理念上，以三个转化为目标，即由文献检索型向信息能力型转化，由单纯的信息能力培养向能力、道德、意识能力三结合转化，由让学生被动地熟悉模仿向主动分析比较转化，以切实提高信息素质的教学水平。

内容上，强调三个精练，三个突出：即精练纯理论内容、精练纸质型工具、精练资源型列表，突出基础性内容、网络化工具和实例化教学。增设和充实的内容有：新的学术评价方法H指数、开放资源、RSS、维基百科、百度知道等，强化交互性工具的使用，学术规范以及文献整理工具EndNote的使用方法。

结构上，每一章节前增设问题导入、知识目标和能力目标，强调以问题为导向，按照能力目标进行教学。考虑到互联网使用的重要性，将其调整至第三章，以利后续章节的教学。将重要的知识点和实例，以小贴士形式单独列出。

本次改版，内容体系设计由詹华清、蒋永新等完成，各章内容更新的执笔者为：第1、5、6章蒋永新，第2章鲍国海，第3章詹华清，第4章毛琴芳，第6.1.2节王娟。詹华清、蒋永新、毛琴芳、鲍国海、王娟、万小娟、王海雄、陈敏和王德英共同完成了通稿修改工作。

本书在改版过程中，参考了大量国内高校同类教材，得到了上海大学图书馆、上海大学出版社、上海大学教务处等部门领导和同仁的全力支持，在此一并致以衷心感谢。

限于编者的水平，本书的差错在所难免，敬请各位读者不吝指正。

编　者

2012年7月5日

目　录

1

绪　论

问题导入

☆ 您的信息素质处于一个什么水平?
☆ 您了解信息、文献、核心期刊和信息资源的内涵吗?
☆ 您能准确判别给定题录信息的文献类型吗?

知识目标

☆ 信息素质的内涵
☆ 文献信息的定义与类型
☆ 文献信息的学科分布规律

能力目标

☆ 能够识别文献的出版类型
☆ 能够确定专业核心期刊
☆ 能够确定文科信息资源

1.1　信息素质教育与文献检索课

文献检索课是当前高等院校学生信息素质教育的主要形式之一。学习之前思考和了解与课程相关的问题将有助于您的学习,如您的信息素质处于一个怎样的水平,需不需要接受信息素质教育,文献检索课设置的目的和任务是什么,如何完成这门课程的学习,通过课程学习期望达到什么目标,等等。

1.1.1　信息素质教育

1. 信息素质的定义

信息素质,又称信息素养,起源于20世纪中叶的文献检索技能,在信息时代得以深化和拓展。它最早由美国前信息产业协会主席泽考斯基(Paul G. Zurkowski)在1974年提出,具有信息素质的人(Information Literates)是指经训练具有广泛利用信息工具和信息源的能力,并能提出信息方案来解决工作、生活中的问题的人。信息素质是人们跨入信息社会,在生理、心理和社会文化等素质的基础上,发展并优化出来的一种新的基本素质。

2. 信息素质的评价标准

如果说今天的大学生经常使用搜索引擎获取信息，已经具备一定的检索技能的话，但并不等于说他们已经具备了良好的信息素质。信息素质是一个包含信息意识、信息技能与信息道德在内的具有丰富内涵的概念。那么，作为大学生应该具备怎样的信息素质？如何衡量？

> **小贴士：**会用搜索引擎≠检索技能。检索技能包含课题分析、数据库选择、检索词选择、策略构成及调整以及数据库使用等，会用搜索引擎仅与最后一项有关。

2000 年美国大学和研究型图书馆协会通过了《美国高等教育信息素养能力标准》，旨在指导和评估高等院校开展的信息素质教育。国内也制定有相应的信息素质标准，其中，北京高校图书馆学会 2005 年制定的《北京地区高校信息素质能力指标体系》认为，具有信息素质的学生应该具备以下的能力：

(1) 了解信息以及信息素质能力在现代社会中的作用、价值与力量，具有强烈的信息意识，了解信息素质的内涵。

(2) 能够确定所需信息的性质与范围，包括能够识别不同的信息源并了解其特点，明确地表达信息需求，考虑到影响信息获取的因素。

(3) 能够有效地获取所需要的信息，包括能够了解多种信息检索系统，使用最恰当的信息检索系统进行信息检索，能够组织与实施有效的检索策略，能够根据需要利用恰当的信息服务获取信息，能够关注常用的信息源与信息检索系统的变化。

(4) 能够正确地评价信息及其信息源，并且把选择的信息融入自身的知识体系中，重构新的知识体系。

(5) 能够有效地管理、组织信息，能够有效地与他人交流信息。

(6) 作为个人或群体的一员能够有效地利用信息来完成一项具体的任务，包括能够制定一个独立或与他人合作完成具体任务的计划，确定完成任务所需要的信息，通过讨论、交流等方式，将获得的信息应用到解决任务的过程中；并提供某种形式的信息产品(例如：综述报告、学术论文、项目申请、项目汇报等)。

> **小贴士：**信息素质标准归纳起来，主要有三个方面：一是要有科学正确的信息认识观；二是要有扎实的信息获取技能；三是要有积极、合理、合法的信息行为。

(7) 了解与信息检索、利用相关的法律、伦理和社会经济问题，包括能够合理、合法地检索和利用信息，遵循在获得、存储、交流、利用信息过程中的法律和道德规范。

3. 信息素质教育的主要内容

信息素质教育是培育上述能力的重要途径之一，其内容主要包括以下三个方面：

(1) 信息意识教育。信息意识是指人对信息敏锐的感受力、判断能力和洞察力，即人的信息敏感程度，是人们对自然界和社会的各种现象、行为、理论观点等从信息的角度理解、感受和评价。通俗地讲，就是面对不懂的东西，能积极主动地去寻找答案，并知道到哪里、用什么方法去寻求答案。通过信息素质教育，使自己具有敏锐的信息观察力，快速的信息发掘能力，提高信息意识认知基础，从庞杂散乱的信息中捕捉有价值的信息。

(2) 信息能力教育。信息能力是信息素质教育的主要方面，它主要包括学术信息的获取、加工处理和利用等，目的是培养学生在纷繁无序的信息中筛选、鉴别自己所需的学术信息，并能熟练应用有关信息技术和信息工具来充分利用这些信息的能力。

(3) 信息道德教育。信息道德是指人们在整个信息活动中应遵守的道德准则，是信息加工者、传递者、使用者信息行为规范的总和，目的是培养学生正确的道德判断和选择能力，使学生养成良好的信息道德品质，能够遵循一定的信息伦理与道德准则，规范自身的信息行为，成为具有广博知识与专深技能的人。

4. 信息素质的重要性

信息素质作为一种高级的认知技能，同批判性思维、解决问题的能力一起，构成了学生学习和知识创新的基础。国际教育发展委员会主席埃得加·富尔在《学会生存》一书中说："未来的文盲不再是不识字的人，而是没有学会怎样学习的人。"在信息时代，具备良好信息素质的重要性与迫切性体现在以下几个方面：

第一，信息激增的现实要求。我们所处的时代是一个信息量激增的时代。普赖斯在他的《巴比伦以来的科学》指出从 1750 年起科学杂志的数量大约每 50 年增长 10 倍，2009 年《乌利希国际期刊指南》(ULRICH)收录了全世界 220 个国家将近 30 万种学术期刊、开放存取出版物、报纸和杂志等。2010 年我国出版的图书超过 30 万种，每两分钟就一本新书。2011 年加州大学圣地亚哥分校的科学家计算出 2008 年全球互联网服务器上存储的信息的总容量为 9.57ZB，相当于 10 万亿 GB。第 29 次中国互联网络发展状况统计报告显示，截至 2011 年 12 月底，中国网页数量为 866 亿个，较上年增长 44%，平均每天约 7 200 万页的增速。信息激增不仅使"读不完，接受不了"的矛盾越来越尖锐，而且使如何从浩如烟海的文献中寻找合乎要求的信息变得越来越困难。

第二，信息知识的更新要求。人类知识的更新速度在加快，信息知识的有效期在缩短，例如：10 年前发展起来的新兴技术，今天约有 30%已经过时。对本科生而言，如果他们学习的全部为应用技术，那么到第三年时，第一年所学东西的一半已经过时。有专家认为，一个人在大学阶段只能获得一生中所需知识 10%左右，而 90%的知识是要在工作中通过不断学习获得的。知识的频繁更新清楚地说明，不掌握信息素质，就跟不上时代前进的步伐。

第三，文献检索的专门化要求。现代文献信息的载体类型、出版类型、传播手段、组织形式十分复杂，近年日益普及的计算机检索，尽管在通信和网络技术的扶持下，已经使信息获取变得更为方便、有效，然而，各种类型数据库的迅速增长，数据库理论、检索软件、检索策略等知识日益深化，迅速、准确、完整地获取所需的文献信息已经成为一项综合性的专门化的技术。那种"只要能上网，谁都会检索"的看法是一种外行人的错觉。

第四，信息素质是现在，更是未来研究人员的一项基本功。对于一个科研工作者来说，文献信息检索贯穿于研究工作的始终，是研究工作的重要组成部分。任何一项研究工作在开题前，首先要对课题涉及的文献信息进行全面的检索，了解国内外动态，从而对自己的课题进行周密的论证，以避免重复他人

> **小贴士：**有一位本科生在毕业论文答辩时提出了一种新颖的观点，令答辩组的专家、教授为之眼前一亮，因为这个新观点是对他们所知观点的一种明显的提升。原来这位大学生在校的几年中，早早确立了自己的研究兴趣，一直利用图书馆和各种信息渠道，收集、分析这项研究的最新动向，从而得出了与众不同的观点。

的劳动；研究过程中查阅文献信息，可把前人认识事物的终点作为自己探索的起点，找出攻关方向与途径；在研究结束进行成果鉴定时进行文献信息检索，可以判定成果的先进性、科学性和实用性。可以说，文献信息的检索能力是决定研究效率、研究水平，甚至研究成败的一个重要因素。

1.1.2 文献检索课的教学要求和教学内容

在国内，大学生和研究生信息素质教育的主要载体是文献检索课。文献检索课是国家教委统一命名的一门科学方法课。1984 年教育部颁布(84)教高一字 004 号文件，文献检索课被正式列入我国高校文理工科各专业的教学计划。20 余年来，数以百万计的学生修完或正在选修这门课程。

文献检索课的教学要求有信息技能、信息意识和信息道德三个方面。在信息技能方面，要求学生能够选择数据库，制定检索策略，通过多种途径进行文献检索、事实检索和数据检索，分析检索结果；能够掌握获取原始文献的主要方法以及初步整理分析文献信息的方法。在信息意识方面，要求学生形成信息就是价值、就是效益、就是生存权的自觉意识，实现通过信息的获取利用提高自己竞争生存发展能力的目的。在信息道德方面，要求学生能够养成良好信息道德品质，遵循公认信息伦理和信息道德准则，规范自己的信息行为。

文献检索课的教学内容分为基础理论知识和基本技能两部分。基础理论知识部分包括文献信息的基本知识(第 1 章)，信息检索原理(第 2 章)。基本技能部分包括互联网信息检索、常用文献检索、事实与数据检索的方法(第 3～5 章)以及整理分析文献信息的方法(第 6 章)。

本课的主要知识点有：

绪论部分包括文献类型、文献的级别、载体和出版类型、文后参考文献出版类型的识别方法、文献信息的时间和学科分布规律，以及核心期刊的概念等；

信息检索原理部分包括信息检索的基本步骤、归纳课题主题、提取检索概念的一般方法、课题分类号和主题词的确定方法、课题概念扩展方法、文献信息数据库的结构以及检索策略的构成和调整的基本方法等；

互联网信息检索部分包括互联网信息资源的构成、典型搜索引擎的使用方法以及虚拟图书馆的概念和利用方法、学术网站的概念及其利用方法等；

常用文献检索部分包括 OPAC、中国学术期刊网络出版总库、SSCI、EBSCO 的基本使用方法等；

事实与数据信息检索包括术语信息检索、事实信息检索和数值信息检索等；

文献信息的收集、整理和利用部分主要包括通过正式渠道的文献信息收集方法、文献引用的学术规范和文后参考文献的著录方法等。

1.1.3 文献检索课的教学材料和学习方法

文献检索课的学习材料由教材、习题指导和网络课件相辅相成的三个部分构成。

教材提供基本概念的表述以及检索技能运用的实例，帮助理解课程所要求掌握的各个知识点，内容相对详细，是预复习的主要读本。

习题指导根据素质教育的教学目的，围绕信息素质教育重点内容配置多种形式的练习题，同时给出参考答案。学生能从中获得对基础知识、基本技能必要和足量的训练。

网络课件提纲挈领地表述课程内容，同时配备有针对性的习题，是掌握本课内容的必备工具。它有两个主要作用：一是管理学习活动，即根据学生登录形成与选课相同的辅导班级，记录平时学习成绩；二是提供练习的手段和示例，让学生通过练习，掌握学习内容，检查学习的效果。

本课的学习方法特别强调通过实践掌握概念和技能，具体地说，达到教学大纲规定的要求，完成针对课程重点所设的练习是基本的起点，通过实践理解、掌握教材相关内容，养成信息意识、培养信息技能、规范信息行为。

小贴士： 消化知识点、独立完成作业是信息素质教育的基本要求；模仿实例操练技能是掌握信息素质的关键环节；剖析案例、积极进行发散型思维是获得较高信息素质的主要途径。

1.2 文献信息的基本概念

1.2.1 信息、知识和文献的定义

1. 信息

关于信息，人们从不同的角度，曾给出过各种各样的定义。归纳起来，我们认为，信息是事物属性的再现。信息不是事物本身，而是由事物发出的消息、指令、数据等所包含的内容。因此，作为日常用语，信息是指音信、消息。广义上的信息是指事物属性的表征，而狭义的信息是指系统传输和处理的对象。例如，生物信息、天体信息是自然界发出的信息，社会信息是人际间传播的信息，是人类活动的产物。总之，一切事物，包括自然界和人类社会都会产生信息。

小贴士： 普遍性是信息最重要的一个特征。如何获取、驾驭进而创造信息是人们关注的焦点。

在支配人类社会的三大要素（能源、材料和信息）中，信息愈来愈显示出其重要性和支配力。它将人类社会由工业化时代推向信息化时代，使现代社会所有的机构，甚至个人都卷入到信息处理的浪潮之中。20 世纪 90 年代互联网的出现和发展，将整个世界变成一个小小的地球村，人们可以跨越时空地在网上交换信息和协同工作。如今展现在人们面前的已不是局限于本部门、本地区的信息和数据，而是浩瀚无垠的信息海洋。而且随着人类活动领域和范围的扩大，节奏加快，以及技术的进步，如何能够以更快速较易的方式获取、存储、管理、共享信息，就成为了人们关注的焦点。

2. 知识

知识是人类社会实践经验和认识的总结，是人的主观世界对于客观世界的概括和如实反映。知识是人类通过信息对自然界、人类社会以及思维方式与运动规律的认识，是人的大脑通过思维加工、重新组合的系统化信息的集合。因此，人类不仅要通过信息感知世界，认

识和改造世界，而且要将所获得的部分信息升华为知识。人们在认识和改造世界的过程中，对信息认知的那部分内容就是知识，可见知识是信息的一部分。

> **小贴士：** 积累性是知识最重要的一个特征，继承进而发展知识是社会进步的一个原动力。

通观人类文明发展史，就是一部知识的创造、交流、再创造并不断积累的螺旋式上升的历史。当代的计算机与信息技术的发展，加速了这种过程。据估计，19世纪时科学定律知识的数量一百年增长一倍，到20世纪60年代中期以后，每五年就增加一倍。这其中知识再生产起着关键的作用。当知识极度增长时，如果没有有效的信息处理方法，比如由计算机信息技术来处理、提取有用信息和知识，或者没有掌握信息获取有效方法，任何人都会对现代的知识感到像大海捞针一样束手无策。

3. 文献

知识信息本身是看不见的，它只能附着在载体上，与载体分离的知识信息是不存在的。本书所讨论的知识信息主要是指包含在印刷型文献和电子型文献中的信息和知识。其第一载体是语言、文字、图像、符号、电子信号等，是表现知识信息内容的形态；第二载体是磁带、纸张、胶片、计算机存储材料和器件等，是承载知识的物质形式。当需要通过科学的途径进行处理和再获取知识信息时，文献就是必须讨论的概念了。

在我国1983年颁布的国家标准《文献著录总则》中，文献的定义为“记录有知识的一切载体”。这个定义揭示了文献所包含的知识内容、信息符号、载体材料和记录方式四个基本要素。其中，知识信息的内容是文献的灵魂所在。信息符号是赖以揭示和表达知识信息的标识符号，如文字、图形、数字、代码、声频、视频等。载体材料是可供记录信息符号的物质材料，如纸张、胶片胶卷、磁带磁盘、光盘、穿孔纸带等。而记录方式，包括印刷、复印、篆刻、翻拍、录制等，将知识信息内容与载体统一成为文献。

> **小贴士：** 文献的物质性是文献最重要的一个特征。有了文献，信息和知识才有了存储、交流、检索和利用的载体。

1.2.2 人文社科文献的范畴、特点和功能

1. 人文社会科学文献的范畴

社会科学有广义和狭义之分。广义社会科学概念主要使用于我国，它包括自然科学以外的大部分学科，是相对于自然科学而言的。狭义社会科学概念主要使用于西方国家，一般是将文、史、哲等学科看作人文科学，文、史、哲以外的诸如政治学、经济学、法学、社会学等学科称作社会科学。本书所称的人文社会科学文献信息，有时也称文科文献信息，是取广义的社会科学概念。需要指出的是，随着科学研究的深入发展，学科间交叉渗透的现象也越来越复杂，人文社会科学文献和自然科学文献之间没有不可逾越的鸿沟。

> **小贴士：** 人文社科文献林林总总，本书主要关注与学术性有关的那部分，因为它们是我们今后学习和研究的主要对象。

2. 人文社科文献的特点

人文社科文献种类和类型繁多，数量庞大。仅就现存的古籍而言，其中绝大部分是人文社科文献，蕴藏着的知识信息极其丰富。与自然科学文献相比较，人文社科文献的特点是十分明显的：

(1) 具有一定的阶级性和政治倾向性。人文社科的研究对象是由不同的阶级、阶层或利益集团以及它们之间的现实交往关系所构成的社会，作为研究主体的人文社科学者本身隶属于特定的阶级、阶层或利益集团，所以，对于同一社会现象，往往由于受研究主体的社会地位、阶级关系、价值观念的制约而做出不同的判定和解释。很多研究成果甚至包含主观唯心的偏见以及伪科学的臆断。这就要求我们运用唯物主义的立场、观点加以分析鉴别，去伪存真，剔除糟粕，吸取精华。此外，还要注意对文献信息的筛选，尽量选用有独创见解的、科学性较高的知识信息，舍弃那些人云亦云、琐屑而无意义的部分，不能无条件地兼收并蓄。

(2) 具有明显的时代性。由于人类社会不同形态和不同阶段的特殊性以及研究主体的时代意识，致使记录一定社会现象的人文社科文献不可避免地留下时代特征。

(3) 具有较强的地域性。不同区域不同民族在社会制度、文化背景、心理习惯、价值观念等方面存在着差异，从而导致对人文社科成果的评价标准不同，对人文社科文献的选择接受很大程度上限于本国和本民族。人文社科文献所经常带有的地方色彩和民族特点，是我们检索与利用时应该予以注意的。

(4) 具有较长的效用性。人文社科文献内容的积累性弱，新的著述不能完全包容以往的知识内容。所以，人文社科文献在相当长的时间内，依然具有提供信息知识的价值。人文社科领域，比较注重历史资料的积累，知识的老化率低。研究中不仅要了解新观点、新资料，也要充分利用前人已取得的成果，所以要重视回溯性检索。文献的有效使用期很长，很多问题不能单纯依靠第二手材料，必须追溯其原始出处，查证核实。

(5) 具有内容的综合性和分布的离散性。人文社科综合性特征使得人文社科文献具有综合性特点，由此便造成人文社科文献分布的分散状况，某一学科的文献，不仅存在于本学科领域，而且分散于相邻学科领域中。从文献类型来看，图书、报刊等很难有明确的专业分工，专业文献还散布在相关专业的书刊中，往往是“你中有我，我中有你”，彼此融合在一起。针对人文社科文献如此复杂的情况，检索时要特别注意文献的完整性，既要查阅本学科的文献，又要搜索相关学科的文献，尽可能详尽地占有资料，避免遗漏。

(6) 文献类型以专著和期刊论文为主。科技文献检索中主要利用二次文献(索引、文摘)检索论文和专利说明书，以获取最新知识信息，各种大型的二次文献数量众多。而在人文社科领域，获取知识信息主要依靠专著、论文和参考工具书，经常直接利用一次文献。虽然近年来各种类型的检索工具增多，但索引和文摘仍不发达。总的看来，人文社科文献的检索方法和途径比较多样化和复杂化既是特点，也是难点。

3. 人文社科文献的功能

人文社科文献的功能是指人文社科文献信息在交流传递中所发生的功效和可能起的作用。这种功效和作用受一定的社会条件的制约和影响，并随着社会的发展而发展，集中表现在以下四方面：

(1) 认识功能。人文社科研究是人们认识社会、探索社会发展规律的一种活动，在这一过程中,人们必须借鉴前人的研究成果,而这些研究成果主要是由人文社科文献提供的。

(2) 参考功能。人文社科文献中包含有人们对历史和未来各种社会现象的解释、论证和预测,包含有人们在社会活动中的思想发展、理论成果和经验教训。因此,人文社科文献对社会实践活动具有广泛的参考功能,主要表现为对科研、经济、决策和预测的参考功能。

(3) 思想教育功能。任何形式的教育活动都离不开文献信息,文献信息保存了人类创造的全部知识,对人们有多方面的教育功能。人文社科文献的教育功能更多地侧重于对人们的思想教育和道德教育。

(4) 政治功能。人文社科的许多学科都不同侧面、不同程度直接或间接地研究着与政治有关的问题,反映这些研究成果的文献必然显示出不同程度的政治功能。人文社科文献的政治功能主要表现为:为选择政治路线、制定政治纲领、决定政治措施提供理论依据和历史借鉴,规范政治活动和政治行为。

1.3 文献信息的类型和特点

按照不同的标准对文献进行类型划分有助于人们更好地理解和利用文献。本节介绍按照文献加工深度、按照载体的物理形态,以及按照内容特点和出版类型区分的文献类型。另外,由于电子文献已成为文献信息利用不可或缺的部分,这部分内容的概要介绍放在本节的最后。

1.3.1 按照加工深度不同区分的文献类型

按照加工深度不同区分,文献可以分成零次、一次、二次和三次文献。

1. 零次文献(non-printed sources)

未经出版发行的或未进入社会交流的文献。如传统的私人笔记、底稿、手稿、个人通信、新闻稿、工程图纸、考察记录、实验记录、调查稿、技术档案等,以及现代的电子邮件、博客等。其主要特点是内容新颖,但不成熟,不通过公开渠道交流,获得它相对比较困难。

2. 一次文献(primary sources)

以作者本人取得的成果为依据而创作的论文、报告等,并公开发表或出版的各种文献,习惯上称作原始文献。如期刊论文、学位论文、报告、会议论文、专利说明书、技术标准等。其主要特点是内容新颖丰富,叙述具体详尽,参考价值大,但数量庞大、分散,直接利用往往不十分方便。

3. 二次文献(secondary sources)

报道和查找一次文献的检索工具书、书刊。如目录、题录、简介、文摘和索引等。二次文献是按照特定目的对一定范围或学科领域的一次文献进行鉴别、筛选、分析、归纳和加工整理重组,使之有序化后出版的。二次文献帮助人们在较少时间内获得较多的文献信息或线索,具有汇集性、工具性、综合性、交流性等特点。

4. 三次文献(tertiary sources)

根据二次文献提供的线索,选用大量一次文献的内容,经过筛选、分析、综合和浓缩而再度出版的文献。三次文献主要包括三种类型:一是综述研究类,如专题述评、总结报告、动态综述、进展通讯、信息预测、未来展望等;二是参考工具类,如年鉴、手册、百科全书、词典、大全等;三是文献指南类,如专科文献指南、索引与文献服务目录、书目之书目、工具书目录等。三次文献具有综合性、参考性和实用性等特点。

在四个级别的文献中,多数的零次文献由于没有进入出版、发行和流通这些渠道,收集利用十分困难,而后三种文献在内容上体现了从分散化到系统化、密集化的过程。一般说来,一次文献是基础,是检索利用的对象;二次文献是检索一次文献的工具,故又称之为检索工具;三次文献是一次文献内容的高度浓缩,是我们掌握已有知识、研究以往文献内容的一个重要信息源。

需要指出的是,随着文献的数字化、电子化、网络化进程的日益加快,文献的级别概念已经逐渐变得模糊。我们可以通过网络获得大量的零次文献,也可以在一个数据库中同时看到相互有链接关系的各种级别的文献。然而,无论现代文献信息怎么变化,一次文献因为具有首创性内容且得到一定公认,其作为检索利用首要对象的地位是不会改变的。

1.3.2 按照载体的物理形态区分的文献类型

印刷型、缩微型、声像型和电子型文献是以载体的物理形态区分的四种文献类型。后三类文献又称非印刷型出版物。由于缩微型文献逐步退出流通范围,印刷型、声像型和电子型是我们使用的主要文献类型。

1. 印刷型(printed form)文献

通过铅印、油印和胶印等手段,将知识固化在纸张上而形成的一类文献,如图书、期刊以及各种印刷资料等。这是一种历史悠久的传统文献形式,是文献信息传递的主要载体。其优点是传递知识方便、灵活、广泛,保存时间相对较长,缺点是存储密度小,体积大。

2. 声像型(audio-visual form)文献

也称视听型文献,是指通过特定设备,使用声、光、磁、电等技术将信息转换为声音、图像、影视和动画等形式,给人以直观、形象感受的知识载体。如唱片、录音(像)带、影视片等,以及高密度存储的唱盘和视盘(audio disc & video disc)。声像型提供的形象、声音逼真,宜于记载难以用文字表达和描绘的图像资料和音频资料,如用以记载研究过程和会议发言等。这类资料的播放可见其形、可闻其声,效果真切,缺点是使用必须借助视听设备。

3. 电子型(electronic form)文献

原称机读型(machine readable form)文献。它通过计算机对电子格式的信息进行存取和处理。即采用一定的技术手段,将信息存储在磁盘、磁带或光盘等一些媒体中,形成多种类型的电子出版物。它具有信息存储密度高(如有的DVD光盘的信息存储量可达10 G以上、标准配置的台式机或笔记本电脑磁盘达500 G以上)、存取速度快的特点,并且具有电子加工、出版和传递功能。缺点是使用必须借助计算机等设备。

电子出版物的产生，被认为是人类在知识生产和交流方面的第四次革命。多媒体(multi-media)文献采用超文本(hypertext)或超媒体(hypermedia)方式，把文字、图片、动画、音乐、语言等多种媒体信息综合起来，在内容表达上具有多样性与直观性，并且有人机交互的友好界面。因此多媒体既属于电子型的也属于声像型。多媒体出版物在科技、教育、出版和新闻等领域正在得到日益广泛的应用。

1.3.3 按照内容特点和出版方式区分的文献类型

印刷型文献的出版类型是针对一次文献所含内容的特点和出版方式进行区分的文献类型。学会识别判断一次文献的出版类型，是获取印刷型原文的首要环节。一次文献的出版类型通常分为九大类。它们的定义、作用及在文后参考文献中的著录特征分别表述如下：

1. 图书

图书是指论述或介绍某一学科或领域知识的出版物。图书往往是作者对已经发表的科研成果及其知识体系进行概括和总结，即具有独立的内容体系、相当篇幅和完整装帧形式的文献。其特点是内容比较成熟，所提供的知识系统全面，出版形式也较固定，是系统掌握各学科知识的基本资料。但出版周期较长，传递报道速度较慢。

根据国际标准 ISO 0690－2010 的规定，图书在附于原始文献的参考文献中通常著录成如下例所示的格式：

Bain JS. Barriers to New Competition. Cambridge：Harvard University Press，1956

图书的著录特点是：① 有著者(如上例中的“Bain JS”)、书名(如上例中的“Barriers to New Competition”)；② 有出版地、出版社(如上例中的“Cambridge：Harvard University Press”)和出版年份(如上例中的“1956”)，出版地和出版社之间使用冒号连接；③ 有时有表示主编(edited by，eds)和版次(edition)的信息；④ 有时还给出国际标准书号。这四点中，b、c两点是判定参考文献是否属于图书的主要依据。

国际标准书号(International Standard Book Number，ISBN)，是公开出版图书的统一编号，唯一对应一种图书。例如 ISBN 978－7－01－005477－3。其中的 5 段数字部分分别代表欧洲物品编码前缀、中国、出版社、图书的代码和校验码。

2. 期刊

期刊是指有固定名称、统一出版形式和一定出版规律的定期或不定期的连续出版物。期刊出版周期短、报道速度快、信息量大、内容新颖、发行面广，能及时传递信息，是交流学术思想最基本的文献形式，受到广大研究人员的高度重视。大多数检索工具也以期刊论文作为报道的主要对象。对某一问题需要深入了解时，较普遍的办法是查阅期刊论文。

期刊按内容性质可分为学术性期刊、动态性期刊、通报性期刊、综述与述评性期刊和检索性期刊等类型。其中，学术性期刊、综述与述评性期刊对学术研究的直接参考价值较大，而通报性期刊、动态性期刊和检索性期刊则出版周期较短，对掌握发展概况和查找信息有较大作用。

期刊论文在参考文献中经常著录成如下例所示的格式：

Brown C. The Effect of the Minimum Wage on Employment and Unemployment. The Journal of Economic Literature, 1982, vol. 20, no. 2, 489 - 490 (OR: J. Econ. Lit., 1982, 20(5), 489 - 90).

期刊论文著录的特点是：a. 有作者(如上例中的"Brown C")，有时有篇名(如上例中的"The Effect of the Minimum Wage on Employment and Unemployment")；b. 常常有表示期刊的单词，如 journal(学报、杂志)、acta(杂志)、annales(纪事)、bulletin(通报)、transactions(汇刊)、proceedings(会刊)、review(评论)、progress/advances in(进展)、communication(通讯)、letters(通讯)、news(新闻)等。期刊名称常常缩写，有的还以斜体给出；c. 有年(如上例中的"1982")，有的有卷号(如上例中的"vol. 20")，有的有期号(如上例中的"no. 2")和国际连续出版物标准编号(International Standard Series Number，简称 ISSN)。这四点中，b、c 两点是判断是否属于期刊论文的主要依据。

ISSN 为国际连续出版物标准号，是公开出版期刊的统一编号，唯一对应一种期刊。例如 ISSN 0099 - 0086。其中的数字部分，前七位"0099008"是顺序号，最后一位是校验码。

与期刊同属连续出版物的报纸，因传递信息迅速、出版快、数量大、阅读面广，在人文社科研究中具有特殊的价值。

报纸文章在文后参考文献中的引用见下例所示：

Michael N. The Once-Simple Folk Tale Analyzed by Academe. New York Times, 5 March 1984, 15.

报纸文章著录的主要特点是有出版日期(如上例中的"5 March 1984")和版次(如上例中的"15")。

3. 会议文献

会议文献是指在国际和国内重要的学术或专业性会议上宣读或发表的论文、报告。会议文献学术性强，内容新颖，质量较高，往往能代表某一领域的最新的研究成果及水平，从中可了解国内外发展趋势，有较大的参考价值，是重要的信息来源之一。会议文献以会议录的形式出版，也有不少会议文献在期刊上发表。

会议文献在参考文献中经常著录成如下例所示的形式：

Maynard A. The costs of addiction and the costs of control. In Robinson D, Maynard A, Chester R. (eds.) Controlling Legal Addictions. Proceedings of the 25th Annual Symposium of the Eugenics Society, London, UK, 1988, (London, UK: MacMillan Press 1988), 232 - 235.

会议文献著录的特点是：a. 有表示会议的专门用词，如 Conference、Symposium、Convention、Workshop、Meeting、Congress、Assembly、Seminar 等；b. 有时有表示会议录的

一些词，如 Proceedings of、Collection of ……；c. 有时有会议召开的地点、时间以及会议录的出版地、出版社、出版年份等（如上例中的"London, UK, 1988,（London, UK: MacMillan Press 1988）"）。其中第一点是判断会议文献的最重要的依据。值得注意的是，当参考文献中既有表示会议的特征词，又有表示期刊的特征词时，应看作以期刊专辑形式出版的会议录，归入期刊论文类。

4. 报告

报告是指国家政府部门和科研单位关于某项研究成果的总结报告，或是研究过程中的阶段进展报告。报告的出版特点是各篇单独成册，统一编号，由主管机构连续出版。在内容方面，报告比期刊论文新颖专深、详尽、可靠，出版周期短，报道速度快，能反映一个国家或某一领域的发展和研究水平，是一种不可多得的信息源。中华人民共和国国务院政府白皮书（http://www.scio.gov.cn/zfbps/）就属于详尽可靠的政府报告。

报告在参考文献中经常著录成如下例所示的形式：

Chassin M R, Park R E, Fink A. et al. Indications for Selected Medical and Surgical Procedures — A Literature Review and Ratings of Appropriateness. Final report, R - 3204/2. The Rand Corporation, Santa Monica, CA, 1986.

报告著录的特点是：a. 有著者（如上例中的"Chassin M R"等）、篇名（如上例中的"Indications for Selected Medical and Surgical Procedures — A Literature Review and Ratings of Appropriateness"）、报告号（如上例中的"R - 3204/2"）和报告完成单位名称（如上例中的"the Rand Corporation, Santa Monica, CA"）；b. 有表示报告的词，如 report、memorandum 等；c. 有报告号，如本例中的 R - 3204/2。后两点是判断是否属于报告的最重要的依据。

5. 专利

专利文献主要由专利说明书构成。所谓专利说明书是指专利申请人向专利局递交的有关发明目的、构成和效果的技术性法律文件。它经专利局审核后，向全世界出版发行。专利说明书的内容比较具体，有的还有附图，通过它可以了解该项专利的主要技术内容。

专利说明书在参考文献中经常著录成如下例所示的形式：

Nakajima Y. Range meter for camera. Int. CL5 G03B13/36. US PATENT No. 5, 223, 885. 1993 - 06 - 29. 1992. 7. 14.

专利说明书著录的特点是：a. 有发明人（如上例中的"Nakajima Y"）、题目（如上例中的"Range meter for camera"）、国际专利分类号（如上例中的"G03B13/36"）；b. 有表示专利的词（patent）和专利号（如上例中的"US PATENT No. 5, 223, 885"），专利号由国际规定的两个字母表示的国家名称或国际专利组织和其后的顺序号构成；c. 有专利的公开日期和申请日期（如上例中的"1993 - 06 - 29. 1992. 7. 14"）。第二点是判断是否属于专利文献最重要的依据。

6. 标准文献

标准文献指标准化工作的文件，是经过权威当局批准的标准化工作成果。其中主要为有关工业产品和工程建设的质量、规格和检验方法的技术规定文件。

标准文献在参考文献中经常著录成如下例所示的形式：

American National Standards Institute. Integrated services digital network (ISDN) basic access interface for use on metallic loops for application on the network side of the NT (layer 1 specification). ANSI TI - 601 - 1988, Sept. 1988.

标准文献著录的特点是：① 有标准制定单位名称(如上例中的"American National Standards Institute")，有表示标准的词(如 standard、recommendation 等)和标准题目(如上例中的"Integrated services digital network (ISDN) basic access interface for use on metallic loops for application on the network side of the NT (layer 1 specification)")；② 有标准号(如上例中的"ANSI TI - 601 - 1988")。标准号按惯例由标准颁布机构代码(如本例的"ANSI")、顺序号(如本例的"601")和颁布年份(如本例的"1988")三部分构成。第二点是判断是否属于标准文献最重要的依据。

7. 学位论文

学位论文是指高等院校、科研单位的研究生为申请硕士、博士等学位而提交的学术论文。学位论文的质量参差不齐，但都是就某一专题进行研究所作的总结，一般都是具有独创性的一次文献，既偏重理论，也重视实践，其数据较全，探索较深，并附有大量参考文献，对科研有一定参考价值。学位论文是非卖品，除极少数以报告、期刊论文的形式发表外，一般不公开出版，仅由学位授予单位和国家指定单位收藏。

学位论文在参考文献中经常著录成如下例所示的形式：

Hodges L C. Clothing and Race: An Examination of the Effects of Race on Consumption. Ph. D. Thesis, University of Illinois, 1982.

学位论文著录的特点是：① 有著者(如上例中的"Hodges L C")、篇名(如上例中的"Clothing and Race: An Examination of the Effects of Race on Consumption")；② 通常有表示学位级别(如 Doctor)和学位论文的词(如 thesis, dissertation 等)；③ 有时有培养单位(如上例中的"University of Illinois")。其中第二点是判断是否属于学位论文最重要的依据。

8. 档案

档案是指国家机构、社会组织或个人在社会活动中直接形成的有价值的各种形式的历史记录。档案是用以积累经验、吸取教训的重要文献，一般为内部使用，不公开出版发行，有的还有密级限制，因此在参考文献和检索工具中极少引用。

9. 政府出版物

政府出版物是指各国政府部门及其设立的专门机构出版的文献。政府出版物的内容十分广泛，既有科学技术方面的文献，也有社会经济方面的文献。它是了解各国政治、经济、政策等情况的重要资料。

1.3.4 电子文献的类型

电子文献是以数字代码将图、文、声、像素信息存储在磁、光、电介质上，通过计算机或类似设备使用，用以表达思想、传播和积累文化，可复制发行传播的文献。和印刷型文献一样，电子文献的类型也十分繁多。按照文献的电子格式，电子文献有文本格式的 txt 文件、doc 文件、pdf 文件，图像格式的 gif 文件、jpg 文件以及标记文件格式的 html 文件和 xml 文件之分；按照出版形式和内容特点，电子文献可以有电子期刊、电子图书、电子报纸以及数据库等之分；按照内容的性质和时效性，电子文献可以有论文文献和动态消息之分；按照版权状况，电子文献又可分为有版权电子文献和无版权电子文献两类。从文献信息利用的角度来看，有版权的电子期刊、电子图书、电子报告的学术价值相对较高，而单篇论文和动态性的电子文献有时虽然没有注明版权，也有相当的参考价值。

下面介绍的是以出版周期和内容特点区分的电子文献类型：

1. 电子图书

电子图书又称 e-book，是指以数字形式出版发行的图书，或纸质图书的数字化形式。下面是电子图书的一个引用实例：

Wells, Gail(Ed.). The Tillamook. Cornvallis, OR: Oregon State University Press, 1999. NetLibrary. 22 May 2001. < http: //www. netlibrary. com>.

从上面的例子可见，电子图书的著录项目有作者、标题、介质标识(例如，在线(online)、只读光盘等)、出版信息(如果是光盘则要有出版社名)、引用日期、引用网址和国标标准书号等。与印刷版一样，表明图书的“ed”、“Press”等关键词是判断图书的主要依据，而访问日期和信息来源(如网址等)表明本文献信息属于电子文献。

2. 电子期刊

电子期刊是指以数字化方式发行的系列正式出版物。下面是电子期刊论文的一个引用实例：

Brush T A. A Summary of Research Exploring Hard and Soft Scaffolding for Teachers and Students Using a Multimedia Supported Learning Environment. Journal of Interactive Online Learning [online], Fall 2002 Volume 1, Number 2, [cited 16 Aug 2003] < http: //www. ncolr. org/jiol/archives/2002/2/03/index. html > ISSN1541 - 4914.

从上面的例子可见，电子期刊的著录项目有作者、文章标题、期刊名、介质标识、卷期号、引用日期、引用网址和国际标准期刊号等。其中卷期号依然是判断期刊的主要依据，访问日期和信息来源(如网址等)表明本文献信息属于电子文献。

3. 动态电子信息

动态电子信息包括博客、网络新闻、新闻组电子论文以及电子邮件等，优点是信息发布迅速，内容丰富，许多新思想都是通过这些形式公布，缺点是相当一部分动态性电子信息的可靠性、权威性较差。下面是一个引用博客的实例：

Cohen, MH. CAMLAW: complementary and alternative medicine law blog [Internet]. Cambridge (MA): Michael H. Cohen, Esq. c2007 -[cited 2007 May 16]. Available from: http: //www. camlawblog. com/.

从上面的例子可见，博客的著录项目有作者、博客网站名称、介质标识、发表日期、网站系统地点、引用日期和引用网址等。其中表明博客的"blog"是判断博客的主要依据。

1.4 文献信息的运行规律

品种繁多的文献构成了当代人文社会科学信息资源的主体。要使文献信息成为一种能够服务于我们知识更新和知识创新的资源，就要认识它们的运行规律，确切地说，要认识它们的交流渠道和分布规律。

1.4.1 文献信息的交流渠道

影响文献利用的一个主要因素是文献信息的交流方式。按照交流渠道是否社会化，文献信息交流可以分为直接交流和间接交流两种方式。

1. 文献信息的直接交流方式

直接交流是以个人接触为基础信息交流方式，又称"非正式交流"。其主要方式有交流式(如访问、面谈、电话交谈等)、集会式(如学术会议、学术沙龙、讨论会、年会、经验交流会、技术交流会、订货交易会、信息发布会等)、观摩式(如参观成果展览、观看服装表演等)和零次文献交换式(如书信来往、交换论文影印本等)。非正式交流的优点主要有：交流速度快，信息内容新、针对性强，反馈迅速，可以了解通常不写进文献中的细节。缺点主要有：交流范围有限，难以对信息进行加工积累、信息容易失真，信息内容的正确性和科学性不易检验。

2. 文献信息的间接交流方式

间接交流是以社会文献信息机构为媒介的信息交流方式，又称"正式交流"，包括文献的编辑、出版、印刷、发行、收藏、提供以及分析研究与开发利用。信息的间接交流作为人类有组织有目的的活动，已发展成为庞大而复杂的社会事业。其优点主要有：交流对象范围较广泛、容易获得；有存储信息功能，信息易于加工和积累；信息能够反复使用，便于比较研究；交流内容涉及自然界、人类社会、思维等方方面面的知识；提供的信息较完整、系统。缺点主要有：交流速度较慢；与直接交流相比，间接交流的信息内容相对欠新颖；信息不易反馈。

图书情报机构是信息正式交流过程中的主要渠道。图书情报机构是图书、期刊、报告、专利等科研成果的收藏中心，它们对文献的分类、编目以及编制文摘、索引等，并提供阅览、借阅、咨询等多种形式的信息服务。现代图书情报机构所起的作用已不仅仅是简单的传递作用，它们通过网络和计算机，实现全国以至国际的信息资源联网，从而发挥着知识产业中心的作用。

图书情报机构在提供印刷型文献服务之前，必须经过登记、标引、归档等一系列的处理，就以往的文献而言，这种处理并不影响利用，但如果希望阅读最新的文献，则应选择网络和书店等其他途径。

值得指出的是在各种信息交流渠道中各学术团体的作用。由于学术团体既出版著作、期刊等文献，又召开会议组织研究人员直接交流，所以既是开展正式信息交流，又是进行非正式信息交流的重要渠道。

1.4.2 文献信息的分布规律

1. 国内文献信息资源的系统分布

20 世纪 80 年代之前的纸质文献的利用受馆藏地点条件的限制，其后正式出版的电子文献的利用多数受到数据库服务提供单位的限制，因而，从宏观上了解我国文献信息资源分布，具有重要的指导意义。

如果按照文献类型分析，我国文献信息资源的分布，除政府出版物外的八种文献，专利、标准、档案由国家的专门部门管理，它们是国家专利局、国家技术监督局和国家档案局以及各地的相应机构。学位论文由国家图书馆和中国科技信息研究所和学位授予单位共同收藏。而图书、期刊、会议录和报告等面广量大的文献主要由国家文献信息系统提供。国家文献信息系统包括科技信息系统、社会科学院图书馆系统、高校图书馆系统和公共图书馆系统四个系统。需要指出，这些系统所拥有的图书、期刊、会议录和报告资源基本以机构所在地的图书馆阅览和网络付费两种形式提供服务，仅有一部分提供免费的书目信息和全文文献服务。

下面是高校图书馆和公共图书馆两个系统文献信息资源的分布概况。

高等院校图书馆系统包括中国高等教育文献保障系统(China Academic Library & Information System，简称 CALIS)以及教育部和各地教育部门下属的千余所高等院校图书馆。CALIS 以及各高校图书馆是获取学术参考资料极其重要的信息来源。

CALIS 包含设在北京大学的项目管理中心以及文理、工程、农学、医学四个全国文献信息中心，华东北、华东南、华中、华南、西北、西南、东北七个地区中心和一个东北地区国防信息中心。CALIS 系统以中国教育和科研计算机网为平台提供联合采购的国内外文献数据库以及自建的各种数据库(含联合目录数据库、中文现刊目次库以及高校学位论文库、高校会议论文库、重点学科专题库以及网络资源导航库等)，以及馆际互借与文献传递系统、虚拟参考咨询等服务，形成了较为完整的文献信息资源服务网络。

公共图书馆系统是在文化部的统一组织和安排下，公共图书馆向公众提供综合性科技期刊、图书和资料服务的公共文化系统。我国的公共图书馆系统以北京国家图书馆为龙头，各省和直辖市图书馆为骨干。这个系统中文献收藏最全和服务力量最强的应数国家图书馆(http://www.nlc.gov.cn/)和上海图书馆(http://www.library.sh.cn/)。

2. 印刷型文献的出版时间分布规律

各种印刷型文献在出版时间上是有先后的(见图 1-1)。如果作者完成了一篇手稿，希望以最快的形式发表，那么除了学位论文以外，会议、报告和专利是最理想的选择。但这三种形式都要求论文满足一定的特殊要求，而期刊则没有这些要求，且品种多，容量大，速度也很快，从而成为多数论文的发表渠道。目录、题录和文摘取原始文献的主要内容作客观的第二次报道，略晚于专利、报告、会议和期刊。而综述、图书和百科全书则需取大量原始文献的精华，或作评论，或汇编成册，所需时间更长。至此，从出版形式上说的文献周期就大致完成了，这种文献周期又称为文献链。

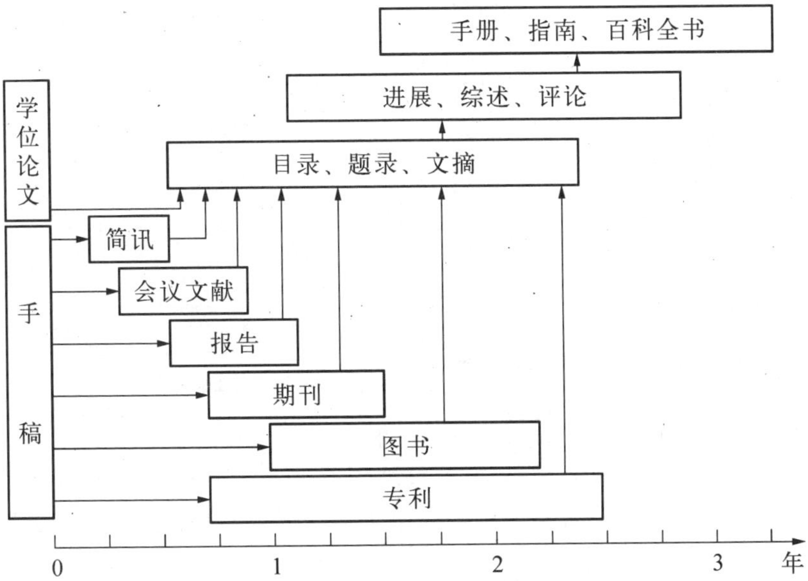

图 1-1　各种文献类型的出版(公开)时间分布示意图

从信息利用者的角度来说，针对不同时间要求的文献信息应该使用不同的文献信息类型。例如，查找当前最新的信息(一、两个月之内的信息)，可通过互联网、书亭书店以及当前最新的报纸杂志、广播电视等渠道；两个月之前到十年之内的信息，应主要通过网上图书期刊类数据库解决；五年到二十年前的信息，除了期刊之外，还可以通过印刷版的图书和手册性工具书来查找。

3. 文献信息的学科分布规律

学科文献信息在出版物中分布呈现一种集中与分散的规律，通常把与一个学科有关的文献分成核心文献、相关文献和边缘文献三类。核心文献通常是指与本学科发展水平、发展动向密切相关的一些文献。相关文献和边缘文献是指所含内容与学科的关系相对疏远一些的那些文献。从学科发展的背景来说，相关文献和边缘文献是本学科与其他学科技术相互渗透、相互结合的结果。以经济学为例，经济学与数学结合，产生了经济数学；与法律结合，产生了经济法等。有人认为，现在任何学科的文献，在本专业书刊资料上只可见到三分之一，其余三分之二分散在相关或边缘文献之中。例如历史学方面的资料，就分布在历史（总论）、社会科学史（社会科学）、经济史（经济学）、法学史（法律）以及遍及文科和理工科各个学科领域的文献之中。

据统计，如果按照载有与学科相关的文献的篇数的多少将学科内的期刊排成一个系列，再将这个系列分成含文献篇数大致相等的若干个区，例如三个区，那么这些区所含有的期刊种数之间的比例具有一定的规律。例如：以某种数据库统计，2000～2001 年间某国刑法方面的期刊 66 种，论文共 321 篇。按各种刊物载文的篇数将期刊排列成递减序列，再将这个序列分成约含 107 篇论文的三个区。这时第一区（核心期刊区）含期刊 3 种，第二区（相关期刊区）含期刊 12 种，第三区（边缘期刊区）含期刊 51 种。三区中所含期刊的种数比例为 1∶4∶17。若将此比例改写成公式，大致为 $1:a:a^2$，这就是著名的布拉德福文献分散定律（见图 1－2）。

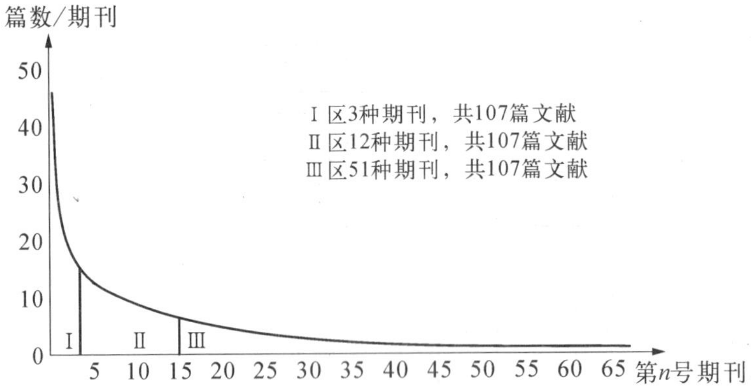

图 1－2　布拉德福文献分散定律示意图

从这个例子可以看出，阅读第一区的 3 种期刊（占期刊总数的 4.5%）中的 107 篇文献，已经阅读了约占总篇数的 33%。如果要完整地阅读这一专题的论文，还需要查阅其余 63 种期刊。由此，我们可以看到，经常阅读核心期刊，不失为一种经济有效的信息获取方法。

1.4.3　核心期刊和 H 指数

1. 核心期刊

在人文社会科学领域，国内普通接受的国内核心期刊主要是有《中文核心期刊要目总览》和中文社会科学引文索引（CSSCI）收录的期刊。这两个核心期刊表，前者是北京大学组织国内专家研究的结果，后者是南京大学研究的结果。

国内普遍接受的国外核心期刊主要是有美国社会科学引文索引（SSCI）和人文艺术科学引文索引（A&HCI）数据库收录的期刊。这两个期刊表中，前者在学科上覆盖人类学、商业、犯罪学和刑罚学、经济学、教育学、环境研究、家庭研究、地理学、老年医学、卫生政策和服务、计划与发展、历史、工业关系与劳工问题、图书馆学和信息科学、语言学、法律、政治科学、心理学、精神病学、公共卫生、社会问题、社会工作、社会学、药物滥用、城市研究、妇女问题、社会科学以及交叉学科，后者在学科上覆盖哲学、语言学、文学评论、文学、音乐、哲学、诗歌、宗教、戏剧、考古学、建筑、艺术、亚洲研究、古典、舞蹈、电影/广播/电视、民俗以及历史等。由此可见，SSCI 和 A&HCI 除了历史和语言学等少数学科有部分重叠外，学科覆盖上有着明确的分工。

Exlibris 中外文核心期刊查询系统(http://www.cceu.org.cn/demo/findcoreej.htm)给出了国内外核心期刊的详细信息,下面是利用这个工具确定核心期刊的一个实例。

实例 1-1 为跟踪学科动态和论文投稿,希望确定体育新闻专业国内外核心期刊各若干种。

解:通过 Exlibris 中外文核心期刊查询系统,在"中文核心期刊要目总览(2011 版)-北大"的"体育学"、"信息与传播、新闻学、新闻事业"、"出版事业"类中,分别找到 15 种、12 种、10 种期刊。在"中文社会科学引文索引(CSSCI,2010 年版)-南大"的"体育学"、"新闻与传播学"中分别找到 10 种、15 种期刊,统览这些核心期刊,其中有些显然与体育新闻没有关系。为选择更为合乎要求的期刊,使用中国学术期刊网络出版总库检索,辅以 Endnote 统计(具体过程见 6.1.2 文献整理工具 EndNote 的使用方法),比照 37 种核心期刊,选择其中的 8 种作为体育新闻专业的国内核心期刊(见表 1-1)。

表 1-1 体育新闻学专业的 8 种国内核心期刊

	期刊名	ISSN	中文核心期刊要目总览(北京大学 2011 年版)	中文社会科学引文索引(南京大学 2010 年版)
1	体育文化导刊	1671-1572	Yes	—
2	中国记者	1003-1146	Yes	Yes
3	新闻记者	1006-3277	Yes	Yes
4	新闻知识	1003-3629	Yes	—
5	新闻与写作	1002-2295	Yes	—
6	武汉体育学院学报	1000-520X	Yes	Yes
7	成都体育学院学报	1001-9154	Yes	Yes
8	传媒观察	1672-3406	Yes	—

对于体育新闻专业的国外核心期刊,通过 Exlibris 中外文核心期刊查询系统,同时使用社会科学引文索引(SSCI)检索,辅以 Endnote 统计,选择其中的 5 种期刊(见表 1-2)。

表 1-2 体育新闻专业的 5 种国外核心期刊

	刊名	ISSN	出版周期
1	Sociology of Sport Journal	0741-0235	Quarterly
2	Journalism & Mass Communication Quarterly	1077-6990	Quarterly
3	Journal of Sport & Social Issues	0193-7235	Quarterly
4	Journal of Broadcasting & Electronic Media	0883-8151	Quarterly
5	Journalism Quarterly	0196-3031	Quarterly

2. H 指数和学术影响力

文献是科研成果的体现,也可以用来评价学者、研究机构或者期刊的学术影响力。但是如果仅以发表文献数量的多少作为标准，这样的评价显然有失公允。2005年，美国物理学家Hirsch提出基于文献引用思想的H指数(Hirsch-index)，为科研成果评价提供了新的途径。

所谓H指数是指在一定期间内某位专家或者群体发表的论文至少有H篇的被引频次数不低于H次。例如，将某位专家发表的35篇文献被引用次数统计数据一一记录下来，并按照被引次数的大小降序排列，如果排列在第15位之前的文献被引用在15次以上，排列在第15位之后的文献被引用在15次以下，那么这位专家的H指数就是15。

H指数适用于比较学科范围内知名专家、优秀期刊或者研究团队的学科影响力，一般不用于比较不同学科的专家、期刊或者研究团队，也不适用于评价普通的学者或者个别的学术著作。

国外检索系统SSCIE、A&HCI可以直接提供H指数，使用方法见本书的4.2.2节。

习　题

1. 使用自己的学号、密码，登录文献课网站，注意正确选择任课教师和上课时间。
2. 结合课文相关部分，使用网络课件的第一章文献类型识别练习，完成并提交作业。
3. 访问Exlibris中外文核心期刊查询系统，找出自己专业的国内和国外核心期刊若干种，比较它们的影响因子。

2

信息检索原理

问题导入

☆ 什么是信息检索，它有哪些类型？一般的检索步骤有哪些？
☆ 欲检索课题相关信息，应该如何分析课题，选择检索系统，进而建立检索策略？

知识目标

☆ 了解信息检索的一般概念
☆ 了解分类和主题检索语言
☆ 了解检索策略的构建及调整方法

能力目标

☆ 掌握课题核心概念的分析与提取方法
☆ 掌握检索概念的同物异名和上下位扩展方法
☆ 掌握检索策略的构成方法

2.1 信息检索的基本概念

2.1.1 信息检索的定义和原理

信息检索有广义和狭义之分。广义的信息检索，按照国家标准《文献信息术语》(GB/T4894－2009)，是指从存储信息中查找特定信息的过程，就是说信息检索包括存储和查找前后两个过程。狭义的信息检索仅指查找所需信息的过程。本教材涉及的信息检索概念主要指狭义的信息检索。

如图 2－1 所示，在信息存储过程中，信息处理人员将大量无序的信息集中起来，根据被处理信息的外表特征（例如作者姓名、出处名称）和内容特征（例如主题词、分类号，又称检索语言），经过标引（记录或描述被处理信息的外表和内容特征，又称标引标识）和整理（按照标引标识排列顺序），使其系统化、有序化，最终形成可供查找的检索系统。在信息

> **小贴士：** 信息检索过程的实质是将检索提问标识与存储在检索系统中的标引标识进行比较，含有两者一致或信息标引的标识包含着检索提问标识的信息就是检索命中的信息。

检索过程中，信息检索人员使用同样的检索语言，描述检索需求（又称检索提问标识），从检索系统中查获所需的信息。

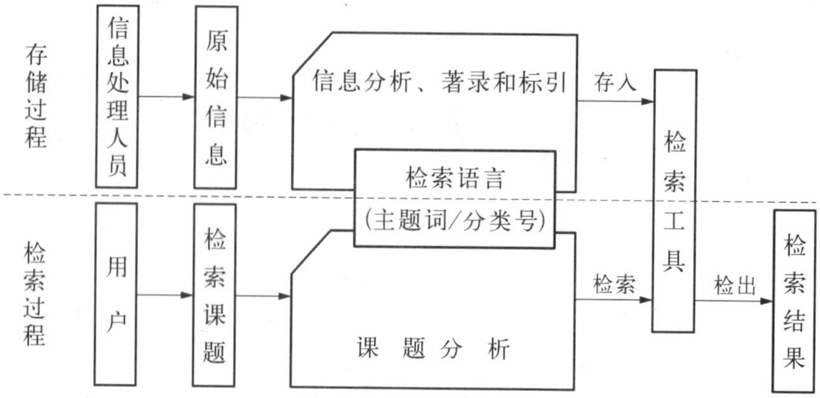

图 2-1　信息检索原理示意图

2.1.2　信息检索的类型

1. 按检索内容区分

按检索内容的不同，信息检索可分为文献检索、数据检索、事实检索三种类型。

> 小贴士：信息检索的核心是文献检索，因为数据检索和事实检索实际都是通过与文献检索相同或者相近的方式进行的，区别仅在于检索的对象、结果以及可能使用的数据库不同而已。

（1）文献检索（document retrieval）。文献检索是以文献为检索对象的信息检索。即利用各种方式与手段，在存储文献的检索系统中，查找满足特定的时间和条件的文献的过程。它提供的是与用户的信息需求相关的文献信息。检索结果的数量与相关程度随检索系统和检索技术的不同可以有很大区别，因而，文献检索是一种相关性检索，属于不确定性检索。人文社会科学领域文献检索原理、方法和实例见本书的第 3～6 章。

（2）数据检索（data retrieval）。数据检索是以数值或图表形式表示的数据为检索对象的信息检索，又称"数值检索"。即检索系统中存储的是大量的数据，它包括物质的各种参数、电话号码、银行账号、观测数据、统计数据等数字数据，也包括图形、图表、图谱及其表述的市场行情、物质的各种特性等非数字数据。数据检索是一种确定性检索，信息用户检索到各种数据是经过专家测试、评价、筛选过的，可直接用来进行定量分析。

（3）事实检索（fact retrieval）。生活和学习中碰到的何物、何人、何地、何时、为何和如何之类问题都是事实问题。检索对象既包括事实、概念、思想、知识等非数值信息，也包括一些数据信息。事实检索也是一种确定性检索，用户获得的是有关某一事物的具体答案。人文社会科学领域数据检索和事实检索相关的原理、方法和实例见本书第 5 章。

2. 按检索方式区分

根据使用手段的不同，信息检索可分为手工和计算机检索两种方式。

（1）手工检索。手工检索即是用人工来处理和查找所需信息的检索方式。手工检索是检索者与检索工具直接“对话”，它依靠检索者手翻、眼看、脑子判断而进行，不需要借助任何的辅助设备。手工检索的主要长处是回溯查找的年份不受限制，不足的是检索效率低，漏检现象比较严重，不便于进行复杂概念课题的检索。手工检索的具体方法见本书第3～6章中的有关内容。

小贴士：随着互联网的迅速发展，计算机检索进入了网络检索阶段，但是这并不意味着手工检索已经被淘汰。例如对于年代久远的信息文献，仍然常常需要通过手工方法检索才能获取。

（2）计算机检索。计算机检索是利用计算机和特定的通信设备查找所需信息的检索方式。它需要计算机、通信设备、系统软件和应用软件。利用这种方式能根据用户要求从已存储的大量信息中迅速抽取特定信息，并可对检索过程进行灵活方便的调整。计算机检索的特点是速度快、效率高、查全率较高。不足之处是必须借助特定的设备或通信网络条件，有时成本高、费用大，且回溯年份受检索系统的限制。目前广泛使用的计算机检索系统包括光盘检索系统、联机检索系统和互联网信息检索系统。

2.1.3 信息检索系统

为满足特定信息需求而建立的一整套信息收集、加工、存储和检索使用的程序化系统称为信息检索系统。这种系统可以是供手工检索使用的纸质书目、索引等，也可以是数字化的信息检索系统，如网络数据库等。虽然这两者的一些具体要求有所差异，但其基本构成、类型和基本原理都是相同的。

1. 信息检索系统的类型

以文献报道的内容层次区分，文献信息检索系统可以分为目录、题录、文摘和全文四种类型。

（1）目录。目录是一批相关文献信息的著录集合，它以报道文献出版或收藏信息为主要功能的工具。目录通常以一个完整的出版单位或收藏单位为基本的著录单位，即以文献的“本”、“种”或“件”为报道单位。它对文献信息的描述比较简单，每一个条目的著录项有：书（刊）名、卷（期）数、作者、出版年月、出版地及书（刊）收藏情况等。如《全国总书目》、图书馆联机公共检索目录（OPAC）等。下面是来自OPAC的一条目录信息示例：

题　　名	责任者	出版地	出版社	出版年	索书号
现代化与中国文化研讨会论文汇编	乔健主编	香　港	中文大学社会科学院出版社	1985	C913 Q55

（2）题录。题录是将图书、报刊等文献中论文的篇目按照一定的排检方法编排而成的，供人们查找篇目出处的工具。它按照论文的篇名顺序排列，按“篇”报道，具有“广”、“全”、“快”的特点。著录项通常包括篇名、著者（有的含其所在单位）和来源出处。如我国的《全国报刊索引》（CNBKSY）、美国的《社会科学引文索引》（SSCI）等。下面是来自CNBKSY的一条题录信息示例：

题　　名	著　者	刊　名	年　份	卷　期
借鉴国际经验加快中国文化产业发展	孙西辉	理论学刊	2009	(8)

(3) 文摘。文摘是以精练的语言把文献信息的重要内容、学术观点、数据及结构准确地摘录下来，并按一定的著录规则与排列方式编排起来，供读者查阅使用的一种检索工具。如我国出版的《高校文科学报文摘》、《经济学文摘》等。与题录相比，文摘性检索系统增加了文献摘要，可用以帮助选择文献，提高检索效率。文摘的著录示例见图 2－2。

Title: **The economics of fleet management computing.**
Subject(s): CLIENT/server computing
Source: American City & County, Jul 96, Vol. 111 Issue 8, p38, 2p, 2 diagrams
Author(s): Paulits, Jim
Abstract: Discusses the advantages of using client/server computing systems in managing fleets. Capabilities and limitations; Cost effectiveness.
AN: 9608140975
ISSN: 0149－337X
Database: Academic Search Elite
Persistent Link to this Article: http://search.epnet.com/direct.asp? an=9608140975&db=afh

图 2－2　EBSCO 数据库书目信息记录示例

小贴士：题录和文摘常用于调研课题相关文献的线索，目录常用于已知文献信息的线索获取全文，全文系统虽然有适用面宽、检索结果一步到位的长处，但有时也有文献类型少和覆盖面窄的局限性。

(4) 全文。全文系统的主体内容是文献的全文。检索过程中，全文系统通常先提供题录和文摘信息，同时给出全文链接，供检索者选择。如《中国学术期刊网络出版总库》、国外的 EBSCO 等全文数据库。

另外，索引是信息检索系统，尤其是纸质检索书刊中经常使用的工具。所谓索引是对一组信息集合的系统化的指引(systematic guide)，通常依附于目录、题录、文摘、手册、百科全书以及其他印刷型检索工具之后，起指引特定信息内容及其存储地址的作用。因而，索引并不是一种独立存在的检索工具类型。

索引条目通常有标目(或称标识 heading)、说明语和存储地址三个著录项。这三项中，标目和存储地址是必需的。标目是索引条目所指示的信息某方面的特征，例如著者姓名、主题词等。存储地址(location address)是所指示的属性值对应的特定信息内容在信息集合中的地址，多数是流水号。

不同的标目系统构成不同的索引。例如按照索引的对象可分为篇名索引、分类索引、主题索引、著者索引、号码索引、引文索引等。其中分类索引、主题索引、著者索引是最常用的索引。

2. 文献数据库的构成

从使用者角度观察，文献数据库主要由文档、记录、字段三个层次构成。

(1) 文档。文档是文献或数据记录的集合。一个数据库至少包括顺排档和倒排档两种。顺排档，也称主文档，是按记录存取号的大小顺序排列而成的文档。文献信息越新，记录存入文档的时间就越晚，记录的顺序号就越大。倒排档是将记录中的全部文献或数据特征标识（不包括存取号），即把记录中各字段数据内容，按一定的顺序（字母或数字顺序）排列而成的特征标识文档。

（2）记录。记录是对有关文献或数据的整体描述，是构成数据库或文档的基本单元。在全文数据库中，一条记录相当于一篇文章，而在书目数据库中，一条记录相当于一条文摘或题录。EBSCO数据库期刊文献的书目信息记录示例见图2-2。

（3）字段。字段是记录的基本单元，它是对实体的具体属性进行描述的结果。在书目数据库中，记录中含有题名、著者、出版年、主题词、文摘等字段。常见的字段名称和代码（也称段码）如表2-1所示。

表2-1　文献数据库中常见的字段和段码

基本字段			辅助字段		
中文段码名称	英文段码全称	英文段码简称	中文段码名称	英文段码全称	英文段码简称
题　目	Title	TI	作　者	Author	AU
文　摘	Abstract	AB	作者单位	Author Affiliation	AF
叙　词	Descriptor	DE	期刊名称	Serials Title	ST
关键词	Keyword	KW	语　种	Language	LA

根据与文献内容相关与否，文献数据库的字段通常分为基本字段和辅助字段两类。需要指出的是，尽管各种文献数据库所设的基本字段大致相同，辅助字段却有很大的差别。不仅设立的辅助字段有多少之分，段码名称区别很大，使用方法也不尽相同。从第4章的数据库介绍中可清楚地看出这一点。

另外，有些字段因内容较多，还可以进一步划分为若干个子字段，如文摘字段是有多个语句的文本，通常将一个语句作为一个子字段。

3. 人文社会科学常用的文献数据库

国内外人文社会科学类检索书刊和数据库很多，常用文摘索引数据库介绍见4.1节和4.2节；常用的国内全文数据库包括超星数字图书馆（见第4.3.2节）、人大复印资料（第4.3.2节）、中国学术期刊网络出版总库（第4.3.1节）、维普中文科技期刊数据库、万方数据库等，常用的国外数据库有SSCI（第4.2.2节）、EBSCO（第4.3.3节）、Emerald、Springer Link和ProQuest Digital Dissertations等。

2.1.4　信息检索方法

1. 按照检索系统使用与否区分

按照是否使用检索系统可将检索方法分为直接检索法和间接检索法两种。

（1）直接检索法。即通过浏览的方法直接从文献中获取所需信息的一种方法。直接浏览新到的报刊杂志是获得最新信息的一种便捷方法，但现代社会信息数量庞大、高度分散的特点使直接检索法很难快、准、全地获得所需的信息。

(2) 间接检索法。即通过检索工具的指引查找，获取所需信息的一种方法。这种检索方法因能以较少的时间、较好的途径和较全面地获得需要的检索效果，而经常为人们所使用。

2. 按照所使用的检索系统区分

按照所使用的检索系统区分的检索方法，通常有追溯法、常用法和综合法三种。

(1) 追溯法。追溯法是从文献后所附的参考文献入手，逐一追查原文，再从这些原文后面所列的参考文献逐一追查，不断扩大检索的线索，从而获得一批相关文献信息的查找方法。这种方法的优点是在检索系统不齐全的情况下，也可以查得一批有关文献信息。缺点是原文作者引用的参考文献有限，而且部分引用文献与原文关系并不密切，参考价值不大。因此，单一地通过这种方法查找文献，不仅比较费时，而且容易发生漏检和误检。

我国的中文社会科学引文索引、美国的社会科学引文索引(SSCI)和艺术人文引文索引(A&HCI)是按照追溯法编制的专门的检索系统。通过它们，可以从被引用作者姓名及其被引用的文献出发，查得引用该作者及其文献的有关文献，可以用于追溯国内外人文社会科学课题的发展足迹，跟踪当前研究热点。这些系统的主要使用方法见本书 4.2 节。

(2) 常用法。它是利用目录、题录、文摘、全文或相应的数据库等检索系统查找文献的方法，也称工具法。由于这种方法是目前查找文献中最常用的一种方法，所以叫常用法。

(3) 综合法。综合法因综合使用追溯法和常用法两种方法而得名，也称为循环法或交替法。具体方法是：先利用检索系统查出一定时期内的一批有用文献。然后利用这些文献后面所列的参考文献，再以追溯法查出前一时期内的文献，如此循环交替地使用上述两种查找方法，直到满足要求为止。这种方法兼有上述两种方法的优点，适用于查阅那些过去年代内文献量较少的主题，并可弥补因检索工具不全而造成漏检。

2.1.5 信息检索的一般步骤

信息检索一般应遵循以下五个步骤。

1. 分析研究课题，明确检索要求

分析课题，即确定课题的研究范围，所处的国内外水平及其目的，是实施检索中最重要的一步，也是检索效率高低或成败的关键。课题分析的具体方法见 2.3～2.5 节。

2. 选择检索工具或检索系统

由于检索系统繁多，选择的准确与否将直接影响检索效果。一般来说，选择检索系统应遵循以下几条原则：

(1) 根据检索目的确定所需检索系统的类型。如果需要统计数据，应检索数值型参考工具书或者数据库；如果只需要文摘，可检索印刷型文摘或者书目型数据库；而需要原文者，可检索全文数据库。

(2) 根据信息需求的内容、专业范围来选择数据库。如检索专业性较强的课题，可选择专业数据库或某一数据库中的专业文档；如检索内容分布广泛或属交叉学科的课题，可检索综合性数据库或同时检索多个不同的数据库。

(3) 检索系统收录文献的类型亦是选择依据条件之一。如期刊、报纸或是会议资料、学会论文、科技报告等，有时还需考虑是否容易得到原始文献。

总之，在选择检索系统时首先必须对检索系统的特点、性能有一个大概的了解。除了在检索实践中不断积累外，还可以通过培训以及阅读有关检索系统的指南或者说明材料等途径了解和熟悉数据库。

3. 确定检索途径

检索途径即文献查找的入口点。常用的有分类途径、主题途径、著者途径、题名途径和序号途径等。

(1) 分类途径。分类途径是利用目次表或分类索引进行的检索。分类类目或分类号的确定是关键。有的课题涉及多个学科时，应注意从不同类目交叉进行，在学科和专利文献普查时，常采用分类检索途径。课题分类号的确定方法见 2.2.2 节。

(2) 主题途径。主题途径是利用主题索引进行的检索。主题词或关键词的选择是关键。主题词和关键词的确定方法见 2.2.3～2.2.4 节。

(3) 著者途径。著者(包括个人著者和团体著者)途径是利用著者索引进行的检索，著者姓名的准确书写是关键。

(4) 题名途径。题名途径包括书名、刊名和篇名等，是主题途径的重要补充。

(5) 其他途径。序号途径是利用代码(代码编排的)索引进行的检索，一般有专利号索引、标准号索引等多种。

4. 实施检索

根据文献检索要求，利用检索词和检索算符，构建计算机可以识别与执行的检索式先行试查，然后根据检索结果调整检索式(检索策略的构建和调整方法见 2.4.2)，最终获取检索结果。当利用检索工具查到与检索提问相一致的线索时，应仔细阅读各条线索，若内容切题，则要及时完整地记录下来，以备进一步获取原始文献。文献的记录整理方法见 6.1.2 节。

5. 获取原始文献

当文献类型和出版物的信息明确以后，获取原始文献可采取如下几种方法：利用各种馆藏目录或联合目录查找所需文献的收藏单位，进行借阅或复制；利用全文数据库直接下载原文；利用图书馆文献传递系统获取原文(如 CASHL(开世览文)文献传递服务 http://www.cashl.edu.cn/portal/index.jsp)；利用检索结果中的作者联系方式与之联系获取原文等。已知文献线索获取文献原文的方法见 4.1.3 节。

2.1.6 信息检索效果评价

所谓检索效果(retrieval effectiveness)是指检索结果的有效程度。检索效果评价是根据一定评价指标对信息检索活动所取得的成果进行客观科学评价，以进一步完善检索工作的过程。常用的评价指标有收录范围、查全率、查准率、响应时间、用户负担和输出形式等，其中主要的指标是查全率和查准率。

查全率(Recall Ratio),又称命中率,是指检出的相关文献数与库内相关文献总数之比,可用下式表示:

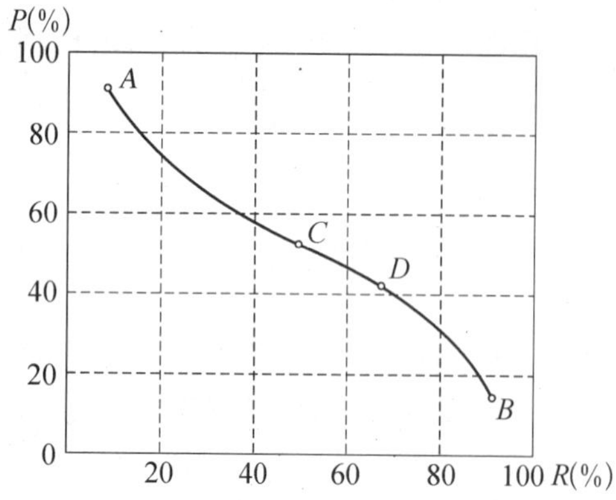

图 2-3 查全率和查准率关系曲线图

$$查全率=\frac{检出的相关文献数}{文献库内相关文献总数}\times 100\%$$

查准率(Precision Ratio),又称"检准率",是指检出的相关文献数与检出的文献总数之比,可用下式表示:

$$查准率=\frac{检出的相关文献数}{检出的文献总数}\times 100\%$$

查全率(R)和查准率(P)之间存在互逆关系。由图 2-3 可见,在检索效果 A 处,查准率高达 90%,而查全率不到 20%;在检索效果 B 处,查全率高达 90%,而查准率不到 20%。这两种情况对用户来说都不理想。前者漏检率高,丢失了大量的有关文献;后者查全率高,虽查出的文献量大,但误检的多。所以,欲达到较好的检索效果必须兼顾两者,不能单纯追求其中某一个。从理论上说,一般查全率在 60%~70%之间,即在 C 和 D 之间,是检索的最佳效果。

2.2 检索语言及其运用

2.2.1 检索语言的一般概念

检索语言是用来描述文献的内容特征、外表特征,表达信息提问的一种人工语言,是信息处理人员和信息检索人员共同使用的语言。

检索语言在检索过程中的作用是十分重要的。对信息处理人员来说,检索语言是表达文献主题内容、形成文献标识并赖以组织文献的依据;而对检索人员来说,它是表达检索课题要求,借以同检索系统中已经存储的文献标识进行比较进而获得所需文献的依据。因此,检索语言是信息处理人员和检索人员共同遵循的"纲领"(参见图 2-1)。在实际的存储和检索过程中,信息处理人员处理任何一篇文献都需要使用检索语言对特定文献进行标引,以保证检索系统的质量。而检索人员多数是在不自觉状态下使用检索语言,这正是许多检索结果不理想的主要原因。

检索语言主要有分类语言和主题语言两大类。其中主题语言又分关键词语言和叙词语言两种。

2.2.2 分类语言

1. 定义

分类语言,也称分类法。所谓分类法就是按照文献信息的内容、形式、体裁和读者用途等,在一定的哲学思想指导下,根据科学学科之间的逻辑归属关系,采用层次型或树杈型结构，列举人类所有的知识类别，并对每一知识分别标以相对固定的类码，从而形成的类表。因此，分类法通常是指一种从总到分、从一般到具体、层层划分、逐级展开并具有某种符号代码体系的知识体系表。

> **小贴士：**分类法是组织文献的主要依据，也是查找文献的主要途径。分类法经常用于学科或者涉及较大范围主题的文献调研。从分类途径查找文献的关键是确定与所查课题对应的分类法类号或者类名。

2.《中国图书馆分类法》及其类目设置

在手工检索中，常见的国内通用分类法有《中国图书馆分类法》(简称《中图法》)，和《中国科学院图书分类法》(简称《科图法》)，国外通用的分类法有《杜威十进分类法》(DDC)、《国际十进分类法》(简称 UDC)和《美国国会图书馆图书分类法》(简称 LCC)等。《中图法》(第五版)的大类设置见表 2－2。

表 2－2 《中图法》(第五版)的大类设置

A	马克思主义、列宁主义、毛泽东思想、邓小平理论	N	自然科学总论
B	哲学、宗教	O	数理科学和化学
C	社会科学总论	P	天文学、地球科学
D	政治、法律	Q	生物科学
E	军事	R	医药、卫生
F	经济	S	农业科学
G	文化、科学、教育、体育	T	工业技术
H	语言、文字	U	交通运输
I	文学	V	航空、航天
J	艺术	X	环境科学、安全科学
K	历史、地理	Z	综合性图书

为了说明分类表的设类形式，以《中图法》(第五版)“中国法律”的设类为例(见表 2－3)。

表 2－3 《中图法》中“中国法律”的设类示例

D9	法律	D924	刑法
D90	法律理论(法学)	D925	诉讼法
D91	法学各部门	D925.1	民事诉讼法
D92	中国法律	D925.2	刑事诉讼法
D920.0	理论	D925.3	行政诉讼法
D921	国家法、宪法	D926	司法制度
D923	民法	D927	地方法制

《中图法》的大类设置是按照“五分法”(马列主义、毛泽东思想、邓小平理论，哲学，社会科学，自然科学和综合性图书)区分人类全部知识的(见表 2－2 和表 2－3)。《中图法》的详细类号采用汉语拼音字母和阿拉伯数字构成的混合号码(或者称为类号)，字母表示大类，字母连同阿拉伯数字表示区分出来各个小类。

在《中图法》以及任何类似的分类表中，被区分的类称为上位类。相对地说，区分出来的类就是下位类。上下位之间的关系反映了概念外延的包含与从属关系。处于同一上位类下的同一层次的下位类称为同位类。处于同位类关系的类目在概念上是排斥的。例如，在表

2－3“中国法律”的设类示例中，“D90 法律理论（法学）”，“D91 法学各部门”和“D92 中国法律”等都是“D9 法律”的下位类，而且因处于同一级分类位置，它们之间存在着同位类关系。与这些下位类相对，“D9 法律”就是它们的上位类。

一般地说，为了反映学科之间属分关系，分类表的类号每增加一位字母或数字代表增加一级分类。另外，在理解类目代表的含义时，下位类所包含的类目含义应该和它的上位类号所包含的含义结合起来。例如，在表 2－3 中“中国法律”的设类示例中，D920.0 的字面类名是“理论”，其正确的类名含义应为“中国法律理论”。

3. 确定课题分类的方法

确定课题的分类号是分类途径检索文献的关键。下面介绍的是单概念课题和多概念课题的分类方法以及上位类分类方法。

所谓单概念课题是指课题涉及主题概念只有一个。例如，“刑法”、“股票”、“名词”等都属于单概念课题。使用分类表给单概念课题确定类号的一般方法是了解分类表的体系结构，重点掌握大类的分布；在相关的大类中，由大而小，逐步查找最接近于课题要求的类号。

涉及两个或两个以上概念的课题即为多概念课题，例如，“计算机在人口预测研究中的应用”（含“计算机”、“人口预测”两个概念）等均属多概念课题。给多概念课题确定分类号的方法，除了应用单概念课题分类方法以外，还应注意以下几点：

（1）并列概念课题。对于涉及同一研究对象的几个方面或者涉及几个并列研究对象的课题，凡是有主次者，应取其重点或主要研究对象归类。例如，“新闻宣传研究”，如果侧重于“新闻”，在《中图法》中取“G212 新闻采访和报道”，如果侧重“宣传”，则应取“G223 广播电视宣传和群众工作”。如果涉及同一研究对象的几个方面都需要检索时，则应在所涉及的几个类中同时查找。还是这个例子，“新闻”和“宣传”都希望查找，则上述两个类号都应该查找。

（2）应用性课题。研究一种理论、方法等在某方面应用或对某方面影响的课题，应在所应用或受影响的类目中查找。例如，“计算机在人口预测方面的应用”的《中图法》类号应归入“人口预测”所在的类号“C92”，而不应归入“计算机的应用”所在的类号“TP39”。研究一种理论、方法、工艺等在多方面应用或对多方面造成影响的课题则在该理论、方法、工艺等本身所属的类目中查找。例如，“计算机在人文社会科学方面的应用”应归入“计算机的应用”所在的类号“TP39”。

（3）上位类分类方法。这种归类法是一种特殊的分类方法。它是指欲查课题在分类表中无符合要求的专指类目时，可以归入它的紧邻上位类。确定合适的上位类号是这种分类方法的关键。例如，“灰色系统理论”在《中图法》中没有现成的类号可用，经分析，“灰色系统理论”是在控制论、信息论、系统论基础上发展出来的一个理论，它是指既有确知信息，又含有未知信息的系统，是介于白色系统与黑色系统之间的中介系统。因此，“灰色系统理论”的类号，可以用上位法选择“N94 系统科学”。

2.2.3 关键词语言

1. 关键词的定义

关键词是一种自然语言性质的主题语言，具体地说，是指从文献的题目、正文或摘要中抽出的、能表达文献主题内容的、具有实质意义的语词。

和分类法和叙词语言不同，关键词没有事先编制的分类表或主题词表，文献数据库和网络搜索引擎中的关键词由计算机通过词频统计自动产生。在期刊文献、会议文献中的关键词是由著者指定的。它们都直接以作者在文献中的用词作标引词，基本上不对词语加以控制。关键词的优点是，用于组织文献能较快地反映出最新发展，用于检索文献因不受词表限制而相当随意，是当前使用最多的检索途径。

关键词的随意性使得检索者在使用时因对所有可使用的词语难以考虑周全，故容易造成漏查。另外，关键词常由计算机抽取词汇而产生，因而使用单个关键词检出的文献常常不太切题。

2. 确定课题关键词的步骤

确定课题关键词的步骤主要是以下三步：

(1) 分析课题，提取概念。对课题仔细进行分析，特别要分析课题涉及的事物名称，包括研究的主要手段、方法、目的等，所有这些事物名称均可以作为课题概念提取的对象。当然，课题涉及的最主要的事物名称应作为首先考虑的检索概念。

(2) 整理概念，扩充同义词汇。将分析所得的概念整理归纳，分成若干个组面(facets)。每一组用同义词、近义词、缩写词，复数形式等予以扩展。例如，将"外商投资管理"这个课题分成"外商"、"投资"、"管理"三组。"外商"的同义词和近义词可扩展出"独资"和"合资"等，"投资"的同义词和近义词可扩展出"资本"和"股权"等，"管理"的同义词和近义词可扩展出"法规"和"规定"等。使用扩充后的同义词作为查找关键词索引的检索款目词，可以避免检索过程中的许多漏检情况。以扩展概念的方法获得更多的关键词的方法见本书 2.3 节中的介绍。

(3) 运用分析所得词汇试查，确定课题合用的关键词。运用分析所得词汇在所选择的检索工具中试查，让检索结果检验分析所得的词汇的实际查找效果，进而确定课题合用的关键词。

> **小贴士：** 检索课题时，确定的核心关键词应是课题涉及的最主要的事物名称，这是决定检索结果查准率的关键。而能否有意识地、恰当地扩展出核心关键词所涉及的同义词和近义词是决定检索结果查全率的关键。

2.2.4 叙词语言

1. 叙词的定义

叙词语言又称主题词语言。所谓叙词是指从自然语言中优选出来并经过规范化处理的名词术语。例如，根据《汉语主题词表》，"沪产脚踏车"这个课题应采用规范主题词"上海"和"自行车"，而不应直接采用自然语言"沪产脚踏车"。

和分类语言类似，叙词语言是人们在归纳人类知识基础上，将所涉及的各种概念，以规范的词或词组的形式固定下来，构成叙词表，或称主题词表。例如，"上海"和"自行车"就是《汉语主题词表》中的叙词。对基本的事物有正式的、规范的表达形式，这是叙词语言和分类语言相同的地方。叙词语言和分类语言不同的地方，是主题词表中的所有正式主题词可以根据需要将它们组配起来，用以表达复杂的概念。例如，将"上海"和"自行车"组配起来就可以表达"上海产自行车"。

国内应用最为普遍的叙词表是《汉语主题词表》，国外人文社会科学叙词表的代表是《联合国教科文组织叙词表》。

2. 确定叙词的方法

由于叙词语言的优越性能，利用《汉语主题词表》等叙词表给课题选择（或者说标引）合适的主题词就比较容易。通常，这种标引步骤可分为以下三步：

(1) 课题分析。进行课题主题分析时，切忌仅依据课题名称确定主题词。应根据课题涉及的主要对象，研究手段，使用的方法、条件、研究的目的、用途作深入的分析。分析中应特别注意提取课题研究的主要事物概念。

(2) 查表选词。查表选词实质上是在分析已得概念的基础上对课题作的试标引。

标引主题词有两种情况，一种是分析所得概念在主题词表中已有对应的主题词，另一种是主题词表中没有对应的主题词。这两种情况可以有直接、组配和上位三种标引方法。直接标引是指当主题词表中已有和课题概念相同的主题词时，即应直接使用该主题词。这种标引方法情况适用于多数的单概念课题。

组配标引适用于多概念主题与复合主题课题的标引。所谓多概念课题是指主题要素由不相容的逻辑关系构成的课题。不相容逻辑关系包括矛盾关系（例如，生↔死、是↔非、男↔女，一对词所表达的概念为两方面相反，非此即彼，不存在其他状态）、反对关系（例如，大↔小、上↔下、天↔地、方↔圆等，一对词所表达的概念意义在逻辑上处于反对关系。它们表示事物、现象的两种状态，并不排斥其他的状态。比如方、圆之外，还有三角、菱形、椭圆等形状）和并列关系（例如“红外线”与“紫外线”）等。在对这些多主题课题作标引时，应分别选用主题词。

所谓复合主题课题是指主题要素之间的关系是相容关系的课题。复合主题课题分析出来的主题要素之间的关系包括同一关系（例如，“微机”与“电脑”一般是同一事物的不同说法，是等义词）、属种关系、全面与某一方面的关系（例如，“中国历史”与“清史”，“经济运行指标”与“GDP”，一般是上下位概念）以及交叉关系（例如，“中国人”与“学生”）等。对于复合主题课题，要使用适合课题的专指性的正式主题词。例如，同一关系的课题应使用主题词表中的正式主题词；属种关系、整体与部分关系、全面与某一方面的关系的课题取适当的下位词或相关词；交叉关系的课题可根据需要取其之一或两者都查。

上位词标引是指当主题词表中没有课题对应的主题词时，又不能使用组配法标引时可采用最近一级的上位词标引。

(3) 试查定词。使用主题词表选择的主题词，都必须通过主题索引试查，由实际检索结果来确定究竟哪些词是可用的，哪些词不可用。

另外，在选词过程中，下列一些事项也需要注意：首先，要查的课题中包含有几个事物概念，就应选择几个主题词。只查其中一个主题词，是无法做到查全的。其次，不要选择那些缺乏主题意义的泛指性词作为检索主题词，例如，“研究”、“发展”和“分析”等。再次，表示文献类型的名词，例如，手册、报告、传记、书评等，除非当它们被当作探讨对象时才作为主题词使用，一般只作为副主题词或说明语使用。例如，要查找“Review of the grammar structure development”，应查的主题词是“grammar structure”，“review”和“development”一般应在副主题词、说明语甚至篇名文摘中查找。与此同理，表示事件发生的时间、地点一类的词、表示事物非常具体的性质、特点等的词，也都应该在副主题词、说明语甚至篇名文摘中查找。例如，要查找“researches on computing economic models in Canada”，应查的主题词是“computing economic models”，而“researches”、“Canada”都应在说明语甚至篇名文摘中查找。最后，特别要注意选择那些能代表课题实质意义的词作为主题词，不能局限于从字面上选词。例如，要确定“运用计算机程序建立股票趋势预测模型”这个课题的主题词，直接使用“计算机程序”和“股票趋势预测模型”，不如使用“计算机”、“预测”、“股票”、“模型”。

2.3 检索课题分析和概念提取与扩展

2.3.1 检索课题分析

在进行检索概念分析之前，分析课题研究目的和研究性质，获取相关背景知识，归纳其主题内容。在课题分析的基础上，合理地进行概念提取和扩展、适当使用检索语言是获取相关文献的关键。

1. 课题分析方法

课题分析需要分清以下一些问题：课题属于什么学科，所需文献信息的类型及语种，查找文献的年代，所需文献的最佳篇数，允许支配的检索费用。

分清课题的性质有助于明确文献信息要求。一般地说，研究型课题有前沿探索研究性、调查研究性和面向应用研究性三类。它们的特点和信息要求分别为：

(1) 探索研究性课题。这类课题以揭示某种事物或现象的本质，阐明某种事物的运动规律及其机理，实现观念创新和跨越为主要目标。它回答的是“为什么”的问题。例如，“先进生产力的发展要求研究”、“科技创新法律环境研究”以及“新闻传播语言研究”等课题都属于探索研究性课题。这类课题的文献信息要求是找到的相关文献不在于多，而在于精，也就是文献信息在时间跨度上没有要求，但专业问题针对性越强，价值越高。

(2) 调查研究性课题。这类课题的目的为了弄清问题发生、发展以至归宿状况。带科研成果评价、发展述评、趋势预测性质的课题都属于这一类。它回答“水平如何”、“过去、目前或者将来怎么样”一类的问题。例如，“亚洲法律研究”、“中小企业发展战略研究”、“社会主义市场经济条件下的社会公平研究”等都属于调查研究性课题。这类课题的文献信息要求是尽可能多地找到密切相关的文献，即在文献的发表时间上有一定的跨度，在专业范围上有一定的宽度，在数量上则表现为多多益善。

(3) 面向应用研究性课题。面向应用研究性课题适用于应用或检验理论，评价它在解决科学研究实际问题中的作用。应用研究具有直接的实际应用价值，解决某些特定的实际问题或提供直接有用的知识，回答“以什么解决什么”的问题。例如，“报业经济学”、“应用语言学”等都属于面向应用研究性课题。这类课题的文献信息要求介于上面两种课题之间，既要有一定的数量，也要有一定的质量，才能有助于课题研究的进行。

2. 课题背景知识的获取方法

了解课题的背景知识是进行课题检索的基础。课题的背景知识包括课题研究的对象，研究对象所属的学科，主要涉及内容，包括研究对象、使用方法、主要研究单位和人员等。

获取背景知识方法，可以通过询问专业人员，也可以通过阅读一些入门的相关印刷型文献和浏览网上相关信息。例如，可以通过图书馆的公共联机书目系统（OPAC）系统查找相关的手册或者教科书（参见 4.1 节），或者通过网络期刊数据库查找相关的期刊论文（参见 4.3 节），或者使用网络搜索引擎查找网上相关的资源（参见 3.2 节）。

经过对课题背景知识的了解，应形成 100～200 字的表述材料，以有助于下一步分析课题概念。

2.3.2 概念提取和扩展

1. 课题概念的切分

汉语词语切分是使用汉语文献信息数据库过程中极为重要的一环。在检索过程中，如果没有对汉语课题进行词语切分就将其全部输入一个文本框，检索效果有时将很差。原因是汉语不同于西方语言，表达概念的词语之间没有分隔符（空格）。在没有词语自动切分功能的检索系统中，一次性输入的课题表述通常被看成术语或词组。实际上，建立数据库前的标引文献阶段，就进行了词语切分。我们在检索时，同样也必须按照概念对汉语表示的课题名称进行词语切分，才能查出更多、更准确的文献。

词语切分的一般方法是去掉课题表述中的虚词和泛指的词语，然后按照概念单元分成不能再拆分的词语。例如，上面的“数字艺术在影视作品中的展现”，可以分成“数字”、“艺术”、“影视作品”几个概念在中国学术期刊网络出版总库中检索，检索效果将得到明显改善。

当课题含有并列概念时，词语切分时要注意提取公共概念。例如，课题“有关电脑（包括笔记本电脑或者便携式电脑）的研究资料”，如果被切分成“电脑”、“笔记本电脑”和“便携式电脑”三个检索词，“电脑”这个公共概念就没有提取出来，应该切分成“电脑”、“笔记本”和“便携式”这三个词语才是正确的。

2. 主要检索词、辅助检索词和禁用词

从检索效果看，不论汉语、英语或者是其他语言，都应该把从课题中切分出来的语词，分成主要检索词、辅助检索词和禁用词三类。

分析课题概念的一个目的是获得检索词。一般地说，通过对课题的描述语句的分析，将课题所涉及的词语分成主要检索词、辅助检索词和禁用词三类。主要检索词是指与课题所研究的对象、方法有关的特指性事物名词。辅助检索词是指泛指性名词，它们只在检索结果过多需要限制时使用，如“发展”、“现状”和“趋势”等。禁用词是指介词、连词等虚词，一般不作为检索词使用。例如，对课题“关于中国唐诗的韵律研究”进行分析，因研究对象为“唐诗”和“韵律”，这两个词应作为主要检索词；“研究”是一个泛指的概念，因而作为辅助检索词；“关于”是介词，属于禁用词，舍弃不用。至于“中国”这个概念，在“唐诗”中已有隐含，也应予以舍弃。

3. 概念的扩展方法

分析课题概念，获得检索词的一个更重要的环节是概念扩展问题。在手工检索过程中，

检索者根据对课题的分析，需要不断地调整检索概念。计算机信息检索系统本身也不具备智能思考能力，因此，必须在概念分析的基础上列出与概念有关的词，从中作出选择，以达到较好的检索效果。

常用扩展概念的方法有基于同一概念、基于内容分析和基于检索结果三种方法。

(1) 同一概念的检索词的扩展法。

许多事物从不同的角度考虑，有着不同的名称，它们都可以作为检索词。具体的方法有：

1) 寻找同一事物的学名、俗名和同义词等。例如，企业与公司、自由港与自由口岸、汉语与中文、网上聊天与QQ、黑龙江垦区与北大荒、儿歌与童谣等。

2) 寻找同一事物的简称、全称、音译和意译等。例如，上海与沪、Internet与因特网、日本语与日语、中央电视台与CCTV等。

3) 寻找同一事物名称的反义词或近义词。例如，安全与危险、惩罚与奖励、廉洁与腐败、纠纷和争议、矛盾和冲突等。

4) 如果是英语，寻找同一事物名词的单复数、不同词性、英美语的不同形式等。例如，art与arts，draw与drawing，cheque与check，colour与color，stock与share等。

(2) 基于内容分析的概念扩展法。

1) 上位概念扩展法。上位概念扩展法是分析检索对象的学科归属。例如，专利与知识产权、继承法与民法、唐诗与古诗、词法与语法等。

2) 下位概念扩展法。下位概念扩展法又称概念分析的树形展开法，是检索对象的具体化。例如，运用下位概念扩展法对课题"西部环境保护法规"进行扩展，可以得到：

西部：贵州、四川、云南、西藏、新疆、青海

环境：空气、水、土壤

法规：规定、条例

3) 隐含概念扩展法。所谓隐含概念，是文献或课题中，未用显而易见的方式表达，因而需要进行由表及里、由此及彼地深入分析才能找出的概念。

隐含概念的一个重要特征，是它与显见概念有密切的关联性。隐含概念大体有以下几种情况：

一是隐含概念是显见概念的更确切的表述。有些课题的实质性内容往往很难从课题的名称上反映出来，课题所隐含的概念和相关的内容需要从课题所属的专业角度作深入分析，才能提炼出确切反映课题内容的检索概念。例如，课题"普通家庭收入预测的研究"中的"研究"一词，可能隐含着各种具体的研究方法，例如，泊松模型方法或指数模型方法。

二是隐含概念与显见概念是不同需要者对同一情报内容的不同观点或不同的用途。例如，"外资管理"中的"管理"一词隐含着"法规"等具体的管理方法。

三是隐含概念是显见概念的上位概念或下位概念。例如，"上海图书馆的书目数据库系统"显见概念是"上海图书馆"和"书目数据库"，隐含概念是"公共图书馆"和"图书馆自动化系统"。

对于多数课题，同时使用显见概念和隐含概念，可以提高检索的查全率。

(3) 基于检索结果的概念扩展法。

对初步检索结果进行分析，往往能够得到与课题相关的新的检索概念，将这些概念经过重新组合，就可以达到扩展检索结果的目的。

在实际检索中，可以根据需要，选用由上述方法得到的检索概念，从而扩展检索结果。

2.4 检索算符与检索策略

2.4.1 检索算符的概念

在实际检索过程中，仅需一个检索词就能满足检索要求的情况并不很多。通常要使用两个甚至多个检索词构成检索策略，以满足由多概念组配而成的较为复杂课题的要求。检索策略，又称提问式，是对多个检索词之间的相互关系和检索顺序作出的某种安排。构建检索策略就是以计算机信息检索系统可以接受的方法，运用各种检索算符，表达课题检索要求的过程。下面介绍的是一些常用的检索算符。

1. 布尔逻辑算符

布尔逻辑算符是规定检索词语之间逻辑关系的算符。利用布尔逻辑算符进行检索词语或代码的逻辑组配，是计算机信息检索系统中最常用的一种检索方法。布尔逻辑算符包括逻辑或(OR)、逻辑与(AND)和逻辑非(NOT)。

(1) 逻辑或(OR)运算符。OR 有时也可用“+”代替，是用来组配具有并列关系、概念相同或相近的词，如同义词、相关词等。其含义是检出的记录中，至少含有两个检索词中的一个。OR 运算符的基本作用是扩大检索范围，增加命中文献量，提高检索结果的查全率，OR 运算符还有一个去重的功能。在实际检索中，同一组面中含义相同的词，相互之间都使用 OR 运算符。另外，在使用截词方法检索具有相同词干的检索词时，这些词之间也自动地隐含了逻辑“或”的关系。例如，如果以提问式“enterprise OR company”检索 EBSCO 数据库文档，所得结果为：

S1	1834	enterprise
S2	2022	company
S3	3647	enterprise OR company

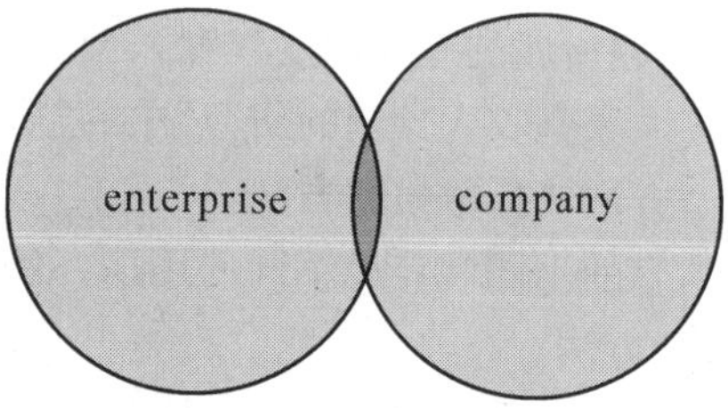

图 2-4 逻辑“或”示意图

这个实例说明，数据库中含有“enterprise”这个词的记录为 1 834 篇，含有 company 这个词的记录为 2 022篇，经过 OR 逻辑运算后，最后检出的记录或者含有 enterprise，或者含有 company，或者同时含有这两个词，命中记录的总数为 3 647 篇。图 2-4 是这个实例的示意图，图中的阴影部分反映了“enterprise”和“company”两词间使用 OR 算符后的运算结果。

(2) 逻辑与(AND)运算符。AND 有时也可用“*”代替，用来组配具有相互交叉限定关系的检索概念。其含义是检出的记录必须同时含有前后两个检索词。AND 算符的基本作用是缩小检索范围，减少命中文献量，提高检索结果的查准率。在实际检索中，不同概念组面之间以及同一组面内的不同含义的词之间通常使用 AND 算符。例如，以提问式“Chinese AND literature”检索 EBSCO 数据库，所得结果为：

S1　12940　Chinese
S2　2173　literature
S3　842　Chinese AND literature

这个实例说明,数据库中含有 Chinese 这个词的记录为 12 940 篇,含有 literature 这个词的记录为 2 173 篇,经过 AND 逻辑运算后,最后检出的记录同时含有 Chinese 和 literature 命中记录的总数为 842 篇。图 2－5 是这个实例的示意图,图中的阴影部分反映了“Chinese”和“literature”两词间使用 AND 算符后的运算结果。

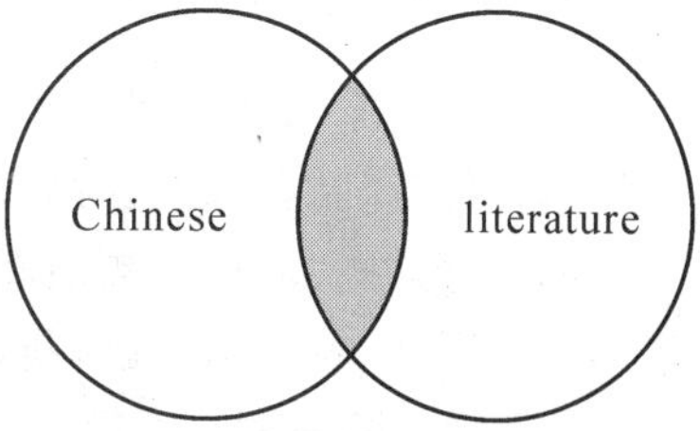

图 2－5　逻辑“与”示意图

(3) 逻辑非(NOT)运算符。NOT 有时也可用“-”代替,但在检索时建议使用 NOT,以避免与词间的分隔符“-”混淆。NOT 算符是排除含有某些词的记录的,即检出的记录中只能含有 NOT 算符前的检索词,但不能同时含有其后的词。NOT 算符的基本作用是缩小检索范围,提高检索结果的查准率。例如,以提问式“patent NOT German”检索 EBSCO 数据库,所得结果为:

S1　110　patent
S2　325　German
S3　108　patent NOT German

这个实例说明,数据库中含有 patent 这个词的记录为 110 篇,含有 German 这个词的记录为 325 篇,经过 NOT 逻辑运算后,最后检出结果中含有 patent,但不含 German 的记录数为 108 篇。需要指出的是,由于 NOT 算符有排除掉相关文献的危险,在实际检索中应慎重使用。

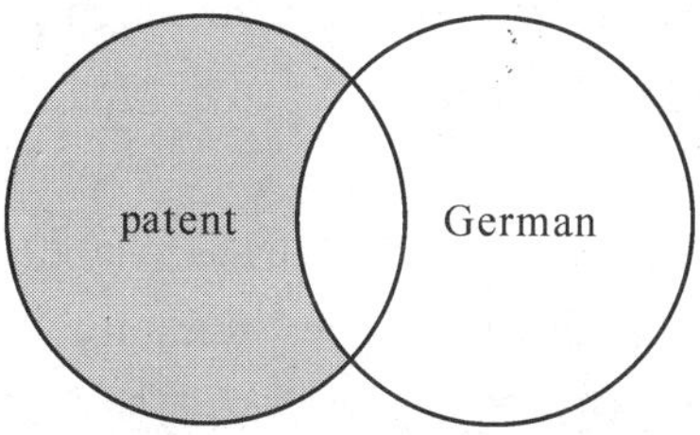

图 2－6　逻辑“非”示意图

图 2－6 是这个实例的示意图,图中的阴影部分反映了“patent”和“German”两词间使用 NOT 算符后的运算结果。

2. 优先算符

以上的逻辑符号如果混合使用,其运算顺序通常为 NOT,AND, OR。当需要改变这种运算顺序时,需要使用优先算符“()”。例如,有 A、B、C、D 四个检索词,其中 A 和 B,C 和 D 是两组具有并列关系的同义概念,组与组之间的概念具有交叉限定关系,此时使用优先处理算符“()”可将检索策略拟为:

(A　OR　B) AND　(C　OR　D)

计算机在执行这个检索策略时将先做括号内,再做括号外的运算。

需要注意,放在优先算符中的策略通常应该是逻辑或(OR)运算。单个汉语词组或者英语单词,以及只有逻辑与(AND)而没有逻辑或(OR)的检索策略中一般无需使用优先算符

"()"。例如，下面的两个检索策略所使用的优先算符是错误的：

(知识产权) AND (保护)

(Chinese AND history) AND (cultural AND effect)

3. 截词算符

所谓截词是指在检索词的某个局部截断，利用某些检索词的词干或不完整词形加上截词符进行检索，其目的是查找某一词干的不同变化形式，防止漏检，提高查全率。截词方式常见的有后截断、前截断和中间截断 3 种。截词符一般使用"?"、"＊"、"$"和"%"等，具体采用什么形式，各个系统都有明确的规定。截词算符可以看作是特殊的逻辑或算符。

(1) 后截断截词符。后截断，又称右截断、前方一致。当某些英语检索词词干相同、词义相近，但词尾有变化时(多数英语单词的单复数变化和英美不同拼写形式)，可以采用后截断截词符。例如，在 EBSCO 系统中，后截断截词符为"＊"。在 DIALOG 系统中，后截断截词符有"?"、"??"和"???"等多种。如果键入检索词"histor?"时，系统将检索含有"history"，"histories"，"historical"和"history-related"等词的所有记录。因而，单个"?"表示以单词空格为界的无限截词。如果键入检索词"histor???"时，系统将检索含有"history"和"histories"等词的所有记录。因而，多个"?"置于词干后，表示有限截词。后截断是在计算机检索中应用最广泛的一种截词方法。

使用后截断算符时需注意四个问题：一是截词符要紧接在词干后面，截词符和词干之间不能有空格。二是避免将检索词的词干截得过短，一般应在三个字母以上。截词过短，不仅结果不相关的比例大，而且系统响应也慢。三是截词应该使用得合理。一般不可能出现词尾变化的单词，例如 management，protection 等，其后不必再使用截词。四是从希望出现的单词中取尽可能多的公共字母作为词干，以提高查准率，比如在对 manage、managing、managed、management 和 manager 作截词运算时，词干应使用"manag＊"，而不应使用"man＊"。

(2) 前截断。或称左截断、后方一致，用以解决检索词的前缀变化产生的漏检问题。例如，使用加上了截词算符的策略检索"＊computer"，可以同时查出含"computer"、"minicomputer"和"microcomputer"等单词的文献。不过，允许使用这种截词方法的检索系统较少。

(3) 中截断。或称前后一致，用以解决检索词中间变化产生的漏检问题。例如，检索词为"wom? n"时，可以同时查出含有"woman"和"women"两种拼写形式单词的文献。

4. 位置算符

位置算符又称邻接算符(adjacent operators，proximity operators)，适用于两个检索词以指定间隔距离或者指定的顺序出现的场合。例如，以词组形式表达的概念，彼此相邻的两个或两个以上的词，被禁用词或特殊符号分隔的词等。位置算符是调整检索策略，提高查准率的一种重要手段。

以逻辑与 AND 运算符查得的记录中，尽管同时含有所希望的检索词，但 AND 算符并不限制两个检索词的间隔位置和出现顺序。仍以上面提到的"Chinese AND literature"策略为例，命中的文献中可能既含有"Chinese literature"，又含有"literature except Chinese"。显然其中的有些记录与课题要求毫无关系。位置算符可以用于改进 AND 运算符这种不足，因此，它们可以看成是特殊功能的 AND 运算符。

按照两个检索词出现的顺序和距离，可以有多种位置算符，而且对同一种位置算符，检索系统不同，规定的位置算符也不同。就常用的 EBSCO 数据库而言，位置算符有“Wn”和“Nn”算符两种。

(1) Wn。Wn 算符中 W 是“Words”或“With”的缩写，表示在此算符两侧的检索词之间最多允许插入 *n* 个词，两个检索词的词序不允许颠倒。例如，检索策略“high W1 power”，能把“high power”或“high average power”等词的文献记录检索出来。

(2) Nn。Nn 是“Near *n*”的缩写，表示在两个检索词之间最多可插入 *n* 个单词，且这两个检索词的词序任意。例如，检索策略“econom* N2 recovery”可检索出含有 economic recovery、recovery of the economy、recovery from economic troubles 等词的记录。

5. 字段限制

字段限制也是调整检索策略的一种重要的手段。多数检索系统对不指定字段的检索词，通常在基本字段或者所有字段中进行搜索，如果想在指定字段中查找所希望的检索词，就需要使用字段限制。字段限制适用于在已有一定数量输出记录的基础上，通过指定字段的方法，减少输出篇数，提高检索结果的查准率的场合。

字段限制的命令格式一般以“段码 = 检索词”或“段码 检索词”为多见。例如，在 TRS 系统中输入策略“题目 = 企业管理”，其含义是命令系统只在题目字段中查找含有“企业管理”的文献。又比如，策略“文摘 = 中国经济 * 年份 = 2003”的检索的结果必须符合在 2003 年出版的文摘中含有“中国经济”的要求。

使用字段限制进行检索需要注意，有的检索系统对基本字段和辅助字段规定有不同的命令格式，有的系统以下拉菜单的形式给出可检索字段，在输入检索命令时应加以选择。

6. 词组算符

所谓词组检索，是指含两个或者两个以上单词，带有专业术语或者专有名词性质，词序位置固定的检索策略。词组检索是缩小检索范围、提高检索查准率的手段。

词组算符为双引号。例如，下面的检索策略中使用了词组算符：

“Kate Millett”	(人名)
“FIRST-DEGREE MURDER”	(术语)
“中国社会科学院”	(机构名)
“Criminal Law Review”	(期刊名)
(“Capital asset pricing model” OR CAPM) AND securit*	(术语与其他语词混用)

在使用双引号进行词组检索中，要注意三点：一是只有一个单词没有必要使用双引号；二是一般不要把超过三个单词又不是专有术语或者专有名词作为词组进行检索；三是双引号中，通常不使用截词算符。

2.4.2 检索策略构建和调整

1. 概念组面和检索策略的构建方法

运用各种方法得到的检索词，首先应加以选择，即注意选用本专业的通用术语，然后以概念为单位，分成不同的组面(facets)。例如：课题“网络人际关系的理论研究”的概念组面和检索词为：

概念组面 1：网络　internet，online
概念组面 2：人际关系　interpersonal relationship，human relationship
概念组面 3：理论　theory

运用各种检索算符的检索策略完整地表述检索要求的检索策略可以有两种方法：一种是一步写出的检索策略，又称综合式检索策略；另一种是按照组面分步写出，又称分步式检索策略。仍以课题“网络人际关系的理论研究”为例，在上面组面分析的基础上，构成综合式检索策略为：

(internet or online) and (interpersonal or human) and relationship* and theor*

构成的分步式检索策略为：

S1　internet or online
S2　(interpersonal or human) and relationship*
S3　theor*
S4　S1 AND S2
S5　S3 AND S4

这两种检索策略可以根据文献数据库提供的检索界面分别选用。比较而言，分步式检索策略因可以观察中间结果，如果需要进一步调整，使用更加灵活一些。

2. 调整检索策略的方法

检索策略输入检索系统后，系统响应的检索结果有时不一定能满足课题的要求，例如，如果检出的篇数过多，而且不相关文献所占比例很大，或者检出的文献数量太少，有时甚至为零，这时就需要调整检索策略。

(1) 提高系统输出篇数的策略调整措施。一般来说，系统输出篇数过少的原因可能有这么几个：一是检索词拼写错误；二是检索词过于冷僻具体或者遗漏重要的同义词或隐含概念；三是位置算符、字段算符和逻辑与(AND)算符使用得过多；四是没有使用截词算符。针对这些原因，调整检索策略的方法有：在检索词方面，检查检索词的拼写，扩展检索概念，增加使用同义词和近义词；在检索策略方面，减少位置算符、字段算符和逻辑与(AND)算符，在适当的地方增加使用截词算符。

(2) 提高系统输出文献相关性的策略调整措施。对于系统输出不相关文献篇数过多的情况，应分析是否可能是如下原因造成：检索词方面，是否选用了多义性的检索词，截词是否截得过短；检索策略方面，是否在应该使用逻辑与(AND)的场合使用了逻辑或(OR)。针对这些原因调整策略的方法有：减少同义词或同族相关词；增加限制概念，用逻辑与(AND)将它们连接起来；使用字段限制；使用适当的位置算符；使用逻辑非(NOT)算符排除无关概念。

2.5 课题概念分析和检索策略构建案例

例 2-1 试对“应用语言学”收集背景知识，归纳概念含义，确定主题词和分类号，并构建检索策略。

2.5.1 课题背景知识的获取

通过网络搜索引擎、工具书和期刊论文三种方法获取课题应用语言学背景知识。

1. 网上搜索引擎法

通过百度引擎(http://www.baidu.com)，使用“应用语言学”作为检索词，在网站http://www.jdedu.net:8080/resource/xx/xxzr/zrbl/xxjszscd/7826_sr.htm 查得：

> 应用语言学是语言学在各方面的应用的总称。研究语言如何能够得到最佳利用的问题。它着重解决现实中的实际问题，一般不接触语言的历史状态。它以普通语言学理论为指导，同时又是鉴定各种理论的试验场。应用语言学本来多指将语言原理应用于教学方面，20 世纪以来，随着社会科学、自然科学和工程技术的发展，其研究领域越来越广，包括文字创制、翻译研究、术语研究、盲哑教学、语言规划、言语矫正以及机器翻译、情报检索、语音识别、言语合成、汉字信息处理、语言统计、语言分析自动化、自然语言理解等。

2. 专著/手册/百科全书法

通过超星数字图书馆系统，使用“应用语言学”作为检索词，得到刘涌泉和乔毅所著，上海外语教育出版社 1991 年出版的《应用语言学》。其中第一章中对什么是应用语言学做了如下阐述：

> 应用语言学是语言学知识在各个领域中各种不同应用的总称，它研究语言如何得到最佳利用的问题。应用语言学是语言学的一个重要方面。它与理论语言学不同，着重解决现实当中的实际问题，一般不接触语言的历史状态，而理论语言学则着重探索理论问题。狭义地说应用语言学主要是指语言教学。广义地说它所涉及的领域则是很多的。通常可以分成一般应用语言学和机器应用语言学两个分支。一般应用语言学包括语言教学研究、标准语、辞书编纂、翻译、术语、人名和地名翻译以及舞台语言和国际辅助语等。机器应用语言学包括实验语音学、机器翻译、情报检索语言、汉字信息处理、自然语言处理和言语统计等。

3. 期刊论文法

通过中国学术期刊网络出版总库，使用“应用语言学”作为检索词，得到谭汝为发表的，登载于《理论与现代化》2002 年第 1 期上的“应用语言学的研究现状与学科建设问题”一文，其中有关于应用语言学的研究范围的论述如下：

> 应用语言学的研究范围大体上可分为四大板块：一、语言教学。主要包括语言教学理论、母语教学、外语教学、双语教学、对外汉语教学、盲聋哑语言教学等。二、语言学和现代科技的结合。主要包括实验语音学、计算语言学、数理语言学、统计语言学、神经语言学、言语病理学等方面的研究。三、广义的社会语言学。主要包括社会语言学、文化语言学、民俗语言学、人类语言学、心理语言学、交际语言学、话语语言学、演讲语言学、公关语言学、认知语言学、广告语言学、法律语言学、刑侦语言学、广播电视语言学、新闻语言学、术语学、称谓学、姓名学、地名学等方面课题的研究。四、语言规范和语言规划。主要包括语言文字规范化、语言预测、语言政策和语言规划的制定与实施并涉及文字改革、词典编纂、翻译等方面的研究。

2.5.2 查找和确定课题相关的主题词和分类号

1. 查找和确定相关的主题词

查找《汉语主题词表》第一卷，社会科学，主表(字顺表)，得到以下相关主题词：

Yingyong yuyanxue
应用语言学
Applied liguistics
D 工程语言学
F 数理语言学
　统计语言学
　外语教学
　语言病理学
　语言教学
S 边缘语言学科
Z 语言学

注：根据《汉语主题词表》参照项规定的含义，本例中的“D”代表代项，即非正式主题词；“F”代表分项，即下位主题词；“S”代表属项，即上位主题词；“Z”代表族项，即族首词。本例中未出现的“C”项(参项)和“Y”项(用项)，这两项分别代表相关词以及正式主题词。

2. 查找和确定《中图法》分类号

查找《中图法》H 语言学大类，得到以下相关类号：

H08 应用语言学
H083 术语学
H085 机器翻译
H085.2 原文的自动分析与综合
H085.3 两种语言的翻译
H085.4 媒介语和多种语言的翻译

H085.5　机器词典与词表
H087　数理语言学

2.5.3 课题概念归纳和检索策略构建

1. 课题概念的内涵归纳

根据以上得到的背景知识、主题词和分类号，经过归纳，可以将“应用语言学”的研究主题表述为：

应用语言学是语言学知识在各个领域中各种不同应用的总称。狭义的应用语言学主要指语言教学，广义的应用语言学分成语言教学、实验语言学、社会语言学和语言规范四个方面，具体涉及语言教学理论、数理语言学、机器翻译、交际语言学、术语学和文字规范化等。

2. 主要概念的归纳

整理上述信息，我们可以把应用语言学所有涉及的概念，作以下归纳：

通过同物异名法扩展为工程语言学。

通过下位概念扩展法，将概念分成四个组面，并将各个组面的概念分别列出(表 2-4)。

表 2-4　课题“应用语言学”下位概念扩展

组　面	下位概念扩展
语言教学	语言教学理论，母语教学，外语教学，双语教学，对外汉语教学，盲聋哑语言教学
实验语言学	数理语言学，机器翻译，机器词典、词表、实验语音学，计算语言学，统计语言学，神经语言学，言语病理学
社会语言学	文化语言学，民俗语言学，人类语言学，心理语言学，交际语言学，话语语言学，演讲语言学，公关语言学，认知语言学，广告语言学，法律语言学，刑侦语言学，广播电视语言学，新闻语言学，术语学，称谓学，姓名学，地名学
语言规范	语言文字规范化，语言预测，语言政策，语言规划，文字改革，词典编纂

3. 检索策略的构建

(1) 最简单的策略

应用语言学

(2) 仅扩展课题概念本身的策略

应用语言学 OR 工程语言学

(3) 包含一级下位概念的策略

应用语言学 OR 工程语言学 OR 语言教学 OR 实验语言学 OR 社会语言学 OR 语言规范

(4) 按照组面进行概念扩展的策略

1) 语言教学

(语言 OR 母语 OR 外语 OR 双语 OR 对外汉语 OR 盲聋哑) AND 教学

2) 实验语言学

(实验 OR 数理 OR 计算 OR 统计 OR 神经) AND 语言学 OR 机器 AND (翻译 OR 词典) OR 词表 OR 实验语音学 OR 言语病理学

3) 社会语言学

(社会 OR 文化 OR 民俗 OR 人类 OR 心理 OR 交际 OR 话语 OR 演讲 OR 公关 OR 认知 OR 广告 OR 法律 OR 刑侦 OR 广播电视 OR 新闻) AND 语言学 OR 术语学 OR 称谓学 OR 姓名学 OR 地名学

4) 语言规范

语言 AND (文字 OR 预测 OR 政策 OR 规划) OR 文字改革 OR 词典编纂

以上策略可以根据需要,选择或再加以调整后使用。

2.5.4 案例分析

1. 关于背景知识

本案例给出了通过常用的三个途径得到的课题背景知识。值得注意的是,任何一种途径得到的知识,应该从信息源的权威性,例如是否为核心期刊,是否为知名研究机构的学者来判断其信息的全面性。而多使用几种途径,从而比较同一主题的不同描述,往往能弥补单一信息源的片面性。

案例中仅使用"应用语言学"一个词语检索背景知识,请读者分析,还可以使用什么概念进行查找?除了这三个途径,能否使用术语性质的工具书?

2. 关于主题词和分类号

课题的主题词和分类号并不是每一检索课题所必须,但主题词表和分类表实际上是学科领域的专家集体讨论的结果。这种结果给我们展示的不是孤立的概念,而是学科体系,更确切地说,是知识的网络。这种知识网络可以帮助我们从概念的学科相互关系角度考虑课题涉及的事物,进而通过主题词表的"用"、"代"、"属"、"分"关系扩展概念,也可以通过分类表中的"上位类"、"下位类"和参见项等帮助我们核实课题的学科归属,扩展检索概念。

3. 关于概念归纳

概念归纳的目的是取得课题的内涵和主要概念。归纳的基础是对背景知识的理解和提炼,一般方法是课题内涵从各种信息源中取意见相对一致的说法,概念组面则取意见相对全面、发表时间相对较新、表述层次相对清晰的说法。

检索策略中使用正确的术语是取得较好检索效果的一个保证。由案例可见,课题归纳得到的主要概念中相当一部分为术语，例如，“词表”、“姓名学”和“地名学”等。一般来说，在汉语中，由两个或者三个汉字组成的事物名称，或者四个汉字以上构成的学科名称常常可以看成术语，而没有特指意义的形容词、动词则不作为术语使用。在多数情况下，确定术语需要专业知识支撑，因而，阅读相关文献、参考主题词表和中图法分类表，甚至咨询学科专家都是十分有帮助的方法。

针对本案例，请读者重新归纳概念，指出概念中哪些为术语。

4. 关于检索策略

从实际效果来看，案例中给出的最简单的检索策略“应用语言学”，只适用于一般的学科调研。较好的方法是检索策略中至少使用两个概念。因此，包含一级下位概念和按照组面进行概念扩展的两类检索策略的检索效果相对更好一些。

案例中给出的检索策略全部为关键词语言，且仅使用逻辑与、逻辑或、优先和词组算符。请读者思考，如果需要进一步扩展检索范围，同时保证所得结果为“应用语言学”，还可以运用什么算符和措施？另外，如果从分类角度检索还可以运用案例中的什么信息？

习　题

1. 判断下述课题属于调查研究型、实验研究型还是面向应用型，并从中选择一项，查找其背景知识材料。

1）经济学数学模型

2）转型期人口政策的国际比较研究

3）中外新闻传播事业史

4）中国当代文学思潮研究

5）汉语语音研究

6）碳 14 断代研究

2. 以下是课题“金融监管体系”的背景材料，请整理成 100 字左右的背景知识，并运用归纳法提取课题涉及的主要概念。

网站(http：//www1. cei. gov. cn/finance/doc/jrzc/200206051550. htm)指出：一个完整的金融监管体系应由三部分组成：一是外部监管体系。即由金融主管和执行机构组成的监管体系。二是内部监管体系。即由行业协会和市场参与主体内部监管部门构成的监管体系。三是社会监管体系。即依靠社会机构，如会计师事务所、律师事务所等构成的监管体系。

陈柳钦在《中国信息报》2002. 8. 23. 载文“中国金融监管体系的要素构成”指出完善的金融监管体系需要相应的法律支持体系、有效的金融监管体制、科学的金融监管信息系统、高效的金融风险预警体系和“四位一体(央行监管、自我约束、行业自律和社会监督)”的监管方式体系。

3. 如果需要给“计算机在语言处理中应用”这个课题标引《中图法》类号，应该使用“TP399 计算机技术在其他方面的应用”，还是使用“H087 数理语言学”？

4. 比较叙词语言和关键词语言的优缺点。
5. 简述何为数据库、记录、字段、顺排文档和倒排文档。
6. 简述如何扩展课题概念的各种方法。
7. 简述逻辑算符、位置算符和字段算符的种类和作用。
8. 简述综合式和分步式构成检索策略的方法以及调整检索策略的方法。

3

互联网信息检索

问题导入

☆ 互联网上哪些学术信息可以为我们所用？这些信息有哪些形式，分布在何处？
☆ 使用什么工具以及如何使用这些工具才可以准、快、全地获取互联网学术信息？
☆ 互联网学术信息可靠吗？如何评价互联网学术信息的可靠性？

知识目标

☆ 互联网信息资源的构成、类型和特点
☆ 主题、目录、多元三类搜索引擎的概念
☆ 网站资源的评价方法

能力目标

☆ 掌握查找学术网站和区分网站类型的方法
☆ 掌握 OA 资源和免费数据库的检索方法
☆ 掌握通过主题引擎检索学术文献的方法

3.1 互联网及其信息资源

3.1.1 互联网的基本概念

1. 互联网

互联网，或称因特网，是指多个网络通过路由器、通信线路等通信设备互联，并基于一定的协议实现通信的国际计算机网络。互联网诞生于 20 世纪的下半叶，由于其强大的功能，在短短的几十年时间内已发展为当代主要的信息源和通信工具。

从信息利用的角度考察，互联网信息资源主要由连接在网上计算机中的无数信息、信息工具以及网络通信渠道三方面构成。互联网信息包括数据库、电子出版物、网页信息、软件以及各种格式的文件等，信息工具包括 WWW 浏览器、FTP、Email、搜索引擎等，网络通信渠道是指网络提供的信息交流渠道。本章将讨论网络信息（尤其是公网上的人文社会科学类学术资源）、信息工具（尤其是有典型意义的搜索引擎）以及网络信息评价（尤其是定性定量相结合的评价方法）三方面的内容。

2. WWW浏览器和统一资源定位器

WWW浏览器是用来浏览网站和页面信息的客户程序。通过浏览器，用户可以十分方便地在互联网获取所需要的信息。目前使用最为普遍的WWW浏览器有微软公司开发的Internet Explorer和Netscape公司开发的Netscape Navigator、谷歌浏览器Chrome、火狐浏览器FireFox等。这些浏览器都支持绝大多数的WWW资源和访问方式，都具有打开主页、页面浏览和文档管理功能。

网址，又称统一资源定位器(Uniform Resource Locator，简称URL)，是由域名加文件地址构成的。例如，上海大学图书馆自助打印的网址是www. lib. shu. edu. cn/opm1/index. html。网址规定服务器所有互联网信息资源的地址，这个地址不仅指明信息文件存在于网络的哪个计算机，还指明信息资源所在的目录和文件名，以及访问的方式等。访问者只需在浏览器中输入特定的网址，便可以获取由其指示的主机的相关数据。

3. 互联网协议地址和域名

互联网协议(Internet Protocol，简称IP)地址，一般为四段数字，每段用实心圆点隔开，例如上海大学图书馆主页的IP地址202. 120. 121. 193。IP地址是互联网信息定位所必需的，每台上网计算机都有一个唯一的IP地址。

> **小贴士：**网址代表了互联网上一切资源，包括上网计算机及其各种文件的地址。每台上网计算机的IP，代表了计算机在信息高速公路上的门牌号码。域名的作用类似于服务器在信息高速公路上的门牌号码。

域名(Domain Name，简称DN)一般由代表通信协议、主机名、机构性质域名(见表3－1)和国家地区域名(见表3－2)四段字母构成。例如，上海大学的WWW服务器的域名为www. shu. edu. cn。通信协议(Protocol)是获取数据的方式。互联网上常见的通信协议有http、ftp、telnet和email等。主机(host)名又称服务器名，通常是使用机构的简称。域名并非每台上网计算机所必需，只有作为服务器的计算机才需要。互联网通过域名服务器(DNS)将域名自动转换为IP地址。

表3－1 常见机构性质域名一览表

域　名	含　　义	域　名	含　　义
. ac	academic	. gov	governmental
. co	commercial	. mil	military
. com	commercial	. net	Internet Service Providers
. edu	educational	. org	non-profit making organizations

表3－2 部分国家、地区域名一览表

域名	国家、地区名	域名	国家、地区名	域名	国家、地区名
. ca	Canada	. gb	Great Britain	. tw	Taiwan
. cn	China	. int	International	. uk	United Kingdom
. de	Germany	. jp	Japan		
. fr	France	. ru	Russian Federation		

4. 网页、网站和主页

网页是用 HTML 或 DHTML、XML 等语言写成的文本文件。而网站则是有独立的域名,并由若干相关网页组成的一个站点。每一个网站都有一个被称作主页(homepage)的页面。主页的作用是引导访问者浏览网站,或者说主页是用户通过超链接访问其他网页或服务器的起始点。用户也可以在浏览器中把感兴趣或常用的网页设置为自己的主页。按照微软公司的比喻,如果把 WWW 当作是互联网上的大型图书馆,则每个 Web 站点就是一本书,每个网页面就是书的一页,主页则是书的封面和目录。用户可以从主页开始,通过链接访问信息资源,漫游 WWW 世界。

3.1.2 互联网信息资源及其学术资源

1. 互联网信息资源的特点

(1) 数量庞大,增长迅速。据 2010 年统计,互联网拥有的网站已达 2.5 亿个,仅每天发布的博客文章达 90 万篇,是名副其实的全球最大的信息资源基地。

(2) 整体无序,局部有序。数量庞大的互联网并没有一个统一的管理机构,互联网信息在整体上是无序的。但是,各搜索引擎和站点目录都收集大量的站点和网页,并按照专业和信息类型分类,因而,局部的互联网信息是有序的。由于互联网信息的急剧膨胀,仍有大量信息被淹没在信息的海洋中,无序性是互联网信息的主要特征。

(3) 更新频繁,变化无常。互联网存在着大量的即时信息,内容十分新颖。这得益于互联网信息制作技术的方便性。据统计,2001 年网页的平均寿命仅 44 天,今天网页的寿命更短。有的网站昨天工作得非常出色,今天就会突然销声匿迹。这种状况给网上信息的利用带来许多不便。

(4) 多维显示,交互方便。由于现代信息技术的发展,在载体类型上,互联网信息早已突破文本、图片等传统信息的限制,包含图像、声音、电影等在内的大量多媒体、流媒体和各种通过程序产生的多维信息给我们展现了丰富多彩的世界。在通信方式上,互联网这些内容以及大量的即时信息是以双向甚至多向交互的形式传递着,信息接收方有了选择的主动权和话语权。

(5) 良莠混杂,参差不一。互联网上的资源,一部分是人类知识的精粹:有人文社会科学领域的各种专业信息,也有与日常生活息息相关的信息;有严肃的学科专业信息,也有体育、娱乐、旅游、消遣和奇闻趣事;有历史档案信息,也有现实世界的信息;有知识性和教育性的信息,也有消息和新闻的传媒信息;有学术、教育、产业和文化方面的信息,也有经济、金融和商业信息。除了这些人类知识的巨大财富之外,互联网上还有相当一部分是出于某种目的的信息或者是未经任何审核的数据信息,包括一些黄色、反动内容。对于这一点,必须要有清醒的认识。互联网信息的政治性、正确性和可靠性是信息利用都应注意加以鉴别的。

2. 互联网学术资源的类型

互联网学术资源是指能反映学术发展成果、体现学术研究和发展动态,可为学术研究、教学和学习活动提供重要参考的互联网信息的集合。

从专业学习和学术研究的角度,互联网信息资源的构成如下:

按照出版类型区分，互联网信息资源和印刷型出版物有类似的对应关系。比如，印刷型的期刊与网络期刊，印刷型的图书与网络图书，印刷型的报告与网络报告等。这种对应关系，仅限于我们对网络文献信息类型的认识，不能应用于具体的文献。例如，早期的印刷型学术文献一般不会有网络形式，当前印刷型学术文献也不一定能在互联网上找到对应的电子版本。

按照是否具有原创性，互联网信息资源有一次资源和二次资源的区分。一次资源是指首次发表的原创性信息，二次资源是转载已有的信息或者是从原创信息中提取的部分信息。判断网络信息是否原创的方法，我们将在本章的第 3.3 节中予以介绍。

按照有否经过审核，互联网信息资源可分为正式出版物和非正式出版物两种。正式出版物学术价值相对较高，它们或者标有 ISBN，或者标有 ISSN，或者是权威学术机构的出版物，例如，通过网络发行的期刊、图书、报告、会议录、标准、专利等。除专利等少数类型的文献外，互联网正式出版物可以免费使用的很少。互联网上的非正式出版物具有明显的个人行为性质，其学术价值差异较大，例如，个人主页、博客上的文章等大部分可以免费利用。互联网上的正式、非正式出版物存在着大量的交叉关系。例如，个人网页属于非正式出版物，然而有一些个人网页上公布已经发表的期刊论文或专著，是货真价实的正式出版物，这种交叉关系为学术论文全文查找提供了渠道。

按照是否属于搜索引擎检索范围，互联网信息资源可分为可见资源和不可见资源两类。可见资源是搜索引擎可搜索到的资源，这类资源具备以下特征：一是有 HTML 超链接，二是没有设置口令、IP 限制等访问限制，三是不属于动态产生的网页。与其对应的不可见资源，是指一切没有超链接的资源、数据库检索产生的结果，以及局域网内使用或者按照指定口令才能访问的所有资源。互联网上的不可见资源的数量远远超过可见资源。据估计，互联网上的不可见资源与可见资源之比超过 400∶1。

图 3-1 是互联网学术信息资源的构成示意图。

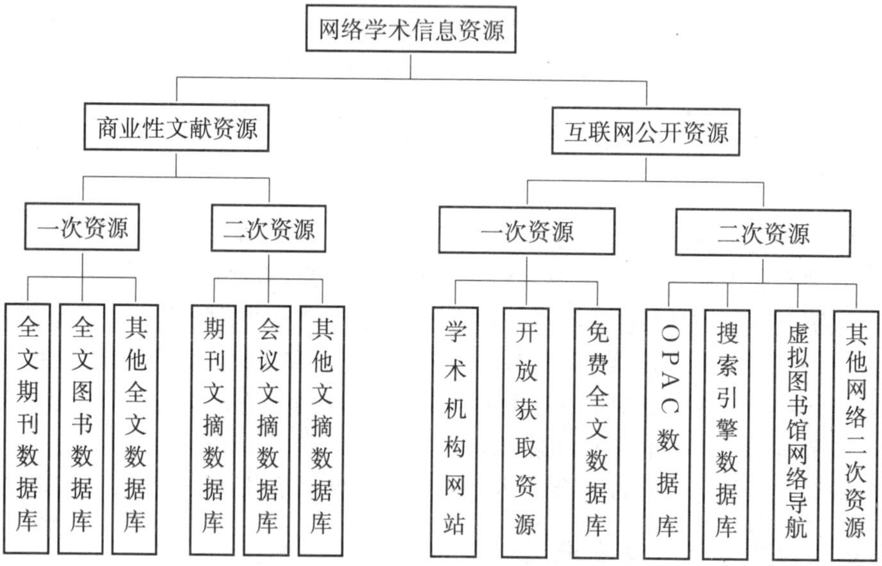

图 3-1　网络学术信息资源的构成示意图

由图 3-1 可见，按照访问权限的不同，从可获得性的角度，网络学术信息资源可分成商业性文献资源和互联网公开资源两部分。按照文献出版类型和内容形式，商业性文献资源又可以分成互联网全文期刊、图书和其他全文(影视课件等)及其文摘,商业性文献资源通常由图书情报机构订购后,提供给有使用权的用户使用,多数属于不可见信息。按照是独创还是摘要转载,互联网公开学术资源分成学术机构、个人和其他学术网站等一次公开资源,以及 OPAC、搜索引擎、虚拟图书馆和其他网络二次资源等互联网二次公开资源。学术网站、搜索引擎是我们获取互联网公开资源的主要入口。

小贴士: 互联网公开资源含有大量学术文献,而且由于属于可见资源,可借助搜索引擎检索,使用不受限制,因而是商业文献数据库的重要补充。

3.1.3 学术网站

1. 学术网站的定义和重要性

以学科领域的专业研究人员为主要服务对象,以学术研究信息为主要内容,以满足学术信息交流为主要目的的网站称为学术网站。

学术网站是互联网学术资源的一个主要载体。随着网络信息的普及,学术网站发布的信息在领域学科信息总量中的比例越来越大、学术价值及实用价值将越来越高。利用学术网站不但可以获得部分与传统期刊图书一样的信息,例如学科、专业或者专题相关的研究论文、发展动态以及数据资料,更重要的是可以获取传统渠道不能得到的信息,例如学科发展动态信息、人员组织,甚至利用学术网站这个平台开展有效的学术交流。

2. 学术网站的类型

按照是否以盈利为目的,学术网站分为商业性网站和公益性网站两类。商业性学术网站多由数据库商创建,例如下一章讨论的 CNKI、EBSCO、SSCI 等,它们是学术文献获取的主要来源。公益性学术网站的创建者主要是学术机构和研究者个人,是把握学术动态不可忽视的来源,也是学术交流的重要信息平台。

按照创建者身份不同,学术网站分为机构网站和个人网站。机构网站的创建者主要是高校、研究所和学术协会。多数机构网站的内容稳定、权威、新颖,是极为重要的信息来源和交流平台。例如中国社会科学院系统网站(www. cssn. cn)由总院下属 35 个研究所(www. cssn. cn/news/141052. htm)和各地方社会科学院研究所(www. cssn. cn/cate/1908. htm)构成,都是从事人文社会科学研究时需要关注的学术网站。比较而言,个人网站,尤其是优秀的个人学术网站,学术专指性强,观点鲜明。但是大多数个人网站更新速度相对机构网站要略逊一筹。

按照功能不同,学术网站分为门户网站、资源网站和论坛网站。门户网站集公开信息,汇集资源之大成,主要宗旨为学科领域提供大型的信息交流平台。资源网站集中学科领域内的历史知识、术语、学会组织、出版刊物、会议消息、数据库等相关内容,以方便专业人员日常学习和工作的资料需求为主要目的。论坛网站提供 BBS 和博客等信息交流工具,组织热点话题、筛选学科新闻、评点学术动态和推荐优秀学术成果等,是以网络为工具发表专业见解的重要渠道,也是当前最重要的交互性学术资源。

3. 学术网站类型的识别

识别网站类型,主要依据网站首页上的栏目设置以及"关于本站"(about this site)、"关于我们”(about us)中的介绍。

例 3-1 通过观察网站栏目和网站首页的“关于我们”，判断网站的类型。

例如，叶航学术人生(mypage. zju. edu. cn/yehang)的栏目有个人简介、基本信息、学术交流、研究、论文、著作、教学。由栏目和个人简介可知这是一个知名学者的个人网站。

又如，法律教育网(www. chinalawedu. com/web/21/)首页底部的“关于我们”，其第一段文字称：“法律教育网是正保教育集团旗下的一家大型法律教育网站，正保教育集团是一家具备网络教育资质、经教育部批准开展远程教育的专业公司”。由此可知该网站为一家民办远程法律教育网站。

再如，在中国高校人文社会科学信息网(www. sinoss. net/index. html) 设置的栏目有“管理”、“资讯”、“观点”、“机构”、“会议”、“项目”、“奖励”、“统计”、“在线期刊”、“论文在线”、“项目成果库”、“常用速查”和“论坛”。点开首页底部的“关于我们”，首段文字为“中国高校人文社会科学信息网(以下简称社科网)是教育部社会科学司指导下建设的为人文社会科学服务的专业性门户网站”。据此，即可认定其为政府机构主办的门户网站。

4. 学术网站的查找方法

查找所关心领域的学术网站，可以参考以下的方法和实例。

例 3-2 利用主题引擎查找所需网站或网页

如果知道网站名称或其确切的主题，可使用描述网站名称或其确切主题的关键词作为检索词检索搜索引擎。例如，通过百度查找与刑法案例相关的网站，检索策略直接使用“刑法案例”，检索结果中有一条是法律教育网(www. chinalawedu. com/web/21/)的“案例大全——刑法案例”，共提供 7 580 条刑法案例。点击浏览这些案例，发现内容为案件及其审理过程判决结果，也有简单的案例分析，可见这个网站合乎题意要求。

又如，利用谷歌查找刑法案例相关的国外学术网站，检索策略使用“criminal cases inurl:gov”(inurl:gov 意为将检索结果网页的网址“gov”——政府网站的域名缩写，因为司法文件多由司职法律的政府机构发布)，点击检索结果中的美国联邦最高法院的 criminal cases (www. uscourts. gov/FederalCourts)，发现这个网站提供一个注册即可检索浏览全文的案例数据库，可见这个网站合乎题意要求。

例 3-3 利用目录引擎确定学科常用网站

未知网站名称或者与其相关的主题，可以使用提供分类导航的目录引擎。仍以查找刑法案例网站为例，使用雅虎网址(site. yahoo. com. cn)，逐次点开“社会科学”(此时已经进入“淘网址(www. tao123. com)”)、“法律-更多”、“案例分析”，得到“新华法治-以案说法”、“中国法院网案例大全”、“房地产与工程建筑判例”等多个案例网站。对这些网站逐一点开浏览，发现均提供刑法案例。

使用百度网站(site. baidu. com)，逐次点开“文化教育”、“法律”，在“个案分析”栏，得到“CCTV 今日说法”、“房地产法案例”、“新华以案说法”、“法院网案件库”、“法律教育判例”等多个案例网站。点开浏览这些网站，发现它们也都提供刑法案例。

和雅虎网址的功能类似，国外的 Alexa(www. alexa. com)和 Internet-Web-Directory (www. internet-web-directory. com)等也可以通过逐级点开其目录，得到与学科相关的网站。

例 3－4 利用专门的推荐网站

从学科角度查找学术网站，可以利用专门推荐优秀网站的网站，效率要高于通过主题引擎和目录引擎。国内的 www. 2345. com，国外的 100(directory. 100. com，以访问量排序)，Toptenlinks(www. toptenlinks. com，以内容的独特性为入选标准)以及 Expo Central (www. expocentral. com)都属于这样一些网站。仍以查找刑法案例网站为例，使用 100 网，依次点开"Law"，"Law on line"，"Law Library of Congress"(www. loc. gov/law/find/)，"Find Legal Resources"，"Databases and e-Resources"，浏览后发现 Hein (heinonline. org)和 OYEZ(www. oyez. org)两个网站符合要求，前者(收录了 1754 年至今美国最高法院的全部案例，是一个商业网站。后者提供 1950 年至 2009 年美国最高法院的全部案例，可以免费访问。

小贴士：查找学术网站的各种方法中，主题引擎的结果量大而及时，但选择费时；目录引擎的结果质量较好，但数量偏少；推荐网站的结果质量优秀，但更新有时不够及时。

5. 虚拟图书馆

虚拟图书馆的主要功能是推荐网站和资源。虚拟图书馆在国外被称为 Virtual Library、Internet Navigation、Information Gateway、Information Portal、Resource Guides 和 Web Directories、Research Guides 等，国内更多地称为网络资源导航和学科导航等。不管什么名称，它们都属于网络信息指南工具，都是针对某一领域或学科的研究者的需要，收集、核实并加以组织各种互联网资源线索，包括研究机构、实验室、图书、学术期刊、会议论坛、专家学者等网站的网址，以提供给用户浏览或者检索。

国内的学科导航中，由高校图书馆承建的 CALIS 重点学科导航系统(202. 117. 24. 168/cm/main. jsp)覆盖了哲学、经济学、法学、教育学、文学、历史学和管理学等主要学科，收集了大量优秀的学术网站，是查找学术网站的重要入口。不过随着这个系统越来越多地采用自动抓取的信息作为导航内容，作为网站指南的作用已被严重弱化。方略学科导航系统(http：//www. firstlight. cn，以下简称方略)是雷速公司创办的一个包括哲学、经济学、法学、教育学、文学、历史学、理学、工学、农学、医学、军事学和管理学等 14 大门类、108 个一级学科、600 多个二级学科在内的新型、综合性的学科网站集群，学科网站以收录各学科灰色文献为主。

国外学科导航中，有一些是由大学图书馆开发，比较权威、全面且稳定，例如美国加利福尼亚大学图书馆等创办的虚拟图书馆 Infomine(infomine. ucr. edu/)覆盖了文理各个学科的互联网学术资源，Libguides Community Site(http：//libguides. com)汇集了由全球近3 000所图书馆的 4 万多名馆员建立的近 23 万学科导航，是查找国外学术网站的重要入口。

国外的学科虚拟图书馆也可以通过谷歌等搜索引擎查找，策略可以使用学科名称配合虚拟图书馆的英文名称。例如，检索历史学的虚拟图书馆，策略拟为 history ("Virtual Library" OR ((Internet OR resources OR web) (navigation OR gateway OR portal OR guides OR directories))。实际检索这个策略后发现大量的历史学网络资源导航网站和虚拟图书馆，其中，普林斯顿大学图书馆的历史学网站（www. princeton. edu/～pressman/hiswebs. htm）就是一个内容极为丰富的学科虚拟图书馆。

3.1.4 开放获取资源和免费的文献数据库

互联网人文社会科学领域学术文献的另一主要来源是开放获取资源和免费的文献数据库。

1. 开放获取资源

开放获取资源（Open Access），简称 OA 资源，是论文作者支付出版费用，读者免费使用的网上学术资源。这种资源，特别是 OA 期刊文献，大多经同行评审（Peer-Reviewed），质量较有保证，是获取最新学术信息和补充正式出版物的重要渠道。常用的开放获取资源有：

（1）OA 资源一站式服务平台 Socolar（www. socolar. com）。中国教育图书进出口公司开发的开放存取资源集成检索系统。该平台整合了国外社会科学、自然科学和工业技术科学等 21 个分支学科的 10 000 多种开放存取期刊，此外还收录了 1 000 多个机构仓储（或称机构库）中的文献，合计收录将近 1 880 万篇。使用需要预先免费注册。

（2）Directory of Open Access Journals（DOAJ. http：//www. doaj. org）。由瑞典兰德大学图书馆等开发管理。目前拥有可免获取全文、经过同行评审的 6 800 余种科学和学术期刊，涵盖的人文社会科学学科包括艺术和结构、工商和经济、历史和考古学、语言和文学、法律学和政治学、哲学和宗教学以及社会科学等。

（3）开放获取期刊门户 Open J-Gate（www. openj-gate. com）。印度 Informatics 公司于 2006 年创建的英文类 OA 学术期刊门户，提供基于开放存取期刊的免费检索和全文链接，目前收录约 9 200 余种 OA 学术期刊，有 6 100 余种期刊是经同行评议的学术性期刊，每年有超过 100 万篇新发表的文章被收录，并提供全文检索。使用时需要先行注册。

（4）HighWire Press（highwire. stanford. edu）。收录 1 534 种期刊，涵盖的人文社会科学学科包括语言学、音乐、宗教学、刑法学、经济学、教育学、政治学、心理学和社会学等，部分文献可以获取其全文。

（5）SSRN（Social Science Research Network，www. ssrn. com）。收录 35 万篇文献，涵盖的人文社会科学学科包括人文社会科学各个学科，部分文献可以获取其全文。这个网站的特点是有重要文献（Top Papers）推荐，可以看到根据下载量排序的重要文献。

下面是一个利用开放获取资源获取文献的实例。

例 3－5 利用开放获取资源查找“品牌评估模型”专题文献

解：选择开放获取期刊门户 Open J-Gate，使用策略“Brand evaluation model”获得的一篇相关文献的书目信息如下：

Title：The evaluation of the full-factorial attraction model performance in brand market share estimation.

Author：Patrick Howiel and Ewa Kleczyk.

Source: African Journal of Business Management, July 2008, 2 (7): 119－124.

由题目和摘要可见该文合乎题意。注意这个网站的检索入口有检索词数量限制，故检索策略应注意简略。

选择 OA 资源一站式服务平台 Socolar，在其高级检索界面，使用策略“Brand and (evaluat* or choic* or assess*) and (model* or simulat*)”，选篇名字段，同行评审，检索获得 50 余篇相关文献的题录信息，下面是其中的一篇。

Titile: A Choice Modeling Approach to Evaluate Effectiveness of Brand Development Initiatives.

Authors: Banerjee Arindam; Avasthi Dheeraj; Gupta V

Source: RePEc, United States

Type: preprint

通过上述两个开放获取资源得到文献，经注册后都可下载其全文，具体过程和结果略。

2. 互联网免费人文社会科学领域专业数据库

互联网免费人文社会科学领域专业数据库中有三种数据库值得重视，一是包含海量题录信息的综合性数据库，例如 SCIRUS 和 Ingenta 等，可用来快速普查专题文献；二是含有数值型、图像型、工具型数据库，例如第 5 章中的部分免费工具型数据库，它们是获取事实数据极为重要的来源；三是含有全文的数据库，例如，豆丁、FindArticle 等。使用这些资源，可以免去一般商业数据库 IP 限制的烦恼，是我们获取专业信息的重要工具。

专题性质的人文社会科学类数据库可以使用搜索引擎查找。检索策略的形式可采用：“学科名词 database”。例如，查找“欧洲历史数据库”的策略可以用：european history database。也可利用专门的目录搜索引擎，例如不可见资源目录（The Invisible Web Directory, http://websearch.about.com/od/invisibleweb/a/invisibleweb.htm）和 Direct Search (www.freepint.com/gary/direct.htm) 等。

下面是几个常用的人文社会科学领域大型免费数据库。

(1) 豆丁。豆丁(www.docin.com)是一个专业的社会化阅读分享平台及文档内容营销平台。2007 年创立。目前，豆丁网拥有超过 1 亿份的中文文档库，包含教育资料、论文课件、学术报告、财经分析、原创文学等各种行业及类型的文档，专业覆盖商业、教育、财经等各个领域。支持 pdf、doc、ppt、txt 在内的数十种格式的文档文件上传，用户通过豆丁播放器浏览文档，或者通过下载直接取得文档。

就检索对象同样是国内学术文献而言，和本书 4.3.1 节的 CNKI 相比，豆丁网的长处是增加了文件类型，例如有 ppt、doc、txt 等，缺点是检索性能较差，有质量的文献较少。

(2) FindArticles。FindArticles 的文献检索服务网站为 Questia(www.questia.com/search)，提供超过 300 家出版社出版的近 75 000 本全文图书，以及选自优秀期刊、杂志和报纸的 200 多万篇文章。涉及的人文社会学科有艺术和建筑、经济与贸易、教育、历史、法律、文学、音乐和表演艺术、哲学、政治与政府、心理学、宗教和社会学与人类学等。收录的文献类型有图书、期刊、报纸等，所给信息以题录为主。

Questia 用户可搜索并完整阅读已出版的藏书。藏书由专业图书管理员精心挑选并得到行家一致认可,从文学名著到当今最富影响力的人文社科作品,一应俱全。此外,Questia还为用户提供了个人工作室,其中包含一组先进的工具,可用来记笔记、标注文字、准确引用以及自动创建具有正确格式的书目。

除了上述两个数据库,其他还有 Project Gutenberg(www. promo. net/pg/,电子图书为主)、Intute(www. intute. ac. uk,由英国数所大学主办)、ICPSR(www. icpsr. umich. edu/icpsrweb/ICPSR/,号称世界最大的人文社会科学网站)以及 Oaister(www. oaister. org,由 OCLC 主办)等。

下面是利用网上免费大型文献数据库查找专题文献信息的实例。

例 3-6 利用免费文献数据库查找与“品牌评估模型”相关的专题文献

通过豆丁网,策略同课题名称,检索得到 21 115 篇文档。利用结果网页左侧的文档限制按钮,只取 pdf 文档,剩 5 849 篇文献。下面是其中的一篇:

篇名:品牌资产评估的模型与方法
作者:卢泰宏
出处:中山大学学报(社会科学版),2002(3):88-95

通过豆丁网得到的文献,注册后可以获取原文。

3.2 网络信息检索工具

互联网信息数量极其庞大,很多人因此认为查找学术信息易如反掌。而事实却恰恰相反,究其原因,主要有三:一是查找互联网信息不像纸质文献那样可以直接浏览,而是必须通过搜索引擎等工具才能进行;二是主宰互联网信息生存的基本原则之一是信息访问量,学术类信息因此被强势的商业、生活和休闲类信息所淹没;三是互联网学术信息很多以不可见资源形式存在,比如动态信息资源等,它们不是搜索引擎可搜索的对象,因此查找互联网学术信息的难度更大一些。由此可见,获取互联网学术信息的前提是掌握一些必要的工具和方法。下面分搜索引擎和 RSS 两方面介绍网络信息的检索工具。

3.2.1 搜索引擎的基本概念

1. 搜索引擎的定义

搜索引擎(Search Engines)是互联网信息搜索工具的通称。搜索引擎可以是一个独立的门户网站,例如国外的谷歌、Yahoo 和我国的百度等,也可以是附在其他类型网站或主页上的一个搜索工具,例如上海热线,新浪上所附的搜索引擎。

2. 搜索引擎的类型

按工作方式区分,搜索引擎可分为主题引擎、目录引擎和多元引擎。

1) 主题引擎。主题引擎的特点是信息的收集、处理和提供过程完全由程序自动完成,处理信息的层次是网页,检索所得结果的网页中通常含有检索词。主题引擎一般由搜索软件、索引软件和检索软件三部分组成。搜索引擎的检索软件和文献数据库类似,不同的是搜索软件和索引软件。

搜索软件,又称为蜘蛛(spider)、机器人(robot)或者爬虫(crawler),其任务是定期访问网页,收集信息。常规搜索软件的运行周期一般为 2 至 4 星期。它们通常以一个站点列表为起点,沿着各网页面里的所有链接,不断地从一个页面转到另一个页面,发掘网上的各种信息资源,并将采集到的信息送回搜索引擎。即时搜索软件则随时运行,取回一个网页面的时间一般不超过 1 秒钟。例如:谷歌新闻每天在网上要追踪数百万个页面,新闻可在发表后数分钟内即被索引并可提供阅览。

索引软件的任务是为网页建立索引。在建立索引时,一般会给网页中每个关键词赋予一个等级值,表示该网页与关键词之间的符合程度,并记录下网页网址等。当用户查询一个关键词时,检索软件将搜索索引,找出所有与关键词相符合的网页。有时候这些网页可能有成千上万,等级值的用途就是作为一种排序的依据,检索软件将按照等级值从高到低的顺序把检索结果包括网页标题、说明语和网址等送回到用户的浏览器中。

主题引擎的优点是信息量大、更新及时、无需人工干预,缺点是返回信息过多,有很多无关信息,有一定比例的死链接,用户必须从结果中进行筛选。国内主题引擎的代表是百度(www. baidu. com)等,国外主题引擎的代表是谷歌(www. google. com. hk),Ask Geeves(www. ask. com), Excite(www. excite. com)和 Lycos(www. lycos. com)等。

主题搜索引擎也提供分类查找途径,但其分类为自动分类,或是借用其他目录引擎的分类数据,例如百度网站(site. baidu. com),因而分类检索效果可能不如目录引擎。

2) 目录引擎。又称目录指南型搜索引擎。这种引擎的信息收集和处理有人工干预过程,信息处理的层次为网站,检索所得结果的网页中不一定含有检索词。

目录引擎是依靠专职编辑或志愿人员人工建立起来的。编辑人员逐个访问 Web 站点,对每个站点撰写一段描述,并根据站点的内容和性质将其归入一个预先分好的类别,把描述站点的信息放在这个类别中。很多目录引擎也接受用户提交的网站描述,当目录引擎的编辑人员认可该网站和描述后,就会将其添加到合适的类别中。

目录引擎的用户界面基本上都为分级结构。首页提供了最基本的几个大类的入口,用户可以一级一级地向下访问,直至找到自己感兴趣的类别,另外,用户也可以利用目录引擎提供的搜索功能直接查找一个关键词,不过,由于目录引擎只在数据库保存的编辑人员对站点的描述中进行搜索,因此站点本身的动态变化不会反映到搜索结果中来,这也是目录引擎与主题引擎之间的一个主要区别。

目录引擎也提供主题查找途径,但查找的范围是编辑人员描述网站的文字,而非从网页上提取的文字,因而所得结果的网页中不一定含有检索词,因而主题检索效果多数不如主题引擎。

目录引擎的国内代表是搜狐(www. sohu. com)等,国外代表是 Yahoo Directory(dir. yahoo. com),适用于学术研究和专业学习参考的 Librarian's Index to the Internet(www. ipl. org), About. com (www. about. com),适用于理工科类的目录引擎 SciSeek(www. sciseek. com),适用于化学信息的目录引擎 Chemie(www. chemie. de)以及具有检索结果联机聚类功能的 Search4Science(www. search4science. as)。

归纳上述,主题引擎和目录引擎两者最主要区别在于有无人工处理信息过程。目录引擎的信息因为有人工处理过程,所以死链接较少、信息准确、导航质量高,缺点是需要人工介入，维护量大，信息量少，信息更新不及时。而主题引擎的信息收集和处理完全由程序软件自动进行，其特点正好和目录引擎相反，信息量大，更新速度略快，但死链接比例相对略高。因而主题引擎适用于专指度较高、内容要求比较新的课题。目录引擎适用于学科调研的场合。

3）多元引擎。多元引擎又称元搜索引擎。多元引擎本身没有存放网页信息的数据库。当用户查询一个关键词时，它把查询请求转换成其他数个搜索引擎能够接受的命令格式，并行地或者有选择性地访问这些搜索引擎并查询这个关键词，处理这些搜索引擎返回的结果，然后再返回给用户。

从严格意义上来讲，多元搜索引擎只能算是一种用户代理，而不是真正的搜索引擎。多数多元搜索引擎在处理其他搜索引擎的返回结果时，只提取出每个搜索引擎结果中的一小部分，并将这些条目合并在一起，去除重复后返回给用户。少而精是多元引擎检索结果的特点，这是很多互联网用户更喜欢使用这种引擎来查找信息的原因。

多元引擎的缺点是：多数多元引擎都只能访问少数几个搜索引擎，而且不支持这些搜索引擎的高级搜索功能，在处理逻辑查询时也常常会出现错误。

多元引擎的国内代表是万纬搜索引擎（www. widewaysearch. com）等，国外代表是Metacrawler（www. metacrawler. com），Dogpile（www. dogpile. com）和 Search（www. search. com）等。

> **小贴士：** 搜索引擎依能力和偏好抓取的网页各不相同，各引擎之间的网页数据重叠率一般在70%左右。使用一种搜索引擎，只能检索该引擎储存的内容，因而可能存在漏查。解决的方法，或者使用多个单搜索引擎，或者使用元搜索引擎。

3.2.2 主要引擎的使用

1. 百度

百度（www. baidu. com）是目前功能最强的中文主题搜索引擎，其主页见图3－2。检索结果见图3－3。

图3－2 百度的首页

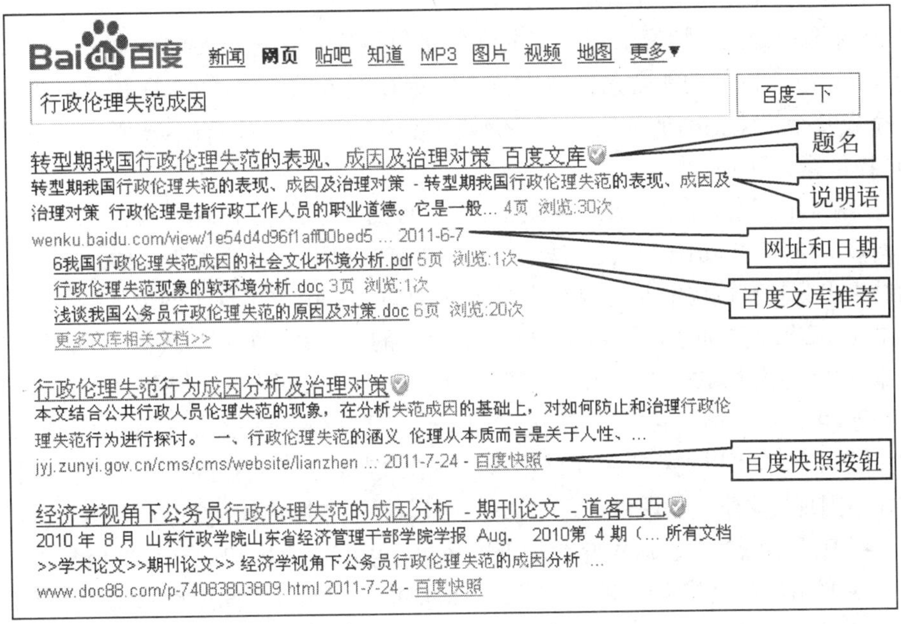

图 3-3 百度检索结果页面

(1) 输入的检索词。输入百度搜索框中的检索词可以是研究的主题、网站、新闻等任何内容，形式可以是中文、英文、数字或中文英文数字的混合体。例如，可以搜索“windows”、“cn103546”或者“D”。输入百度的检索词，可以是一个，也可以是多个，甚至可以输入一句话。例如，可以搜索“电脑”、“We want to have a recent overview of computer architecture studies”。

百度不区分英文字母大小写。所有的字母均作为小写处理。例如，输入“oicq”或“OICQ”，结果都是一样的。

百度搜索引擎没有模糊检索和截词检索功能。例如：分别输入“卫星通信”和“通信卫星”，搜索结果是不同的。

(2) 使用两个以上检索词的逻辑算符。百度的逻辑与使用词间空格，即在检索词之间留一个空格。其含义为要求空格前后的两个检索词在同一个网页中出现。例如，搜索“股市风险避让”可以输入“股市　风险　避让”作为检索策略。逻辑或使用“|”，但“|”的前后必须各留一个空格。例如：要查询“银行”或“信用社”相关资料，检索策略为“银行 | 信用社”。百度的逻辑非使用“-”，但减号之前也必须留一空格，语法是“A　-B”。例如，要搜寻关于“数据统计方法”，但不含“调查表”的资料，可使用“数据统计　-调查表”作为检索策略。

(3) 字段检索。百度的字段检索算符主要有在指定网站、标题和网址中查找等几种。

1) 在指定网站中查找。在一个网址前加“site:”，可以限制只搜索某个具体网站名或某域名内的网页。例如，“数码 site:www.baidu.com”表示在“www.baidu.com”网站内搜索和“数码”相关的资料。“intel site:com.cn”表示在域名以“com.cn”结尾的网站内搜索包含“intel”一词的网页。“门户 site:cn”表示在域名以“cn”结尾的网站内搜索包含“门户”的网页。

使用“site”时应注意搜索检索词在前，“site:”指令及其指定网址在后；检索词与“site:”之间须留一空格隔开；“site”后的冒号“:”可以是半角，也可以是全角，百度会自动辨认。

“site:”后不能有“http://”前缀或“/”后缀。

2) 在标题中搜索。搜索引擎规定的标题字段包括隐含超链接的网页题目以及紧随的网页说明语。intitle的功能就是把搜索范围限定在网页标题中，使用标题字段检索的方法是在一个或几个检索词前加“intitle:”。例如，“intitle:物价指数”表示搜索标题及其说明语中含有“物价指数”的网页。

3) 在网址中搜索。在“inurl:”后加网址中出现的文字，可以限制只搜索网址中含有这些文字的网页。例如，“inurl:edu”表示搜索网址中含有“edu”的网页。值得注意的是，“inurl:edu”的检索结果多为教育机构主办的网站或者网页，此时，“edu”多出现于网址的机构性质域名位置。如果“edu”出现在别的位置，这个网站或者网页的主办者可能不为教育机构。

4) 限定文件的格式。在“filetype:”后加上常见的文件格式后缀，例如pdf、doc、gif、bmp、xls等，可以指定格式的文件。例如，“filetype:pdf”表示只搜索格式为pdf的文件。这个命令和关键词连用，可以查获指定文件格式的专业文献，是一个经常使用的检索策略。例如，需要查找中国现代文学史的课件(PPT格式)，可以使用“中国现代文学史 filetype:ppt”。

(4) 百度的特色功能。这里介绍的百度特色功能包括百度快照和相关检索。

百度快照用以解决找不到网页的问题。出现找不到网页的原因有网站服务器暂时中断或者网站已经更改链接等。点击百度快照，可以调取保存在服务器缓存中的原网页记录。在快照中，检索词均已用不同颜色在网页中标明，一目了然。点击快照中的检索词，还可以直接跳到它在文中首次出现的位置，使浏览网页更方便。

相关检索解决无法确定输入什么检索词的情况。先输入一个简单词语搜索，在检索结果中，系统会提供“其他用户搜索过的相关搜索词”作为参考。点击任何一个相关搜索词，都能得到那个相关搜索词的搜索结果。

2. 谷歌

谷歌(www.google.com.hk)是目前互联网上功能强大的主题搜索引擎之一。这个引擎的优点是网址数量大，检索语种多，响应速度快，尤其是它所设置专门功能引擎“学术谷歌”等特别适合于查找人文社会科学技术方面的学术信息资源。

(1) 谷歌的常用检索方法。谷歌的检索界面(见图3-4)简洁。检索功能选择在检索文本框的上方，分搜索、图片、视频、地图、新闻、购物等，默认为网页搜索。

图3-4　谷歌的检索界面

在检索文本框中可以任意输入中、英文检索词。谷歌不支持截词符，只能做精确查询。如果检索词是英语，谷歌有自动单复数功能，也可以在检索词前加词根算符"~"，系统可以把含有相同词根的单词的网页全部查找出来(带"~"的检索词应该单独使用)。谷歌不区分英文字符大小写。如果要检索词组，可以使用双引号。如果有多个检索词，且相互间为逻辑与时，可直接使用空格。注意谷歌不允许使用AND，但可在检索词前加"+"。逻辑或关系用大写英语字母的"OR"表示。逻辑非关系用减号"-"表示。在混合使用这些逻辑算符时，搜索引擎按照从左往右的顺序进行运算。也可以使用优先算符"()"改变运算顺序。常用的谷歌字段检索方法见表3-3。

表3-3　常用的谷歌字段检索方法

字段算符	功能说明	注意事项	用法举例
Site:	限于某个具体网站或者网站频道	网站域名不能有"http"以及"www"前缀，也不能含"/"的目录后缀	搜索包含"金融"的中文新浪网站页面，检索策略可用"金融 site: sina. com. cn"
Link:	返回所有链接到某URL地址的网页	"link"不能与其他算符混合使用，"link:"后面不能有空格	搜索所有含指向谷歌链接的网页，检索策略可用"link: www. google. com"
Inurl:	返回的网址中包含检索词	"inurl:"后面不能有空格	搜索网址中含有"article"的网页，检索策略可用"inurl:article"
Filetype:	查找专门格式的文献	文件格式可以是以下任意一个 pdf，txt，xml，ps，gif，jpg，bmp	搜索所有含有 fiber 检索词的 pdf 文件，检索策略可用"fiber filetype:pdf"
Intitle:	查找网页标题或网页说明语中出现的检索词	"intitle:"后面不能有空格	搜索在网页标题或说明语中出现检索词 computer 检索策略可用"intitle:computer"

谷歌搜索结果以链接次数为第一排列顺序，这和其他主题引擎有所不同。和其他主题引擎一样，谷歌的缺点是它只负责自动地收集整理提供信息，而不负责信息的内容是什么，是典型的信息"吸尘器"。另外，谷歌的信息更新周期平均为28天，所以用它来搜索最新的信息有时候是不合适的。上述是利用谷歌时应加以注意的问题。

(2) 谷歌的专门功能引擎。谷歌的专门功能引擎包括谷歌学术搜索和谷歌图书搜索等。

谷歌学术搜索(scholar. google. com)，据称可以查找包含 Science Direct 和 Cambridge Scientific Abstracts 等在内的200余个数据库的文献信息。所得结果以文摘为主，部分文献也有全文和引文信息，学科分布以科技类为主。需要注意的是，谷歌学术搜索服务所收录的文献并不全面，因而比较适用于预检索、跨学科检索或者补充检索，不适于对查全率和查准率要求较高的课题。

和谷歌网页搜索不同，谷歌学术搜索依次将相关度高低、有无全文和被引次数作为检索结果最重要的排列顺序。这是谷歌学术搜索的优点，其不足是，与商业文献数据库相比，所得文献覆盖面有限，检索性能比较单一。谷歌学术搜索的检索结果界面构成示例见图3-5。

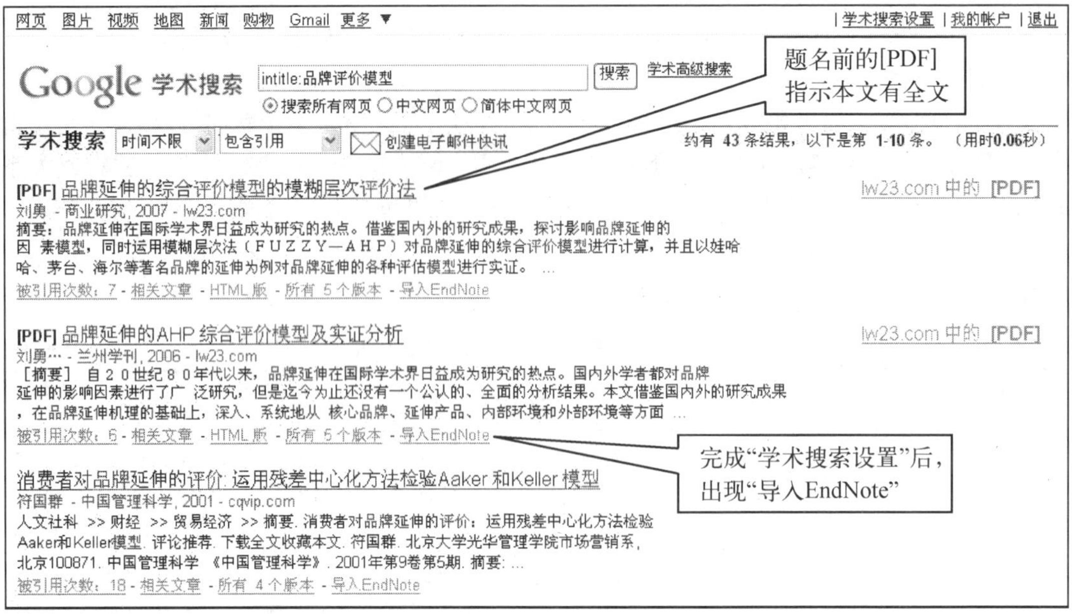

图 3-5　谷歌学术搜索的检索结果示例

谷歌学术搜索和普通网页谷歌使用相同的检索方法，但谷歌学术搜索的作者字段命令(author：)是独有的。以英国著名物理学家（Stephen William Hawking)为例，可以“author：Hawking SW”或者“author：Stephen William Hawking”作为策略检索相关文献。

谷歌学术搜索的检索结果按照被引用的次数、是否有全文、作者姓名以及期刊名称字母顺序排列。检索结果的题名项后面如果有 txt、pdf、doc 等标志，或者说明语下有“所有……个版本”的链接，表明该文章有可能获取其全文。

如果需要将谷歌学术搜索的检索结果导入 EndNote，应该首先在“学术搜索设置”中选中“显示导入 EndNote 的链接”，点击“保存设置”，然后在检索结果顺次点击“导入EndNote”→“打开”，即可将学术谷歌的题录或者文摘信息导入 EndNote。

谷歌图书搜索 Books(http：//books. google. com/)是查找网上人文社会科学领域电子图书的主要工具。不过，由这个引擎提供的检索结果中，每本书约有 10%～15%内容被限制而无法浏览。使用谷歌 Print 时，点击给出结果左侧图书封面页的下面的目录超链接(Table of Content)，可以帮助浏览图书的内容。在“本书中查找”(Search within this book)文本框中可以输入关键词，有时也可以输入页码，查找到书中没被限制的页面。

3. Yahoo Directory

Yahoo 是互联网目录引擎的“元老”，也是目前最常用的工具。不过，Yahoo 中国改版后已经成为主题引擎，而国外的 Yahoo Directory 仍属于目录引擎。

Yahoo Directory (dir. yahoo. com)大类共 16 个，其中人文科学大类又分为艺术与人文学、商务与经济、教育学、政府管理、新闻和媒介和社会科学等。Yahoo 的分类类名后有的有“@”标志，表示这个类目会同时出现在多个不同分类类目下面。只要点击这个含有“@”的类目，就会链接至 Yahoo 的其他相关类目。图 3-6 给出的是 Yahoo Directory 社会科学分类导航界面。

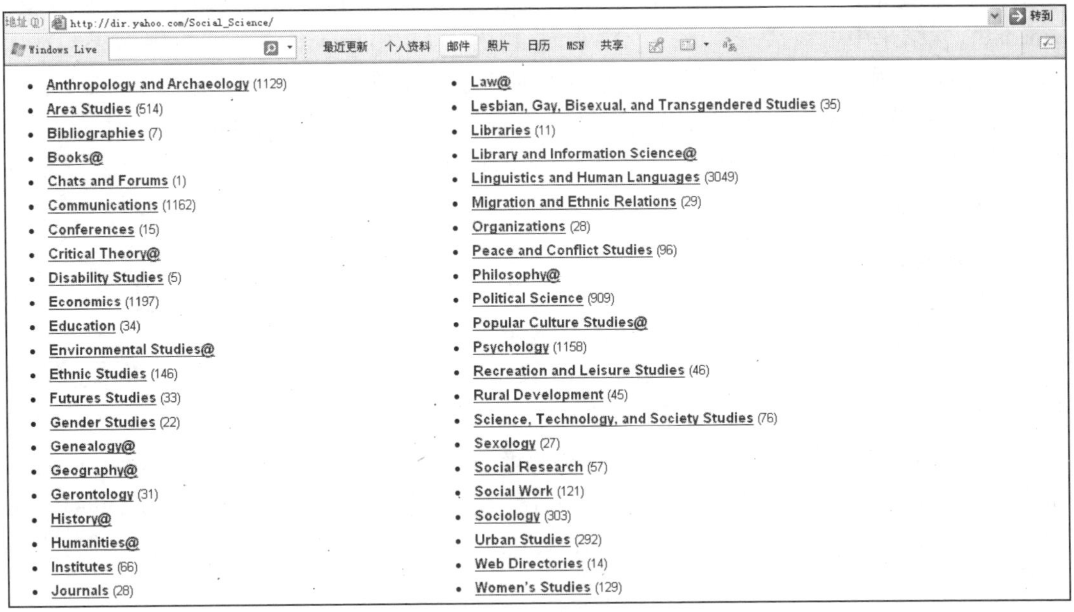

图 3－6 Yahoo Directory 的社会科学分类导航界面

从 Yahoo 这些分类，可以看出网络信息的分类有些根据学科进行区分，更多的是根据网上信息的数量和访问的具体情况设置的，所以利用 Yahoo 检索网上信息的方法是先浏览分类的大致情况，从中选出并逐层点击希望查找的分类类名，就可以获得所需要的信息。

Yahoo 有自动截词（Complete Words）功能，即把检索词看做子字符串（Substrings），字符串前后可以任意变化。例如，输入检索词 do，Yahoo 将搜索 undo、doing 等，这在谷歌中是难以做到的。词组加双引号即可实现 Yahoo 的词组检索功能。Yahoo 常用的字段检索方法有两个。一是指定在网站名称字段中检索，可在检索词前加“t:”。二是指定在网址（URL）字段中检索，可在检索词前加“u:”。

4. Scirus

Scirus（www.scirus.com）由 Elesvier 公司主办，是目前互联网上综合性比较强的一个学术搜索引擎。Scirus 引擎的信息源主要来自网页、期刊、储存库、课件、预印本等。

目前 Scirus 已将 4.4 亿项学术网页编入索引中。除此之外，它还包括 Science Direct、ArXiv 和 CogPrints 等数据库的全文。Scirus 覆盖的人文社会学科包括语言学、法学、社会科学、行为科学以及社会学等。Scirus 过滤非研究性信息，收录同行评审（peer reviewed）的文章，可同时查询学科相关的会议、摘要及专利资料。

Scirus 的检索界面有基本检索和高级检索两种。在基本检索界面，选择检索范围为期刊或网络，将单个或多个检索词，或者带运算符的检索策略输入文本框，按 Enter 键或单击 Search 按钮即可得到相关资料。逻辑运算符使用 AND、OR、AND NOT（大小写均可）。截词符有两个，“?”代替一个字符，“*”代替零个或任意个字符。字段检索算符有：作者“au”，例如，au：smith（注意冒号前后不空格，其余字段算符的使用方法相同）；作者单位“af”；标题“ti”；刊名“jo”；关键词“ke”；网址“url”和域名“dom”。词组算符使用半角的双引号。

在高级检索界面，系统增加了下拉菜单、个性化设置选项，可以通过选择 All of the

words(检索结果中必须包括输入的每一个检索词,逻辑关系相当于 AND), Any of the words(检索结果中可包括一个或多个检索词,相当于 OR),Exact phrase(检索结果与输入短语严格匹配,相当于使用双引号)设定检索词的逻辑关系。通过选择网页、文摘、专利学科、主题范围、检索年限设置检索范围。在该区域可以限定 Date(出版时间)、Information type(信息类型)、File formats(文件格式)、Content sources(期刊或网页的出处)、Subject areas(主题领域)。

5. 博客搜索引擎

查找中文博客可使用各大搜索引擎的博客频道,例如百度博客(blogsearch. baidu. com)、谷歌博客(http://www. google. com. hk/blogsearch),网易有道(blog. youdao. com)等。也可以使用专用的搜索引擎,例如博客大巴(search. blogbus. com)等。

查找外文博客的搜索引擎可使用 Blogsearchengine (www. blogsearchengine. com),这个引擎内容侧重于高质量的博客,是谷歌的合作商,搜索可采用关键词方法。也可以使用 BlogCatalog(www. blogcatalog. com),这是一个目录型引擎,按分类浏览和检索全球各学科的博客。

3.2.3 搜索引擎使用注意事项

使用搜索引擎查找网上资源,除了上面已经提到的根据检索要求选用搜索引擎以外,还应注意以下问题。

1. 选择合适的检索词

选择合适的检索词涉及汉语语词切分方法、检索词具体化和避免使用禁用词等。它们是决定搜索引擎检索结果优劣的关键方法。

正确切分汉语语词十分重要。与期刊数据库一样,使用汉语检索搜索引擎时同样需要对课题进行词语切分。在众多的搜索引擎中,只有少数引擎(例如谷歌和百度)可以对中文句子作智能化切分处理。实际上,检索者自己把检索主题切分成适当的词语,检索效果会更好。

检索提问具体化是指检索提问越具体,就越容易找到所需要的资料。比如,如果想找一些有关"中国外贸可持续发展研究"的资料,以"中国 外贸 可持续发展"(词之间用空格隔开)作为检索策略查找谷歌,系统返回 4 340 000 项搜索结果;如果仅以"外贸"作为检索策略,系统将返回 308 000 000 项搜索结果。显然输入较具体的提问可以过滤掉大量的无用信息。

另外要避免使用禁用词作为检索词。禁用词是指本身缺乏实际意义或者使用过于广泛的普通名词、代词、动词、介词、连词等。如果使用禁用词检索,系统会返回大量的无用的搜索结果甚至导致搜索引擎错误。因此,搜索引擎已经屏蔽这些词,检索过程中一般也不要使用为宜。

另外,还应该考虑一些同义词、缩写词等,以备查找更多相关网页之用。如果所检索的概念本身是专门术语或者是专有名词,应该考虑使用词组检索方法。

2. 消失网页和网站信息的获取方法

点击检索结果,不能进一步得到网页,却得到"404 - Not Found"错误信息。这种问题有时是由于网站整理，文件被重新命名引起的，有时是由于更换服务器引起的。获取消失网页和网站信息的方法有两个，一是网址回溯法，将光标移到地址栏内网址的末尾，由右向左，逐节（每一个“/”为一节）删除文件名，并打回车观察结果。使用这个方法时，应该特别留意首页上的本站搜索工具和网站地图（site map），它们可以帮助确认文件存在与否。二是服务器缓存法，例如，利用百度或谷歌等引擎提供的网页快照。

3. 检索策略的调整

如果系统没有给出任何结果，或者检索结果过多，检索策略就需要作适当的调整。

如果出现“没有找到任何网页”，可使用逻辑或方法，通过增加检索同义词、近义词等扩大检索结果。

如果找到的网页过多，原因可能是检索词输入的过少，或是搜索的内容太常见了。增加使用逻辑与和字段限制可以有效地减少检出网页数量。

不同于文献数据库，有的搜索引擎，例如谷歌，对含有先键入的检索词的网页往往放在检索结果的前面几个网页。利用这个规律，可以有意识地把希望检索的概念先行键入，也可以改善检索效果。

3.2.4 搜索引擎检索实例

1. 通过搜索引擎查找网上免费全文的策略

查找互联网免费文献全文通常以“检索词 filetype:pdf”作为检索策略，就可能获得相关文献的网址及其原文。例如，需要通过学术谷歌查找旅游城市（Tourist City）这个课题的网上全文文献，检索策略可以使用：

(tourist OR tourism) (city OR urban) filetype:pdf

实际检索这个策略，得到的网页达 10 万。观察结果后发现，其中有些结果只含一个检索词，显然不合题意。为此，增加题名字段检索，将策略改成：

intitle:(tourist OR tourism) intitle:(city OR urban) filetype:pdf
（将检索词限制在题名和说明中，命中结果为 6 万）

如果改用谷歌网页搜索检索上述两个策略，得到的结果分别为 2 000 万和 274 万。得到的文献数量更大。但与学术谷歌相比，含有的不相关文献、非正式文献和死链接的比例更高。就这个课题而言，学术谷歌得到的文献量足以够用。不过如果从学术谷歌得到的文献量过少，可以改用谷歌网页搜索增加命中篇数。

2. 通过 Scirus 学术引擎查找课题相关文献

综合使用字段、逻辑和截词算符的策略。课题“品牌评价模型”，通过 Scirus 学术引擎，策略使用“title: brand and (title: evaluat * or title: choice) and title: model * ”，文献限 journal sources，得到一篇文献的题录信息如下：

Title: Modeling Dependencies in Brand Choice Outcomes Across Complementary Categories

Author: Ma, Yu / Seetharaman, P. B. / Narasimhan, Chakravarthi,

Source: Journal of Retailing, In Press, Corrected Proof, May 2011

doi: 10.1016/j.jretai.2011.04.003

Published journal article available from Science Direct

这篇文献须拥有 ScienceDirect 数据库访问权才能下载。

3. 使用博客引擎查找相关博客文章

通过百度博客,查找股指分析的最新博客文章。使用策略"intitle:股指 (分析 | 预测 | 走势)",查找后得到 27 500 篇博客文章,其中最新的一篇博客的题名为"2011 年 8 月 4 日股市行情走势分析预测|如何应对股指缩量上涨"(bb.iyaya.com/haoguw/riji－5151605.html)。点开网址阅读后发现合乎题意要求。

本题的策略采用了将检索词限定于题名,课题"股指"、"分析"两个概念,"分析"扩展出"预测"和"走势",从而扩大检索范围,增加了检索所得。

4. 用普通搜索引擎查找论坛帖子

大多数论坛和社区的网址含有 bbs、forum 或者 club,利用这个特点,选用带网址字段限定的引擎,例如谷歌、百度等,即可实现查找论坛或社区帖子。例如,欲查找"西方女性作家"研究,使用的策略拟为:

西方女性作家 inurl:(bbs OR forum OR club)

这个策略在谷歌中实际查得 13.6 万条结果,在百度中实际查得 87 万条结果。从前几页结果的网址判断,这些信息均为来自论坛的帖子。

3.2.5 RSS 网上信息订阅

RSS(Rich Site Summary)一般理解成"网上信息订阅"或者"信息聚合"。它是一种通过信息推送实现在线资源共享的技术。从用户角度看,RSS 是聚合站点内容、跟踪网上资源、更新个人资源较为有效的信息利用工具。

RSS 的工作原理是网站向用户提供以 XML 编写的文件,以记录该网站有关栏目的更新信息,内容包括最新更新文章的标题、摘要以及网络链接地址等。用户可以根据需要订阅这些文件,在不访问网站的情况下,通过 RSS 客户端工具(RSS 阅读器)阅读所收到的文件,就可以及时高效地获取想要了解的最新信息。目前可供订阅的主要有文献数据库检索专题、新闻门户的专栏新闻以及主题博客内容等。在可供 RSS 订阅的文件中,如果计算机已经安装了相应软件(或采取了相应方法),点击标识后就可以订阅了。如需订阅 CNKI 系统中的"绘画的构图方法"相关论文,可在 CNKI 期刊导航中查到"绘画的构图方法",点击该刊旁边的 RSS 订阅按钮,该 RSS 频道地址就自动粘贴到 RSS 阅读器(如新浪点点通)添加频道的对话框当中,点击"下一步"即完成订阅。

要获得 RSS 阅读器,可以通过访问搜狐、新浪、百度等搜索引擎,搜索并下载专用的阅读器，另外，IE浏览器9.0内置了RSS订阅功能，Firefox浏览器也有RSS订阅插件，可以根据个人爱好选择使用。

3.3 网站资源的评价方法

学术网站资源对于学术研究是非常重要的，然而，网站资源无以计数而且参差不齐，如何评价网站资源已经成为利用互联网信息过程中十分实际的问题。

目前人们已经对网站优选和评价提出了一些工具和方法。这些方法归纳起来，有客观和主观两类。所谓客观方法是利用互联网上现成的工具或者评价结果，例如，Megaspider (www. megaspider. com) 和 Excite (www. excite. com)根据统计网站访问量，以判别哪些站点最受欢迎。又如，谷歌 或 AltaVista 的 link 指令可以用来观察哪些网站链接到某个站点，也可以达到评价网站的目的。所谓主观方法，又称定性方法，就是评价者自己根据某种标准进行的评价，这是实际进行网络资源评价的主要方法。

3.3.1 网站资源评价的主观方法

对网站资源进行主观评价标准因专业领域、学术水平和课题的专门需求等的不同而因人而异，无法强求一致，但在使用的方法上，内容评价法、网址评价法、形式评价法和稳定性评价法等已经实践证明比较行之有效。

1. 内容评价法

从内容角度对网站提供的信息进行的判断，主要考虑的标准有可靠性、权威性、唯一性、完整性和全面性五个方面。

(1) 可靠性。确定网站可靠性的方法是看其有没有信息来源的说明，是否已经由第三方作过评价，也可以考察网站资源是否还有其他形式的出版物，比如是否还有图书和CD-ROM等形式。

(2) 权威性。确定网站权威性的方法可以通过主页的“关于我们”(about us)、“联系我们”(contact us)等超链接上提供的内容来考察谁是网站的作者以及网站作者和发布者的权威性如何。

(3) 唯一性。唯一性或称原创性。确定唯一性的方法是检查网站是否含有第一手的文献信息以及导航链接是否有评价信息。具体可以检查网站的超链接，看其是指向内部网页还是外部网页，主页上的“关于我们”或者“关于本站”(About this site)链接经常有表明网站含有的第一手信息的有关内容。

(4) 完整性。观察网站的内容是否完整，首先可检查网站上有没有“建设中”(under construction)这样的说明，其次可以看看网站信息给出的是摘要还是全文，检查有无死链接或者空的文件，具体可以检查网站的范围说明，目录页以及是否有灰色链接点。

(5) 全面性。确定全面性的方法是检查是否有遗漏的信息。可以通过阅读其目录页面，索引或者网站内容指南以及所附的文献目录等来实现。

2. 网址评价法

从网址角度估计网站质量的方法有网址上溯法和网址成分分析法两种。网址上溯法将网址中的“/”,由右向左逐个删除,逐层评价网站的质量。网址成分分析法主要通过分析网址的构成,判断网站的属性。

网址中的域名是判断网站性质的一个依据。来自教育机构的网站(它们的域名中含有“edu”)学术性上往往高于来自公司的网站(它们的域名中含有“com”),来自政府机构的网站(它们的域名中含有“gov”)可靠性上相对高于来自公司或个人的网站。

许多网上服务器规定,网址中的波折号“～”标志个人主页或文件的子目录。例如 www. ilrt. bris. ac. uk/～cmpac/是建立在英国 Bristol 大学服务器上的一个个人主页。当然,个人网站也不都是质量差的网站,有些学科领域的专家网站是非常优秀的学术站点。

如果网址中含有“PURL”(Persistent Uniform Resource Locator),表示网址相当稳定。凡是网址中含有 PURL 的网站,如果改变地址,PURL 服务提供者将自动地把用户转向新的网址。因此 PURL 一般不会成为死链接。例如,网址 purl. org/metadata/dublin_core 中就有 PURL。

3. 形式评价法

从形式角度考察网站,主要是从网站的界面和结构方面,包括对网站可访问性、帮助信息的质量和使用技术的恰当性三个方面的考察。

确定可访问性的方法是观察界面是否由标示清楚的模块组成,一组页面有没有统一的下载链接,网站中有没有提供搜索工具。具体的方法可检查有没有目录页面,为浏览方便的前后翻页“back”,“forward”,“home”等按钮设置与否,导航链接是否清楚。

确定帮助信息质量的方法是观察网站是否提供了清楚的帮助,有没有设置联机帮助或者提供帮助的 E-mail 或者电话联系以及有没有培训材料等。

确定使用技术的恰当性的方法是观察网站是否要求用户使用专门的软件,使用的 HTML 是否是为通用的版本,使用的多媒体是否为标准的格式,有没有设置使用该网站所必需的软件的下载链接点等。

4. 稳定性评价法

稳定性评价法主要涉及网站资源在互联网上的生存时间。互联网是一个动态的社会,网站资源随时在创建、移动和消失之中,任何资源都不能长期保存,有一些信息将永远地消失。稳定性标准关心以下三个问题:

(1) 信息的稳定性。观察网站的信息是否一直存在,网站的内容是否不断在维护。具体的方法可以有检查网站的创建日期、最后一次更新的日期以及更新周期,也可以看看网站的存档信息。

(2) 网站稳定性。检查网站内容是否可以访问,网站是否已经证明或者预计在性能上是稳定的,网站的管理和维护是否良好。可测试链接是否可用,最后的更新日期以及版本号。

(3) 系统稳定性。确定系统稳定性的方法是观察网站技术性能的可接受性,系统稳定与否,有没有保持系统稳定的措施,具体方法可以看网站当前是否可以访问,不可以访问次数是否很少，链接点是否稳定，有无镜像站等。

3.3.2 网站资源评价示例

1. 对网站资源的评价示例

实践中对网站资源的评价思路，主要是看网站是谁提供的，由政府机构、研究性机构或者学者提供的相对比较可靠。比如前面提到的 OA 网站的文章都经过同行评审，专利数据库大多是国家或者国际性专利组织提供，它们都是比较可靠的网站资源。下面的这个例子，是对电子杂志 The Journal of Personality and Social Psychology 的主页进行评价过程和结论(参见图 3－7)，不仅评价网站的性质，而且具有提示学术水平横向评价的作用。

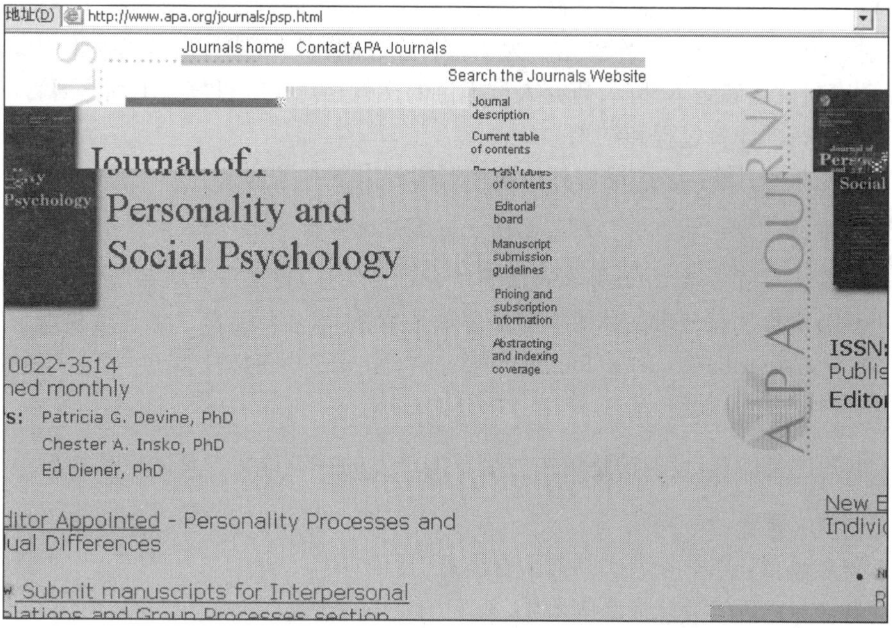

图 3－7 网站评价过程示例

(1) “Description of the Journal”。在本栏目下，网站给出的信息很少，重点是期刊的主题范围：“The Journal of Personality and Social Psychology publishes original papers in all areas of personality and social psychology. It emphasizes empirical reports but may include specialized theoretical, methodological, and review papers.”这段文字不能用来判断网站的质量，只能说明网站是学术性质的。

(2) 观察网址和导航按钮。由右而左地删去网址的两个小节，留下 www.apa.org/，我们可以看到期刊的主页属于美国心理学学会(The American Psychological Association: APA)，显然这是一个值得信赖的权威的学会组织。主页上有链接到 APA 主页(Home)按钮。

(3) 研究编辑委员会(the Editorial Board)。这个链接非常有用，它指向所有编者的名单，并给出了他们工作的单位，全部在大学里工作。这条信息说明网站资源有可能是由高等院校人员审查，具有权威性和学术性。

(4) 观察目录页(the Tables of Contents)。这里你可以评价内容的全面性和水平质量。

十分遗憾，网站不提供文献的全文，但提供各期的目录页和当期文献的文摘。

(5) 观察价格和订购(Pricing and Subscription)信息。这个链接给出订购印刷型期刊的价格。

至此，对这种期刊的一个基本评价已经完成。我们可以得到如下结论：该网站具有权威性(期刊是由有声望的组织和有学术地位的编辑委员会出版的)、可靠性(网址中含有美国心理学学会的缩写 APA)和唯一性(网站提供的链接全部指向同一个服务器)等优点。缺点是一个印刷本期刊的网站，目的可能是推销印刷本。全面性和实用性方面不够，文章只提供题目，最多只有文摘。所以本网站可用以获得文献的书目信息。

2. 对文献的评价示例

实践中对互联网文献的评价思路，主要是看是否经过同行评审，或者看文献来源或者内容发布机构是否为权威机构、作者是否为学者。经过同行评审或者由学术搜索引擎、学术出版机构、政府研究或者管理部门、研究人员提供的文献相对比较可靠。下面是对百度上得到的一个文件进行的评价过程和结果。

(1) 通过百度引擎，检索“品牌评价模型”，得到以下一条信息：

二维评估模型的引入：充分考量品牌的市场表现

工商企业可参考 Inter-brand 法并结合行业实际，建立一套集品牌维度评估和品类维度评估于一体的卷烟品牌评估体系，即卷烟品牌二维评估模型。

www. eastobacco. com/ReadNews. asp? NewsID = 94501 2011 - 7 - 20 - 百度快照

(2) 点开这条信息，发现这是由东方烟草网转发的一篇论文。具体信息如下：

作者：蹇蕾

作者单位：广东省湛江市烟草专卖局(公司)

题名：评估模型助推品牌发展

文献来源：东方烟草报，总期数：2953，出版日期：2010 - 9 - 13

文摘：本文探讨了品牌价值与品牌竞争力的评估问题，在参考国外品牌评估方法、结合行业实际的基础上，提出了构建卷烟品牌二维评估模型的思路，并着重分析了该模型的主要内容和关键指标等。

文献构成：文摘、正文、结论结构完整。

(3) 点开该网页下端的“《东方烟草报》简介”链接，得到信息如下：

《东方烟草报》是中国烟草行业唯一具有国内统一刊号的报纸，是面向烟草行业和全国公开发行的烟草主流媒体。《东方烟草报》社有限公司实行理事会领导下的社长总编负责制。国家烟草专卖局副局长张保振担任名誉理事长。

国家烟草专卖局办公室主任张修连担任理事长。《东方烟草报》电子版网站 1999 年 12 月建立，2002 年 5 月正式更名为东方烟草网。

(4) 评价结论。由文献的来源网站为国家烟草专卖局主办的报纸网站，文献的作者为省级烟草专卖局工作人员，文献的结构完整、观点清晰，论证严密，是一篇可靠的学术论文。

3.4 人文社会科学网络信息的检索和网站评价案例

3.4.1 分析课题

案例课题名称：可持续发展战略研究

通过百度搜索引擎，使用“可持续发展 词语释义”作为检索词，查得：

可持续发展是“不断提高人群生活质量和环境承载能力的、满足当代人需求又不损害子孙后代满足其需求能力的、满足一个地区或一个国家需求又不损害别的地区或国家人群满足其需求能力的发展”。

中国 21 世纪议程管理中心 www.acca21.org.cn/para1-2.html#1-2.1

由此定义可见，可持续发展是一个经济范畴的战略研究问题，它涉及人与自然，当代与后代，国与国之间的关系。核心的检索概念是“可持续发展”(sustainable development)，相关的检索概念有“生活质量”(life quality)、“环境承载能力”(environmental load)、“协调发展”(concurrent development)等。

思考题和参考答案：

如何分析课题？请参见 2.3 节。如何提取检索概念？请参见 2.3.2 节。

3.4.2 国内网络信息检索

通过百度搜索引擎，使用“可持续 发展 战略”，得到 17 500 000 篇相关网页。取其中三篇如下：

2003 中国可持续发展战略报告_中国网

为制订国家综合国力发展战略提供一些思考素材，并为社会服务以及了解世界提供一扇窗口。——...研究方法的比较分析 可持续发展综合国力 * 可持续发展的研究历程 * 中国实施可持续发展战略的总体...

www.china.com.cn/chinese/zhuanti/282368.htm

中国可持续发展研究会 CSSD

利用促进经济社会的可持续发展(世界水论坛演讲) 不适当的水电开发建设，使四川西部生态环境面临... 计划 中国能源的可持续发展战略 生态学与城市建设(研究会常务理事李文华) 开展环境优美乡镇创建活动...

cssd.acca21.org.cn/ 21K 2003-8-13

可持续发展杂志—天河可持续发展网

一般理论分析 钱 智 当代经济发展的服务化趋向分析 李立勋 知识经济与中国可持续发展战略 孟 斌 ...瑞龙 实施可持续发展战略，规划构建天河都市 生态走廊 黄瑞标 杨惟伊 转型期中国可持续发展的生态整合...

sd. thnet. gov. cn/zazhi. htm 91K 2002 - 11 - 22

3.4.3 国外网络信息检索

1. 检索虚拟图书馆

通过谷歌搜索引擎，使用""sustainable development" "virtual library""查得 73 800 项查询结果。取其中一项如下：

The World Wide Web Virtual Library: Sustainable Development

... most quoted sites. Sustainable development best starting points, selection from thisVirtual Library ! Sustainable Development Indicators initiatives; Sustainable DevelopmentInternet Resources,; Sustainable forestry. Sustainable mobility information ...

简介：List of internet sites dealing with sustainable development, including organisations, projects and...

类别：Society > Issues > Environment > Sustainable Development

www. ulb. ac. be/ceese/meta/sustvl. html - 101k -

2. 检索相关网页

通过 Dogpile 搜索引擎的高级检索界面，使用"sustainable development"检索，取其中两项检索结果如下：

From Overture

Sustainable Development-NI Magazine

Sustainable development; green economics; environmental causes of poverty; transnationals and the environment; these are all themes that recur in New Internationalist magazine. www. newint. org

From 谷歌

World Business Council for Sustainable Development (WBCSD)

The World Business Council for Sustainable Development (WBCSD) is a coalition of some 160 international companies united by a shared commitment to sustainable ... www. wbcsd. org/

思考题和参考答案：

搜索引擎有哪些类别？如何使用搜索引擎？虚拟图书馆有什么作用？请参见本章各相关章节。

3.4.4 评价所得信息

国内网站取"中国网"为例评价所得信息。使用回溯法检查"中国网"，在"关于我们"下得到“中国网”是中国互联网新闻中心下属的网站，由国务院新闻办公室和中国外文出版发行事业局主办。因此该网上公布的内容是值得信赖的。

国外网站取 www. wbcsd. ch 为例评价所得信息，查找 About the WBSCD 得到该组织是一个国际研究协会，在“Membership”下查得我国已有中国石油化学公司加入，也是一个值得信赖的组织。

思考题和参考答案：

如何评价网络信息？请参见 3.3 节。

3.4.5 汇总整理信息

整理以上所得信息后，发现已经得到有关“可持续发展战略研究”的国内研究组织有中国可持续发展研究会；国外研究组织有 WBCSD；互联网上的免费国内研究刊物有可持续发展杂志；国外研究刊物有 Sustainable Development-NI Magazine；国内的主要网站有“中国网”；国外相关的虚拟图书馆有 The World Wide Web Virtual Library：Sustainable Development。

至此，已经得到有关“可持续发展战略研究”参考资料的起点网站和相当数量的互联网文献信息。

思考题和参考答案：

如何整理汇总所得的文献信息？请参见 6.2 节。

习　　题

1. 互联网信息以及服务工具

(1) 就文科领域而言，互联网上可供使用的信息主要有哪些？

(2) 利用 IE 浏览器，访问本专业的国际著名网站，浏览和保存其中的文件或页面。

(3) 网址的格式由哪几个部分组成？

2. 搜索引擎和互联网学术资源利用

(1) 简要说明谷歌、雅虎分类和 Dogpile 三种搜索引擎的异同之处。

(2) 如何调整检索策略，使从搜索引擎中得到的检索结果较为准确？

(3) 如何获取专业学会网站和研究机构网站的网址，这些网站各有哪些特点？

(4) 简述网上专业 OA 资源的查找方法。

3. 简要评价下列网站或者网站上给出的信息属于学术协会网站，还是个人网站？

http：//eliterature. org/

4

常用文献检索

问题导入

☆ 如何通过已知的书目信息获取文献的全文?
☆ 如何选择、使用文摘数据库查找与课题相关的文献线索?
☆ 与人文社会科学有关的全文数据库有哪些,如何使用?

知识目标

☆ 了解人文社科常用文献的一般概念
☆ 了解书目、文摘和全文数据库的作用
☆ 了解引文数据库的作用

能力目标

☆ 掌握根据书目线索获取原文的方法
☆ 掌握典型文摘数据库的使用方法
☆ 掌握典型全文数据库的使用方法

常用的人文社会科学文献类型主要有图书、期刊、报纸、学位论文、会议文献和政府报告等。本章内容将介绍与上述文献类型相关的书目型、题录和文摘型、全文型及专门类型文献检索工具的使用。

4.1 书目型数据库

4.1.1 书目信息的定义

描述文献著者、题目和文献来源的信息称为文献的书目信息。书目信息有简单、析出和详细三种类型之分。

> **小贴士:** 书目信息是我们经常用到的文献信息。文献后附录的参考文献以及本节介绍的书目型数据库,下节的题录文摘数据库的内容都为书目信息。

1. 简单的书目信息

简单的书目信息常见于文后参考文献,一般包含著者、题名和简单的出版事项等内容。下面两篇简单书目信息的实例,一篇是中文图书,一篇是美国政府报告。

王方华．知识管理论：21世纪企业管理的新模式[M]．太原：山西经济出版社，1999.

Beijing IMF (International Monetary Fund). People's Republic of China—Recent Economic Developments, Report no. 96/40 [R]. Washington, D. C: Staff Country, 1996.

简单书目信息描述的文献类型包括整本的图书、期刊、报告、会议、学位论文、专利和标准等，不包括从整本文献中取出的单篇文献。

2. 析出书目信息

析出文献书目信息也常见于文后参考文献，是指从整本文献中取出的、具有独立篇名的文献的书目信息。例如，从论文汇编性质的图书中取出的一篇文献、从某个会议录中取出的一篇会议文献，或从某期杂志中取出的一篇期刊论文等。下面三篇析出文献书目信息的示例，一篇来自报告论文集，一篇来自会议文集，一篇来自期刊。

徐明波，何玮，马清钧．生物技术药品产业化的现状及前景[M]//中国生物工程学会编写．中国生物技术产业发展报告(2002)，北京：化学工业出版社，2003：35-43.

Maynard A. The costs of addiction and the costs of control[C]// Robinson D, Maynard A, Chester R. Controlling Legal Addictions. Proceedings of the 25th Annual Symposium of the Eugenics Society, 1988, London, UK. London, UK: MacMillan Press 1988, 232-235.

徐兴俊．犯罪学视野中的地下经济[J]．犯罪研究，2006(6)：15-20.

由上面三个例子可见，首先，析出文献书目信息一般有析出文献和母体文献两个层次的题名(如果是论文集还有析出文献和母体文献两个层次的作者)。换言之，文献中的章节或者段落如果没有单独的作者是不能写成析出文献的。其次，母体文献的作者和题名是查找书目信息系统时的主要取词依据，而析出文献的作者和题名不能作为书目信息系统的检索词。

3. 详细的书目信息

详细的书目信息常见于书目型数据库和其他文献数据库的全记录，图2-2中的数据库记录是详细的期刊文献书目信息，下面这篇详细的书目信息实例来自书目型数据库：

010: $a 7-80636-418-8 $d 23.00
049: $b SULL SULZ
100: $a 20000405d1999 m y0chiy0120 ea
101: 0 $a chi
200: 1 $a 知识管理论 $e 21世纪企业管理的新模式 $f 撰写者王方华 ... [等]

210： $a 太原 $c 山西经济出版社 $d 1999
215：$a 415 页 $c 图表 $d 21cm
320： $a 书目：第 412－414 页
606： 0 $a 企业管理—影响因素—知识经济
690： $a F270 $v 4
692： $a 29.15403 $v 3
701： 0 $a 王方华 $9 Wang Fang Hua $4 撰写
801： 0 $a CN $b Z $c 20000405
905： $a Z $b Z00030838－40 $d F270 $e W323 $l SULZ

上例是一本图书书目信息，010 字段为 ISBN 号和价格，200 字段为图书题名和副题名以及作者，210 字段为出版地、出版社和出版年，215 字段为页数、图表和开本信息，606 字段为主题词，690 字段为中图法分类号和中图法版次，692 字段为科图法分类号和科图法版次，905 字段的“ $d”和“ $e”合并后是索书号，其余字段为图书馆内部使用的信息。

4.1.2 书目数据库

书目数据库是反映图书期刊等文献收藏信息的数据库。不同于商业数据库，书目数据库多由图书馆等文献收藏机构自建，为开放使用的免费信息。

书目数据库又被称为联机公共目录查询系统（Online Public Access Catalogue，OPAC）。互联网兴起后，文献信息机构纷纷建立 Web 站点发布书目数据，OPAC 又衍生出不少名称，如 Web OPAC、iPAC 等。无论名称叫什么，这些数据库都以“件”、“本”或“种”为单位反映文献的收藏情况，不反映全文信息，因而属于目录性质的数据库。

事实上，每个图书馆都单独建有自己的书目信息数据库，这类书目数据库通常可检索一馆的馆藏书刊，部分图书馆的书目数据库见表 4－1。

表 4－1 部分图书馆的书目数据库及其网址

书目数据库名称	网 址
中国国家图书馆联机公共目录查询系统	http：//opac.nlc.gov.cn/F? RN=764219343
中国社会科学院图书馆（文献信息中心）	http：//www.lib.cass.org.cn/paper/index.htm
北京大学图书馆馆藏查询系统	http：//162.105.138.200/uhtbin/cgisirsi/0/0/0/49
复旦大学图书馆馆藏查询系统	http：//202.120.227.6/F
上海图书馆书目查询系统	http：//ipac.library.sh.cn/
上海大学图书馆馆藏目录查询系统	http：//202.120.121.228：8991/F

除了各个图书馆自建的书目信息数据库之外，联合目录数据库揭示多个图书馆的馆藏。读者不仅可利用 OPAC 查找本馆馆藏，还可利用联合目录数据库了解他馆馆藏，进而借助馆际互借系统等途径获取所需文献。例如高校图书馆系统的 CALIS 联合目录数

据库(http://opac.calis.edu.cn)集中反映全国727所高等学校图书馆馆藏的印刷型图书、期刊和古籍等多种文献,内容几乎涵盖所有学科,是查找图书期刊收藏的一个理想数据库。

尽管网上可以利用的书目数据库无以计数,它们的使用方法却大同小异。下面以上海大学图书馆的OPAC为例,介绍书目数据库的主要使用方法。

上海大学图书馆的OPAC采用Exlibris ALEPH系统(首页见图4-1)。读者可以检索馆藏书目记录,查看书刊的馆藏和外借信息。凭借学号/工号和密码进入系统后还可查看个人的借阅记录,并进行个性化的设置。

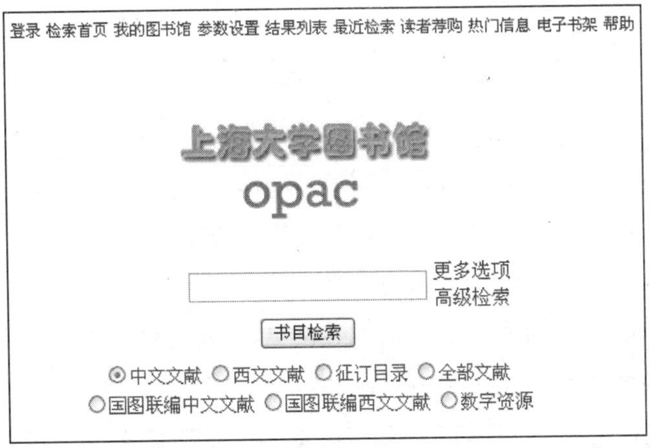

图4-1 上海大学图书馆OPAC主页

按照不同的使用目的,OPAC有浏览和检索两种使用方式。

(1) 浏览。

图书4-2为OPAC检索结果窗口,单击结果列表窗口中"重新查询"下的"浏览",可进入默认的题名字顺浏览窗口(图4-3)。

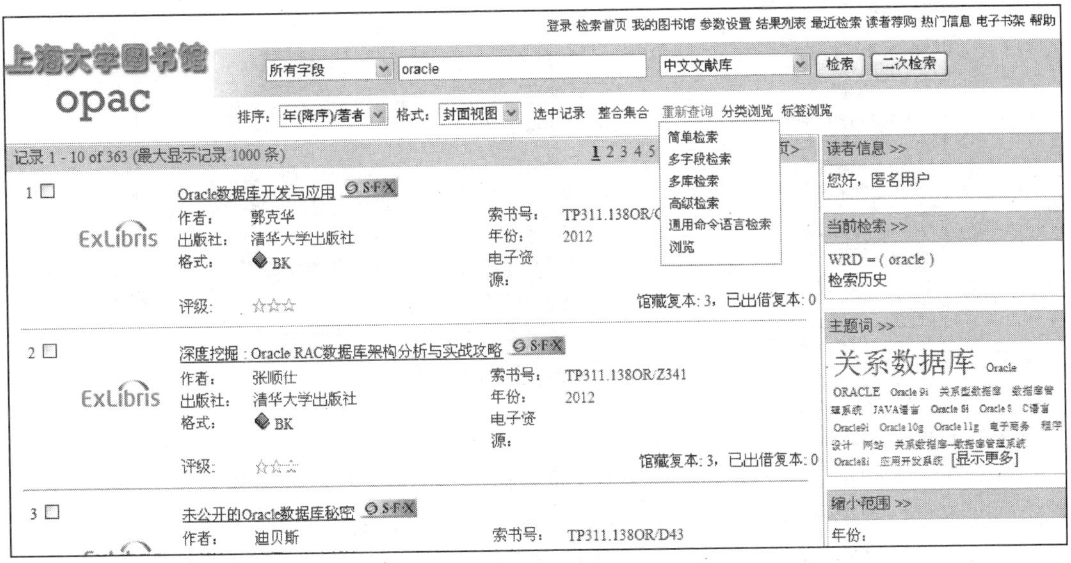

图4-2 OPAC检索结果窗口

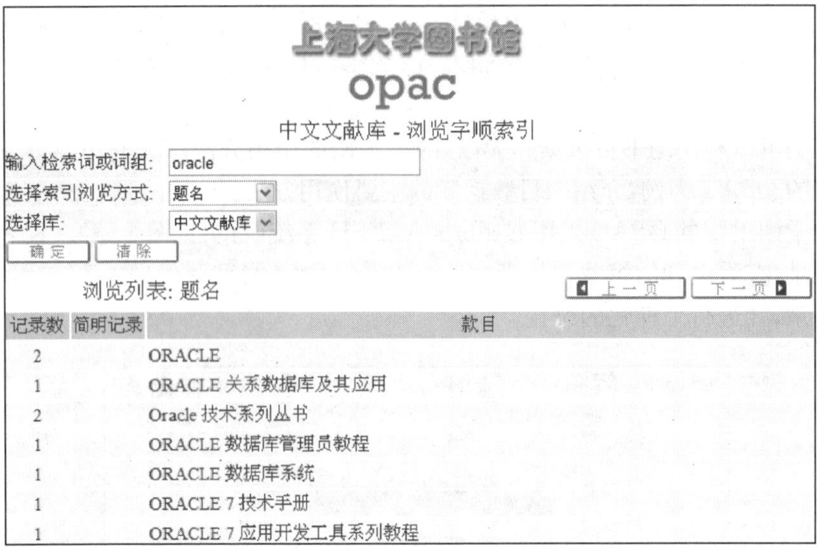

图 4－3　OPAC 题名字顺浏览窗口

点击图 4－2 上的"分类浏览",系统设置了《中图分类法》、《科图分类法》、《学科分类法》三种分类导航方式,如图 4－4 所示。点击标签浏览,系统允许读者按照自己设定的标签显示结果,以方便浏览重点关注的书刊信息。

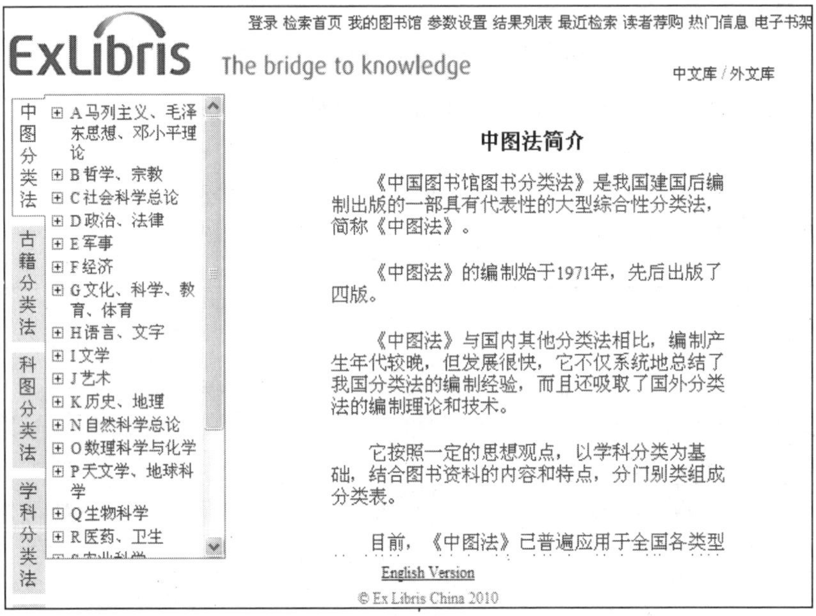

图 4－4　OPAC 分类浏览窗口

(2) 检索。

系统提供 5 种不同的检索方式。其中,简单检索,直接在检索框中输入检索词;多字段检索可以同时检索多个(1～6 个)不同字段;多库检索指可任意选择几个数据库同时进行检索;高级检索用下拉菜单指定检索字段;通用命令语言检索(CCL),一次可以在几个不同索引中检索关键词。

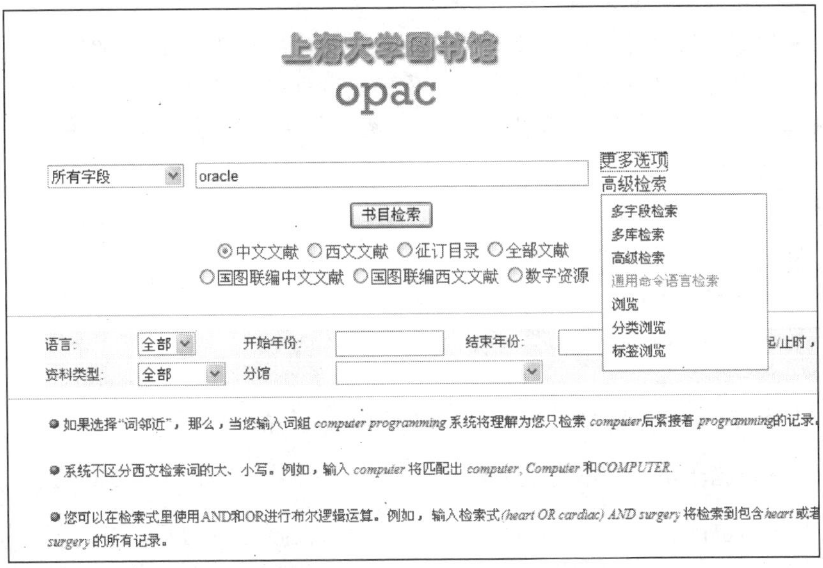

图 4-5　OPAC 分类浏览窗口

(3) 利用 OPAC 查找图书收藏信息的实例。

例 4-1　已知以下书目信息,求查上海大学图书馆该文献的索书号。

王方华. 知识管理论: 21 世纪企业管理的新模式[M]. 太原: 山西经济出版社,1999.

解: 首先判断书目信息的类型。从已知内容看,这条书目信息属于简单书目信息。其次判断其出版类型。根据"太原: 山西经济出版社"可知,该文献属于图书。再次,使用上海大学图书馆 OPAC 系统查找索书号。取"王方华"作为"著者"字段检索词,或者取"知识管理 and 21 世纪"作为"题名关键词"字段的检索策略,都可以得到该书的索书号,凭借索书号可以到书架上取书。下面是从 OPAC 系统得到的该书的书目信息,其中索书号为"F270/W323"。

知识管理论: 21 世纪企业管理的新模式　　索书号: F270/W323
作者: 王方华
出版社: 山西经济出版社　　年份: 1999

例 4-2　已知以下书目信息,求查上海图书馆该文献的索书号。

徐明波,何玮,马清钧. 生物技术药品产业化的现状及前景. 中国生物工程学会编写. 中国生物技术产业发展报告(2002)[C]. 北京: 化学工业出版社. 2003: 35-43.

解: 解题思路同例 4-1。本书目信息属于析出文献书目信息,文献类型为图书。登录上海图书馆 iPAC 系统,取"中国生物工程学会"作为作者关键词的检索词,或者取"中国生物技术产业发展报告"作为"题名关键词"或者"题名浏览"字段的检索词,都可以得到其索书号。点击书名得到该书的书目信息如下,其中索书号为"F426.7/6327"。

中国生物技术产业发展报告·2002
著者　国家发展计划委员会高技术产业发展司，中国生物工程学会
化学工业出版社现代生物技术与医药科技出版中心 2003
主题标目　生物技术 — 高技术产业 — 经济发展 — 研究报告 — 中国 — 2002
出版地　北京
ISBN　7-5025-4295-7
说明　253 页； 30cm
中图分类号　F426.7
索书号　F426.7/6327

例 4-3　已知以下书目信息，求查上海图书馆该文献的索书号。

徐兴俊. 犯罪学视野中的地下经济[J]. 犯罪研究，2006，(6)：15-20.

解：解题思路也同例 4-1。本书目信息属于析出文献书目信息，文献类型为期刊。登录上海图书馆 iPAC 系统，取“犯罪研究”作为“题名浏览”字段的检索词，可以得到其索书号。下面是从该系统得到的书目信息，其中索书号为“D918 10776-A”。

犯罪研究
编者 华东政法学院
该刊 2000-
出版地　上海
ISSN　1671-1130
说明　v. ；26cm.
中图分类号　D918
内容　2001，no.3 起有并列题名：Criminal Research
1999 年起由上海市犯罪学学会主办
继承《刑侦研究》 双月刊
索书号　10776-A

4.1.3　已知书目信息获取文献原文的方法

1. 获取原文的一般思路

目标文献有可能是电子版，或者是纸质版，也有可能两种形式同时存在。判断目标文献书目信息的载体类型有助于确定全文获取的主攻方向。一般地说，国内外著名学会或者出版商主办的专业期刊一般需通过有使用权限的全文数据库才能得到其电子版原文，而不属此列的期刊或者出版年代较早、非核心期刊的期刊，则可能只能获取其纸质版原文。纸质版期刊文献要通过 OPAC 查找图书馆馆藏或者通过文献传递获取。

> **小贴士：** 上节通过 OPAC 获取纸质版书刊信息，是从已知书目信息出发获取原文的一种情况。而要应对实际需求，了解适用面更宽的原文获取一般方法是十分必要的。

在已知文献书目信息的前提下获取原文一般崇尚“省力原则”，即首选现成的网络数据库、搜索引擎获取电子版全文，其次通过 OPAC 查找纸质版。即当电子版文献无法获得时，考虑纸质文献的查找，首先通过本单位的 OPAC 查找，其次利用联合目录检索外单位文献，最后考虑馆际互借或文献传递服务。此外，应仔细分析目标文献的书目信息，以确保查准，降低失误。例如，检查作者、题名和文献来源有否缺项，文献来源名(期刊名等)是否完整、倒置，文献的出版年、卷期数是否完整、正确等。

2. 电子文献的获取步骤

(1) 首选有使用权的全文数据库。前提是查清楚目标书刊可能收录在什么全文库中，借助本馆数据库导航找到相关数据库并检索。也可借助清华、北大等知名大学图书馆的电子期刊导航了解被数据库的收录情况。各种期刊数据库的全文下载方法可见相关的用户培训资料。

(2) 次选免费获取电子文献的相关网站和工具。Google 的效果通常不错，方法是直接取文献题名或者题名加作者名作为检索词查找，检索词还可以加上“pdf”、“doc”、“inurl:txt”、“filetype:pdf”，以便更准确地找到全文。Google Scholar 是 Google 专门面向学术研究提供文献帮助的搜索引擎，它与 Google 的文献来源和使用方法上都有一些差别，利用 Google Scholar 查找原文的方法可以参见 3.2.2 节中的叙述。

(3) 直接联系作者。当上述方法无法奏效，可以尝试直接向作者去信函索原文，多数作者也乐于有人引用文献，因而这种方法的预期效果是不错的。函索文献须有作者的通信地址，可利用二次文献数据库获取，如中国社会科学引文数据库、Web of Science 等，通过作者加上篇名找到目标文献，一般可获得作者地址。获取作者 E-mail 要难于作者地址，因二次文献数据库并不一定提供作者的 E-mail。通过查找这位作者的其他文献原文，是获取其 E-mail 的另一途径。向国外作者函索原文的请求信网上有很多模板，稍加改造即可使用。

(4) 利用论坛。网上许多学术论坛的检索知识与求助区，是广大网友自发组织而成的交流文献信息检索经验、实现资源共享的平台。注册成功并满足一定的条件后，就可在求助区内发布文献请求，结果常常会得到很多人的帮助，获得目标文献。

3. 纸质版书刊文献的获取步骤

(1) 从已知信息中，提取查找馆藏的检索项，比如著者姓名、书刊名等，使用书目信息数据库(例如本单位或者其他图书馆的 OPAC 系统)，确定馆藏地点。

(2) 通过馆际互借和文献传递方式借阅或复制所需的原始文献。馆际互借是纸质书刊获取的有效途径之一。所谓馆际互借是以资源共享为目的，根据馆际互借协议，各成员图书馆之间可以相互为读者借阅对方馆藏文献这样一种服务模式。馆际互借的主要文献类型是图书。如果某种图书在本单位图书馆未收藏，使用当地图书馆、全国图书馆和国外图书馆的公共联机书目信息系统，或者印刷型图书目录，确认只有外单位图书馆才拥有，那么向本单位图书馆递交馆际互借申请，一般就可以借到所需要的这种图书。

文献传递也是图书馆为解决原文问题的一项十分有效的服务。图书馆工作人员根据读者的需求，通过传真、复印邮寄或 E-mail 电子文本等形式，为读者获取成员馆收藏的期刊论文、学位论文、会议论文、科技报告、专利文献的服务。

文献传递的手续和馆际互借相仿，也需要向提供服务的图书馆递交服务申请，最后获得的文献多为扫描版，或者直接从数据库下载的电子版文献。国内人文社会科学领域常用的文献传递系统有 CALIS 和 CASHL。

CALIS（China Academic Library& Information System，中国高等教育文献保障系统）设置全国中心、地区中心和成员馆，并赋予 3 级结构相应的权利义务来保障读者的文献信息需求。该系统面向读者或文献服务机构提供馆际互借与文献传递服务，读者可以获取 CALIS 文献传递网络成员馆的文献收藏。使用时需要向系统认可的用户馆注册，经过该馆馆际互借员批准，才可以直接向系统提交文献申请。

CASHL 即中国高校人文社会科学文献中心，它是教育部根据高校人文社会科学的发展和文献资源建设的需要而设立的，是全国唯一的人文社会科学外文期刊保障体系。目前可提供的服务内容有高校人文社科外文期刊目次数据库查询、高校人文社科外文图书联合目录查询、高校人文社科核心期刊总览、国外人文社科重点期刊订购推荐、文献传递服务以及专家咨询服务等。原文传递方式有 E-mail、普通函件、平信挂号、特快专递和传真等多种方式。

4.2 人文社会科学题录和文摘型检索工具

4.2.1 国内主要人文社会科学题录和文摘型检索工具

1. 全国报刊索引

《全国报刊索引》由上海图书馆上海科学技术情报研究所主办，报道国内报纸、期刊的大型综合性题录检索刊物。分哲学社会科学版与自然科学技术版，创刊于 1955 年，月刊，收录全国社科、科技期刊 6 000 多种，报纸 200 余种。条目收录采取核心期刊全收、非核心期刊选收的原则，每年更新量约 50 万条，为目前国内大型文献检索刊物之一。

> **小贴士：** 不同于反映收藏信息为主的目录型检索工具，题录和文摘型检索工具以揭示文献信息为首要任务，用来从主题、分类等角度检索文献更为有效，因而是普查和调研学术文献极为重要的工具。

《全国报刊索引》哲学社会科学版收录了国内出版的主要报刊上发表的文章，覆盖中国政治、经济、军事、科学、文化、文学艺术、历史地理、科技等专业。正文采用《中国图书馆图书分类法》进行分类，著录项目包括题名、著译者姓名、报刊名、版本、卷期标识、起止页码、附注等。同时，“哲社版”还增加了“著者索引”和“题中人名分析索引”，可用以查找所收文献的作者和篇名中涉及的人名。

刊载在该刊每年的一月号和七月号上的“引用报刊一览表”按收录报刊名的字顺编排，著录项目为报刊名和出版地。

《全国报刊索引》2000 年后发行有光盘版，2002 年后发行有数据库版。

例 4－4 使用《全国报刊索引》数据库查找 2006 年发表的关于女子足球战术研究的国内期刊文献。

解：经概念分析，本课题可查找的关键词为：“女子”、“足球”和“战术”。登录《全国报刊索引》数据库，选择“文摘”字段，输入“女子 * 足球 * 战术”，选择“社科 2006 年 4 季度”，检索后得到 7 条记录。下面是其中的一条记录：

王长权，程公，郎健. 从 2003 年女足世界杯透析女足竞技水平发展趋势[J]. 沈阳体育学院学报，2006，25(2)：93 - 94.

2. 中文社会科学引文索引

中文社会科学引文索引(Chinese Social Science Citation Index，简称 CSSCI)由南京大学中国社会科学研究评价中心编制发行，用于检索中文社会科学领域 1998 年起论文收录和文献被引用情况，数据每年更新一次。

据统计，CSSCI 数据库 2012～2013 年收录国内大陆出版的社会科学领域专业期刊 535 种。这些期刊的选择结合了影响因子以及专家评价意见，因而 CSSCI 所收录的论文和报道的被引用情况被认为具有一定的学科评价意义。

登录这个数据库后，可以先选择检索的年份，再选择来源文献或被引文献按钮选择检索界面。不管进入的是来源文献检索界面还是被引文献检索界面，都可利用已知的信息进行检索。

例 4 - 5 使用中文社会科学引文索引查找以下文献在 1998 年被他人引用的情况：

费孝通. 关于我国的民族识别问题[J]. 中国社会科学，1980，(1)：7 - 162.

解：登录中文社会科学引文索引，勾选年份“1998”，同时选择“被引文献”途径，在“被引文献作者”和“被引文献期刊”字段分别键入“费孝通”和“中国社会科学”，检索后得到两条记录，其中一条为要求查找的文献信息的被引情况。点击进入后得到 5 篇引用文献，下面是其中的一篇：

李绍明. 我国民族识别的回顾与前瞻[J]. 思想战线：云南大学人文社会科学学报. 1998，(1)：31 - 36.

4.2.2 国外人文社会科学题录和文摘型检索工具

1. SSCI 和 A&HCI 基本情况

社会科学引文索引(Social Sciences Citation Index，SSCI)由美国科学信息所(ISI)编辑出版，是 Web of Science 的一个子库，内容涉及社会科学的各个领域，目前收录社会科学 2 800 多种国际性、高影响力的学术期刊，数据最早可以回溯到 1900 年。其内容涵盖了人类学、商业、沟通、犯罪学和刑罚学、经济学、教育、环境研究、家庭研究、地理学、老年医学和老年病学、卫生政策和服务、计划与发展、历史、工业关系与劳工问题、图书馆学和信息科学、语言与语言学、法律、政治科学、心理学、精神病学、公共卫生、社会问题、社会工作、社会学、药物滥用、城市研究、妇女问题、社会科

> **小贴士：** SSCI 和 A&HCI 的作用有三：一是用来查找国际上人文社会科学领域最重要的研究成果；二是利用引证关系追溯以至评估文献；三是通过浏览相关文献的统计数据，从全局把握课题的历史和现状。

学等学科领域。

艺术与人文引文索引(Arts & Humanities Citation Index，A&HCI)也是 Web of Science 的一个子库，内容涉及艺术人文的各个领域，目前收录艺术人文领域1 300多种国际性、高影响力的学术期刊，数据最早可以回溯到 1975 年。其内容涵盖哲学、语言、语言学、文学评论、文学、音乐、哲学、诗歌、宗教、戏剧、考古学、建筑、艺术、亚洲研究、古典、舞蹈、电影/广播/电视、民俗、历史等学科领域。

SSCI 和 A&HCI 的使用方法相同，下文以 SSCI 为例介绍数据库使用方法。

2. SSCI、A&HCI 的检索方法

SSCI 和 A&HCI 的检索有基本检索(Search)、被引参考文献检索(Cited Search)和高级检索(Advanced Search)等三种检索界面。

(1) 基本检索。登录系统，即进入默认的基本检索界面(见图 4－6)。文本框中可输入检索词，选择主题(topic)、作者名(author)、来源文献题名(title)、作者单位地址(address)等字段限定，查找 SCI、SSCI、A&HCI 等数据库收录的来源文献。其中，主题字段的检索范围是标题、文摘和关键词。字段输入框之间系统默认为逻辑“与”运算。

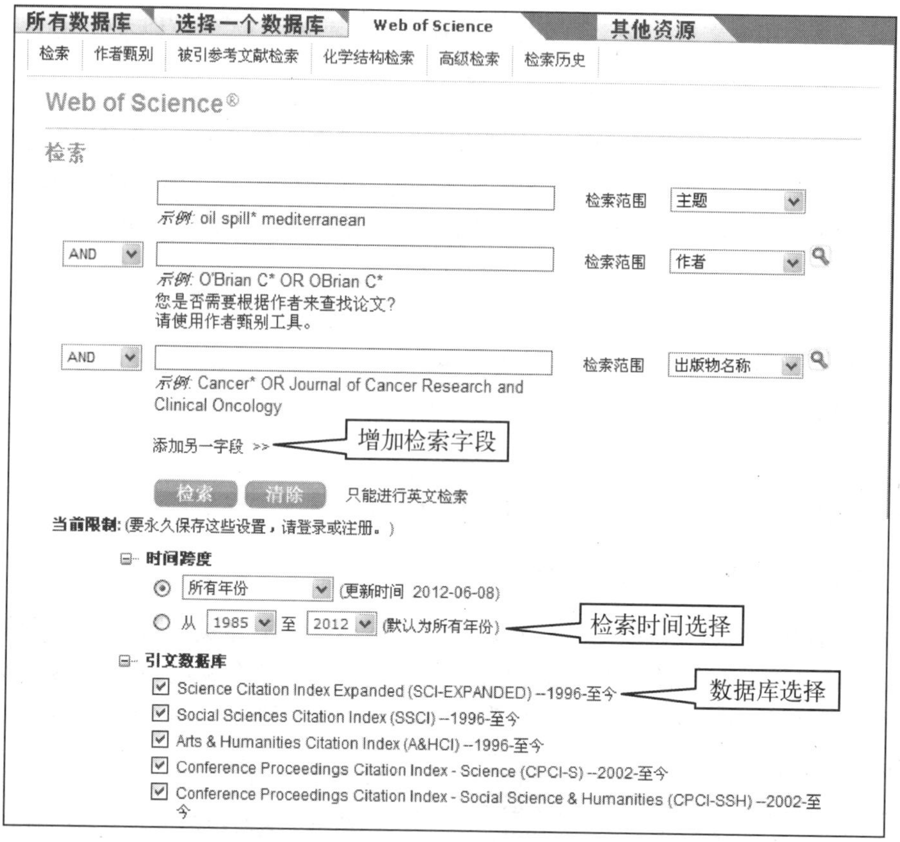

图 4－6　SSCI 和 A&HCI 的一般检索界面

(2) 被引文献检索。被引文献检索(见图 4－7)用于查找已知作者的论文被他人所引用的情况。检索字段有被引作者 (cited author，一般为被引文献的第一作者)、被引著作(cited work)、被引年份(cited year)、被引卷(cited Volume)、被引期(cited issue)、被引页(cited

pages)、被引标题(cited title)。字段之间为逻辑与关系。具体检索步骤是：在被引作者名字段中输入被引作者的姓名，在被引著作字段中输入书名的缩写或期刊名的缩写，在被引文献年份字段中输入年代或起讫年，点击“Search”按钮即可。引文检索的结果含有来源文献的链接。通过点击链接可以查阅来源文献的文摘信息。

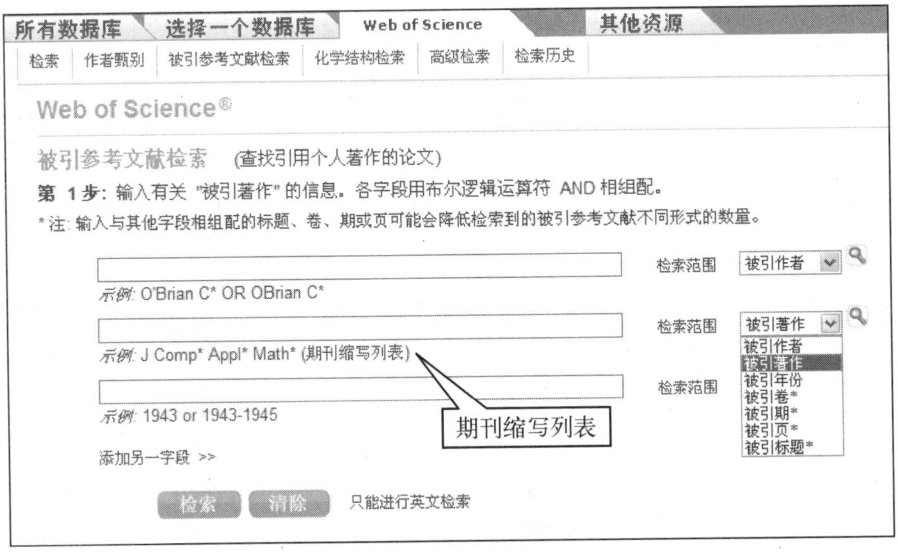

图 4-7　SSCI 和 A&HCI 的被引文献检索界面

(3) 高级检索。高级检索功能如图 4-8 所示，可以实现复杂的检索功能。检索式的构建方法：使用两个字母的字段标识(字段标识见表 4-2)、布尔逻辑算符(AND、OR、NOT)、优先算符、位置算符、截词算符，以及检索式的引用来创建检索式。位置算符有“SAME”和“SENT”，分别表示其前后连接的两个检索词必须出现在同一句中和同一个词

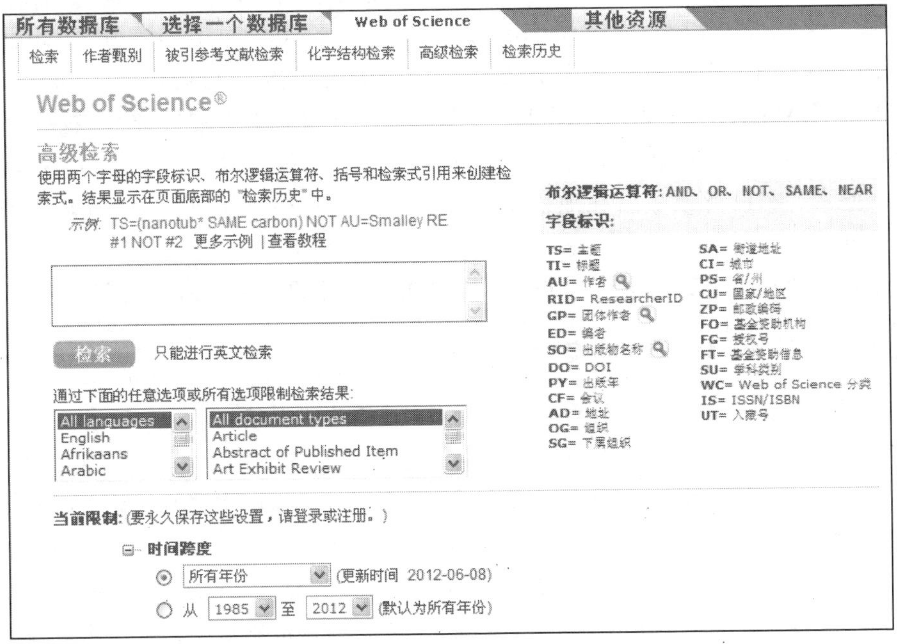

图 4-8　SSCI 的高级检索界面

组中(Keyword 字段);截词算符是“*”和“?”两个,分别表示无限截词算符和单字符截词算符,可用在检索词的中间和词尾;另外,“#”可用于检索集合号。检索字段标识用两个字母表示,用来限定检索词,使用方法如图 4-8 所示,SSCI 和 A&HCI 字段标识符见表 4-2。

表 4-2 SSCI 和 A&HCI 的字段标识

字段	字段标识	字段	字段标识	字段	字段标识
主题	TS	出版年	PY	省/州	PS
标题	TI	地址	AD	国家/地区	CU
作者	AU	组织	OG	邮政编码	ZP
团体作者	GP	下属组织	SG	基金资助机构	FO
编者	ED	街道地址	SA	授权号	FG
出版物名称	SO	城市	CI	基金资助信息	FT

(4) 检索注意事项。使用 SSCI 和 A&HCI,需要注意以下几点:

一是检索时使用的作者姓名。SSCI 和 A&HCI 数据库中,2011 年起作者可按照原文中的作者名进行检索,也可按照姓全拼,名首字母的方式。对于中国人的名字,检索时要注意使用各种可能出现的形式才能查全。另外,当用缩写时,由于作者姓名中的名只取首字母,在 SSCI 和 A&HCI 中作者姓名著录形式一样的并不意味着是同一作者。例如,ZHANG JG 可能代表张建国、张家赓、张济巩、章菊歌等作者中的任意一位。在需要查找指定作者的文献时,应该将作者姓名和作者单位或者合著者等信息合并使用,以提高查准率。如果需要在 SSCI 中看到拼写完整的作者姓名,可打开检索结果的全记录。

二是作者单位地址中的机构名称和地名通常采用缩写的形式,具体规定可参考:Corporate & Institution Abbreviations, Address Abbreviations 和 State/Country Abbreviations。但这些缩写形式不允许单独使用。常见的缩写词还有 COLL、CTR、D、DEPT、DIV、ENGN、INST、RES、SCH、SCI 等。如不知道要检索的地址在该数据库中的缩写形式,可以用“*”来表示,例如:SHANGHAI UNIVERSITY,可以 SHANGHAI UNIV* 检索。2011 年改版后在地址字段已经可以实现检索单词完整表达(University, College, etc)。

三是数据年代指文献信息进入 ISI 数据库的时间,不是文献出版的时间。

3. SSCI 和 A&HCI 使用实例

例 4-6 使用 SSCI 检索与课题“文化多样性”相关的文献。

解:(1) 了解背景,分析概念,构建策略。经查,文化多样性的含义是指文化在不同地区和时期不同的表现形式,又分民族多样性、宗教多样性和文明多样性。由此分析本课题的主要概念为“文化”和“多样性”两词,“文化”又可扩展为“民族”、“宗教”和“文明”,故检索策略拟为:(cultur* or nation* or religion or civiliz*) same diversity,字段限制:标题。

(2) 检索并分析结果。进入 SSCI 主检索界面,将检索策略输入检索文本框,执行检索。下面是其中的一篇检索结果:

Jones FL; Smith P. Diversity and commonality in national identities: an exploratory analysis of cross-national patterns. JOURNAL OF SOCIOLOGY, MAY 2001,37(1): 45－63

例 4－7 使用 SSCI 查找近年国外研究股票风险的高引用率文献及其同一主题的类似研究文献。

解：通过 SSCI 查找某高引用率文献的思路是先检索获得一批课题相关的文献，利用系统提供的引用排序功能，即可从中遴选高引用率文献。查找与高引用率同一主题的类似研究，可以利用 SSCI 提供的基于同引文献统计的类似文献功能。

本课题涉及"股票"(stock)和"风险"(risk)两个概念，组成检索策略"stock risk"。在 SSCI 系统的基本检索界面的标题(title)字段输入该策略，检索得到 220 篇文献。再选"被引频次(降序)"(Sorted by Time Cited)，可见第一页显示的文献均为高引用率文献。下面是其中的第一篇，其累计被引次数达 290 次。

1. 标题：Liquidity risk and expected stock returns

作者：Pastor L; Stambaugh RF

来源出版物：JOURNAL OF POLITICAL ECONOMY　卷：111　期：3　页：642－685　出版年：JUN 2003

被引频次：290（来自 Web of Science）

在系统中点击上述文献标题的超链接，得到其详细记录，其中显示引用参考文献 30 篇。再点击"Related papers"，得到多篇基于共引文献统计的类似文献。下面是其中的一篇，它与 Fama EF 一文的共引参考文献达 14 篇，从引用关系角度说，完全属于同一主题的类似研究文献。

标题：Liquidity risk, leverage and long-run IPO returns

作者：Eckbo BE; Norli O

来源出版物：JOURNAL OF CORPORATE FINANCE　卷：11　期：1－2　页：1－35　DOI：10.1016/j.jcorpfin.2004.02.002　出版年：MAR 2005

被引频次：21（来自所有数据库）

例 4－8 检索 SSCI 收录报道 Shanghai University 的 Liu Yi 发表的文献及其 SSCI 入藏号。

解：(1) 检索文献被 SSCI 收录情况。选择一般检索界面，选择作者字段输入"Liu Yi"，选择地址字段输入"Shanghai Univ* "。点击"检索"按钮，系统执行检索命令并给出题录结果。观察检索所得的 1 篇文献为该作者发表文献，点击标题链接进入该文献的详细页面，可见其入藏号(Accession Number)。下面即是这篇文献的题录信息和 SSCI 入藏号：

Liu Yi; Su Chenting; Li Yuan; et al. Managing opportunism in a developing interfirm relationship: The interrelationship of calculative and loyalty commitment. INDUSTRIAL MARKETING MANAGEMENT, JUL 2010,39(5 SI): 844－852

SSCI 入藏号：000280383700017

例 4－9 试通过 SSCI 检索以下这篇文献的被引用情况。

Cheng Yushao, Sun Shijie. Scheduling linear deteriorating jobs with rejection on a single machine. EUROPEAN JOURNAL OF OPERATIONAL RESEARCH,2009,194(1): 18－27

解: (1) 进入 SSCI 被引参考文献检索界面,选择被引作者字段,在文本框中输入"Cheng YS"。

(2) 在"期刊缩写列表"中查得刊物 EUROPEAN JOURNAL OF OPERATIONAL RESEARCH 的缩写为:"EUR J OPER RES",将这个缩写刊名输入被引著作字段文本框。

(3) 在被引年份字段文本框中输入"2009",点击"检索"得到:

被引作者	被引著作	出版年	卷	页	施引文献
CHENG YS	EUR J OPER RES	2009	194	18	12

即到检索日为止,SSCI 报道的这篇文献被引用 12 次。勾选被引作者前的复选框,点击完成检索,即可浏览施引文献(引用 Cheng Yushao 这篇文献的文献)的详细信息。

例 4－10 通过 SSCI 分析"收入分配制度"1980～2011 年研究的历史与现状。

解:"收入分配制度"的英文为"income distribution system",其定义是指在国家政策指导下实行董事会、经理层等成员按照各自职责和贡献取得报酬的办法。以"income and distribution"为检索词在标题字段检索 SSCI,时间取 1980～2011,截止到 2011 年 12 月 25 日, SSCI 数据库有关收入分配制度的期刊研究论文有 1 173 篇。

(1) 年度分布分析。对 1 173 篇期刊论文的发表年代进行统计分析,可以看到自 1980 年以来,"分配制度"的研究活动出现两次高峰,分别在 1982 年和 2007 年。

(2) 学科分布分析。从收录的论文统计结果中,可以十分清晰地看到,收入分配制度最为活跃的学科归属为商务经济、公共管理和社会科学的数学方法应用等。

(3) 国家和单位分布分析。通过对收入分配制度研究 1 173 篇论文的作者署名国家进行分析,可以对涉及的国家分布有一个大致的了解。分析结果显示: 美国在收入分配制度研究方面发表的论文数量位居首位,英国名列第二,中国名列第 11 位。中国作者从 1991 年开始在该领域中发表论文,至 2011 年共发表有关收入分配制度研究领域论文 25 篇。名列前茅的研究单位为北京大学和中国社会科学院等。

(4) 来源出版物分布分析。1 173 篇期刊论文,发表在 170 种期刊上。发文最为集中的期刊为《REVIEW OF INCOME AND WEALTH》、《JOURNAL OF DEVELOPMENT ECONOMICS》和《WORLD DEVELOPMENT》等。

4.3 人文社会科学全文检索工具

4.3.1 中国学术期刊网络出版总库

1. 基本情况

中国学术期刊网络出版总库(China Academic Journal Network Publishing Database,

简称 CAJD)，由中国学术期刊(光盘版)电子杂志社和北京清华同方光盘股份有限公司合作研制，是中国知识基础设施工程(China National Knowledge Infrastructure，简称 CNKI 或中国知网)系统的一个子系统，是国内三大期刊全文数据库之一。除了期刊之外，中国知网还有学位论文、学术会议、重要报纸、标准、专利等几十个子系统。中国学术期刊网络出版总库提供题录文摘免费检索，只有购买使用权的用户方可下载全文。

> **小贴士：**全文数据库可以直接检索浏览文献全文，且检索功能完善、浏览下载方便，是使用最为普遍的文献资源。本节仅介绍电子图书和电子期刊两类全文数据库，其余学位论文、会议文献和政府报告类的全文数据库见下节。

CAJD 首页如图 4－9 所示，页面由四个主要部分组成，左侧是文献分类目录导航栏，右侧最上方是两行功能标签，第一行是文献检索和期刊导航，第二行是快速检索、标准检索、专业检索、作者发文检索、科研基金检索、句子检索和来源期刊检索标签，标签下方是检索区，右侧的下端默认为数据库介绍，检索执行后为检索结果显示区。

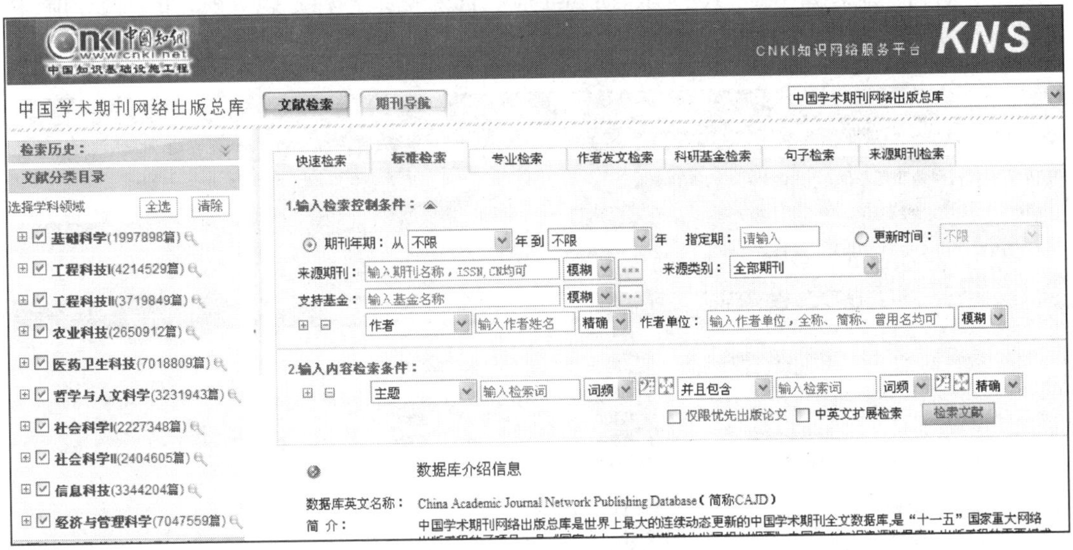

图 4－9　中国学术期刊网络出版总库(CAJD 首页)

2. 导航

(1) 文献分类目录导航。文献分类目录导航展示 CAJD 自设的知识体系，提供从学科角度浏览文献的途径。这里全部文献被分成 10 个学科大类，形成了按学科大类排列的分类导航树。其中与人文社会科学相关的类目有：

哲学与人文科学，包括文史哲综合、文艺理论、世界文学、中国文学、中国语言文字、外国语言文字、音乐舞蹈、戏剧电影与电视艺术、美术书法雕塑与摄影、地理、文化、史学理论、世界历史、中国通史、中国民族与地方史志、中国古代史、中国近现代史、考古、哲学、逻辑学、伦理学、心理学、美学和宗教等子学科。

社会科学Ⅰ，包括政治军事法律综合、马克思主义、中国共产党、政治学、中国政治与国际政治、思想政治教育、行政学及国家行政管理、政党及群众组织、军事、公安、法理、法史、宪法、行政法及地方法制、民商法、刑法、经济法、诉讼法与司法制度和国际法等子学科。

社会科学Ⅱ，包括教育综合、社会科学理论与方法、社会学及统计学、民族学、人口学与计划生育、人才学与劳动科学、教育理论与教育管理、学前教育、初等教育、中等教育、高等教育、职业教育、成人教育与特殊教育和体育等子学科。

经济与管理科学，包括经济与管理综合、宏观经济管理与可持续发展、经济理论及经济思想史、经济体制改革、农业经济、工业经济、交通运输经济、企业经济、旅游、文化经济、信息经济与邮政经济、服务业经济、贸易经济、财政与税收、金融、证券、保险、投资、会计、审计、市场研究与信息、管理学、领导学与决策学和科学研究管理等子学科。

信息科技，包括新闻与传媒、出版、图书情报与数字图书馆、档案及博物馆等子学科。

子学科以下的类别，再展开 1 到 3 个层次更细的细目。希望查找某学科的全部文献时，点击类目后的放大镜图标，即可检索该类目下的全部文献。

分类目录导航除了直接从学科角度浏览文献之外，还可与文献检索结合使用。系统默认状态是所有学科全选，也可勾选一个或多个学科或子学科以限定学科范围，再行检索。

（2）期刊导航。如图 4-10 所示，期刊导航页面左侧是各种专题导航，如专辑导航、核心期刊导航等，方便用户选择所需期刊。

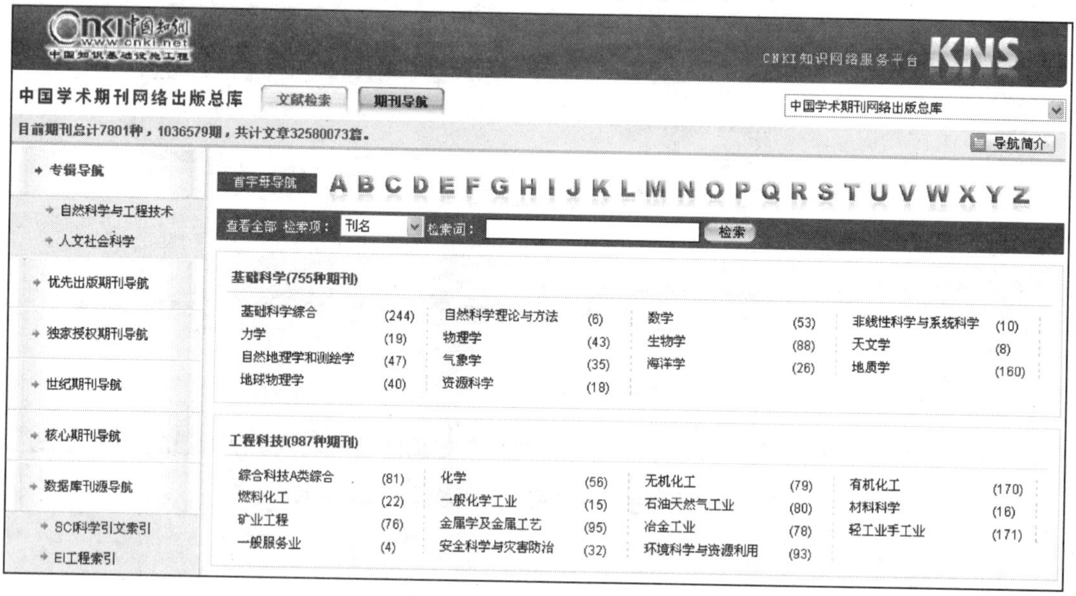

图 4-10 CAJD 期刊导航首页

进入期刊导航的页面，点击首字母系统显示以该字母开头的期刊列表。从中选择所需期刊，即可阅读刊物简介，了解收录的年限范围。根据要求选择相应年份和期数，可浏览期刊的目录、摘要或全文。另外，期刊页面上提供刊内检索，可快速查找该刊相关的文章。

3. 论文检索

点击“文献检索”后的默认界面是标准检索，如图 4-9 所示。与标准检索并列的还有快速检索、专业检索、作者发文检索、科研基金检索、句子检索和来源期刊检索六个标签。

（1）标准检索界面。这个界面上的检索设置分检索控制条件和内容检索条件两个部分。

1）检索控制条件。设有期刊年期、来源期刊、支持基金、作者、作者单位等检索项。

期刊年期，可限定期刊发表的起止年和期数。

来源期刊和来源类别，可以直接在文本框内输入期刊名称检索，或点击文本框右侧的来源期刊索引图标⋯查询。来源类别下拉菜单可用来选择期刊的范围，就人文社会科学而言，这个下拉菜单中仅默认的“全部期刊”和“核心期刊”两个选项是相关的。

支持基金，限定文献发表时的科研基金名称。可以直接在文本框中输入基金名称，也可点击文本框右侧的来源基金索引图标⋯查询。

作者字段限定，通过作者姓名查找其发表的文献。文本框左侧是“作者”和“第一作者”下拉菜单，默认是“作者”，不区分作者排名位置，而“第一作者”只检索第一作者的文献。

作者单位字段限定，通过作者单位名称查找文献，可输入机构的全称、简称或曾用名等。

2）内容检索条件。每行有两个文本框，每文本框左侧是字段限定下拉菜单。默认值是主题，可选的字段还有篇名、关键词、摘要、全文、参考文献和中图分类号等字段，其含义分别是：

主题字段，将检索词限制在篇名、关键词、摘要三个字段中检索。因一次完成三个反映文献主题字段的检索，所得篇数多，内容也较切题，使用最为普遍。

篇名字段，将检索词限制在篇名中检索。一般而言，篇名较摘要更能集中揭示文献主题，虽然所得文献篇数较文摘字段的要少，但更为切题，因而常在要求较高查准率时使用。

关键词字段，将检索词限制在文献篇首已有关键词中检索。关键词由作者提供，揭示主题的能力和检索效果与篇名接近，常在要求较高查准率时使用。

摘要字段，将检索词限制在摘要中检索。摘要的字数篇幅远多于篇名和关键词，因而检出篇数要多一些。

全文字段，将检索词限制在文献全文中检索。文献全文中查找检索词，所得篇数远多于上面四个字段，但不切题的文献比例通常较高。此时如果需要提高查准率，可以和文本框右侧的词频结合使用。这个字段使用的场合是需要同时检索多个概念，或者需要检索较少使用的或者新出现的术语。

以上四个字段的共同点是都属于自然语言性质的关键词语言，除了禁用词之外，可以用任何词性的词语作为检索词检索。

中图分类号字段，输入中图法分类号，限制在文献已有的分类号中检索。如未知中图法分类号，可以查询 www.ztflh.com。分类方法参见 2.2.2 节。

参考文献字段，可输入作者、篇名、来源期刊名称，检索所查对象的被引情况。这个字段不用于相关文献或特定文献的检索。

3）其他常用控制功能。

增加和关闭检索文本框的⊞和⊟按钮。这组按钮设置在作者和主题项两处，供同时查找多个作者以及多个检索词时使用。使用⊞最多可增加 6 行检索文本框，增加的检索行之间的逻辑关系可以按照需要选择“或者”、“并且”和“不包含”。

词频下拉菜单。这个下拉菜单设置在内容控制条件文本框后，该功能主要用于提高查准率，即当使用主题、摘要，全文和参考文献字段检索得到的文献篇数较多、不相关文献比例较大时。菜单默认的词频表示检索词在所限制的字段中至少出现1次,如选择词频为2则表示检索词至少出现2次,依此类推。如前文提到的,词频控制与全文字段配合使用,可以兼顾查全率和查准率,对于某些术语检索可收到意想不到的效果。

检索词显示按钮。内容控制条件文本框之后的可显示最近输入的10个检索词,用于重新调用先前的检索词。

精确、模糊匹配选项。在检索控制条件中来源期刊、支持基金、作者和作者单位字段旁、内容检索条件检索文本框右侧的下拉菜单有模糊和精确两个设置选项。模糊匹配是指检索结果包含检索词或检索词中的字。程序自动对检索词进行拆分,只要检索项中按顺序包含检索词所包含的全部单字即作为命中文献。精确匹配表示检索结果中含有与所输入检索词完全匹配相同的词语。系统默认作者和内容条件为精确匹配,来源期刊、支持基金和作者单位为模糊匹配,可根据实际需要来改变设置。精确匹配的检索效果查准率较高,用于缩小检索范围,模糊匹配的查全率较高,用于扩大检索范围。

在结果中检索。每个文本框中只能输入一个检索词,如果概念之间是单纯的逻辑"与"关系的话,在同一界面上一步完成即可。如果需扩展检索的同义词时,就必须用逻辑"与"、"或"、优先算符构成的复杂策略,如果在同一个界面中检索必定会造成逻辑关系混乱。所以系统在该界面中设置了"在结果中检索"按钮,它可以分步地实现复杂的检索策略,使并列的逻辑"或"概念在一个界面中完成,再和逻辑"与"关系的检索词用"在结果中检索"实现逻辑"与"运算,"在结果中检索"表示在前一次检索结果内进行的检索,其功能相当于在前后两次检索条件之间做了逻辑"与"运算,从而实现分步检索的目的。

(2) 专业检索界面。专业检索界面(图4-11)需要检索人员根据系统的检索语法编制检索式进行检索,一般用于需要构建比较复杂的检索策略的场合。

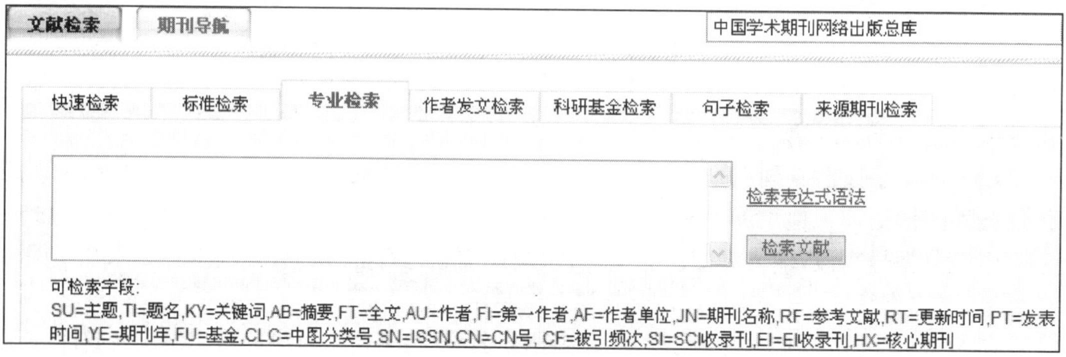

图4-11 CAJD专业检索界面

可检索的字段在文本框下方列出,包含字段的中文名称和英文代码。包括:SU=主题,TI=题名,KY=关键词,AB=摘要,FT=全文,AU=作者,FI=第一作者,AF=作者单位,JN=期刊名称,RF=参考文献,RT=更新时间,PT=发表时间,YE=期刊年,FU=基金,CLC=中图分类号,SN=ISSN,CN=CN号, CF=被引频次,SI=SCI收录刊,EI=EI收录刊,HX=核心期刊。

点击该界面的"检索表达式语法"得到专业检索可使用的算符(见表4-3)。

表 4-3 CAJD 专业检索界面使用的算符

检索功能	算 符	检索含义	示 例	适用字段
逻辑算符	*	并且包含	TI=亚洲*金融危机	所有检索字段
	+	或者包含	TI=金融危机+金融风暴	
	—	不包含	TI=金融危机—亚洲	
模糊包含	%	包含检索词或从检索词切分出的词	AB%金融危机	所有检索字段
精确包含	=	包含检索词	TI=亚洲金融危机	作者、第一作者、作者单位、来源期刊
位置检索	='A /SEN n B'	同段,按次序出现,间隔小于 n 句	全文 ='亚洲 /SEN 0 金融危机'	全文、主题、题名、关键词、摘要、分类号
	='A /NEAR n B'	同句,间隔小于 n 个词	摘要='亚洲 /NEAR 5 金融危机'	
	='A /PREV n B'	同句,按词序出现,间隔小于 n 个词	摘要='亚洲 /PREV 5 金融危机'	
	='A /AFT n B'	同句,按词序出现,间隔大于 n 个词	摘要='亚洲 /AFT 5 金融危机'	
	='A /PEG n B'	全文,词间隔小于 n 段	摘要 ='亚洲 /PEG 5 金融危机'	
	='A /SUB n'	第 n 位包含检索词	作者='徐静琳 /SUB 1'	作者、第一责任人、机构、中文刊名 & 英文刊名
词频控制	='A $ n'	检索词出现 n 次	摘要='金融危机 $2'	全文、主题、摘要

*、+、—只可以实现同一字段内的检索,不同字段间的跨字段检索只能用 AND、OR、NOT 实现。

在构建检索策略时,注意所有符号和英文字母,都必须使用英文半角字符。“AND”、“OR”、“NOT”三种逻辑运算符的优先级相同;如要改变组合的顺序,要使用英文半角圆括号“()”将条件括起;逻辑关系符号 AND、OR 和 NOT 前后要空一个字节;使用“同句”、“同段”、“词频”时,需用一组西文单引号将多个检索词及其运算符括起,如:“金融/SEN0 危机”。

(3) 句子检索界面。该界面用于查找同一句子(段落)中同时出现检索词的情况。功能相当于位置算符中的 SEN、NEAR、PREV、AFT 算符。在全文字段得到文献量很大,需要提高查准率时,使用该检索界面效果较好。

(4) 快速检索界面。该界面只有一个检索文本框,用于简单课题的检索。直接输入检索词,点击快速检索按钮,系统在主题字段中实施检索。如果输入的检索词含两个概念以上，系统将自动切分概念，超过两个以上的概念之间的关系默认为逻辑"与"，给出任意字段包含检索概念的所有文献。

(5) 其他检索界面。除了上述界面外，CAJD 还提供作者发文检索、科研基金检索、来源期刊检索和快速检索。因标准检索中已经涵盖了作者发文检索、科研基金检索、来源期刊检索，所以不再赘述。

4. 检索结果的显示和下载

(1) 题录概览和文摘细览。CAJD 首先给出检索结果的列表显示(见图 4－12)即题录概览页面，上下翻页功能按钮，还有"全选"、"清除"、"存盘"按钮(选中相应的文章，可以通过"存盘"按钮来保存记录的题名、作者、来源、摘要、关键词等信息，输出字段也可定制)。可通过此页面的篇名、作者、中文刊名、年期等信息，初步地了解到文章的大致内容信息。此外还有下载按钮，点击可以直接下载 CAJ 格式全文；如果有进一步阅读的要求，则可在列表显示上方选择摘要显示，或者点击所要阅读的文献篇名，进入包含摘要细览页面(见图 4－13)。需要进一步阅读全文的，则点击指向全文的链接："CAJ 下载"或"PDF 下载"，可在线浏览全文或打印，但前提是必须事先分别下载并安装 Cajviewer 阅读器或 Adobe Reader，也可保存后再阅读或打印。

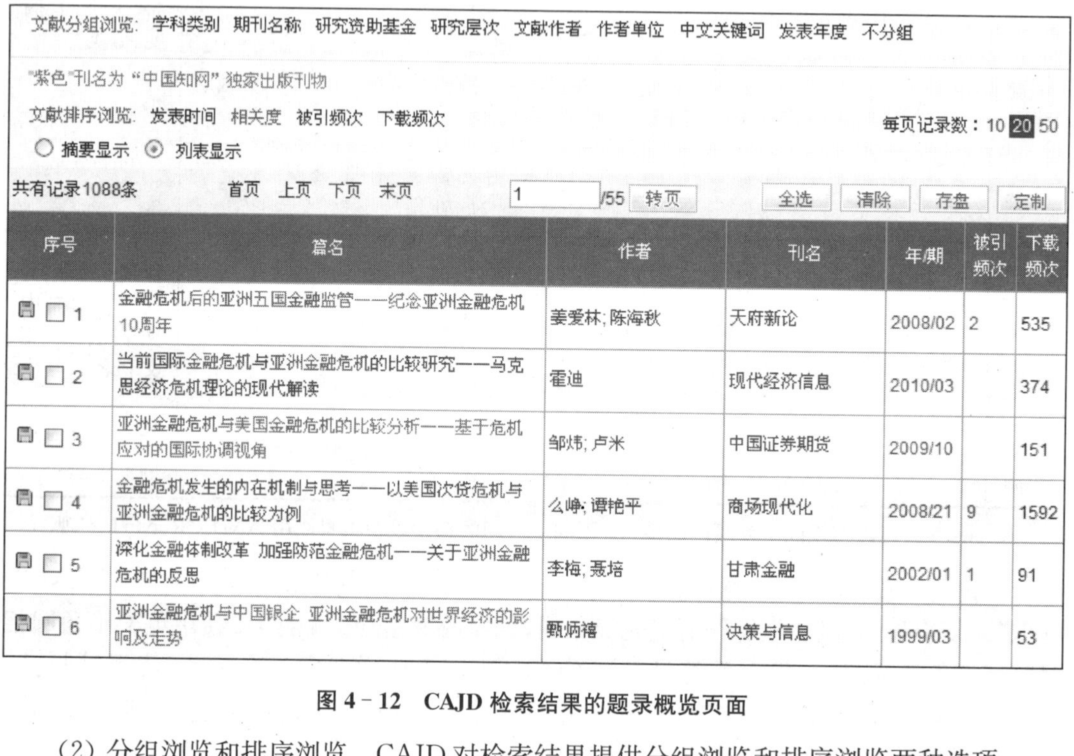
文献分组浏览：学科类别 期刊名称 研究资助基金 研究层次 文献作者 作者单位 中文关键词 发表年度 不分组

"紫色"刊名为"中国知网"独家出版刊物

文献排序浏览：发表时间 相关度 被引频次 下载频次　　每页记录数：10 20 50

摘要显示　列表显示

共有记录1088条　首页 上页 下页 末页　1 /55 转页　全选 清除 存盘 定制

序号	篇名	作者	刊名	年/期	被引频次	下载频次
1	金融危机后的亚洲五国金融监管——纪念亚洲金融危机10周年	姜爱林；陈海秋	天府新论	2008/02	2	535
2	当前国际金融危机与亚洲金融危机的比较研究——马克思经济危机理论的现代解读	霍迪	现代经济信息	2010/03		374
3	亚洲金融危机与美国金融危机的比较分析——基于危机应对的国际协调视角	邹炜；卢米	中国证券期货	2009/10		151
4	金融危机发生的内在机制与思考——以美国次贷危机与亚洲金融危机的比较为例	么峥；谭艳平	商场现代化	2008/21	9	1592
5	深化金融体制改革 加强防范金融危机——关于亚洲金融危机的反思	李梅；聂培	甘肃金融	2002/01	1	91
6	亚洲金融危机与中国银企 亚洲金融危机对世界经济的影响及走势	甄炳禧	决策与信息	1999/03		53

图 4－12　CAJD 检索结果的题录概览页面

(2) 分组浏览和排序浏览。CAJD 对检索结果提供分组浏览和排序浏览两种选项。

系统默认对检索结果按相关度排序(见图 4－14)，即按检索词在文献中出现的频次逆序排列；还提供发表时间、被引频次和下载频次共 4 种排序方式。如果要阅读最新文献的话，应选择按发表时间排序浏览，即按照发表时间逆序排列。也可将检索结果根据需要分组浏览，分组依据有：学科类别、期刊名称、研究资助基金、研究层次、文献作者、作者单位、中文关键词和发表年度。

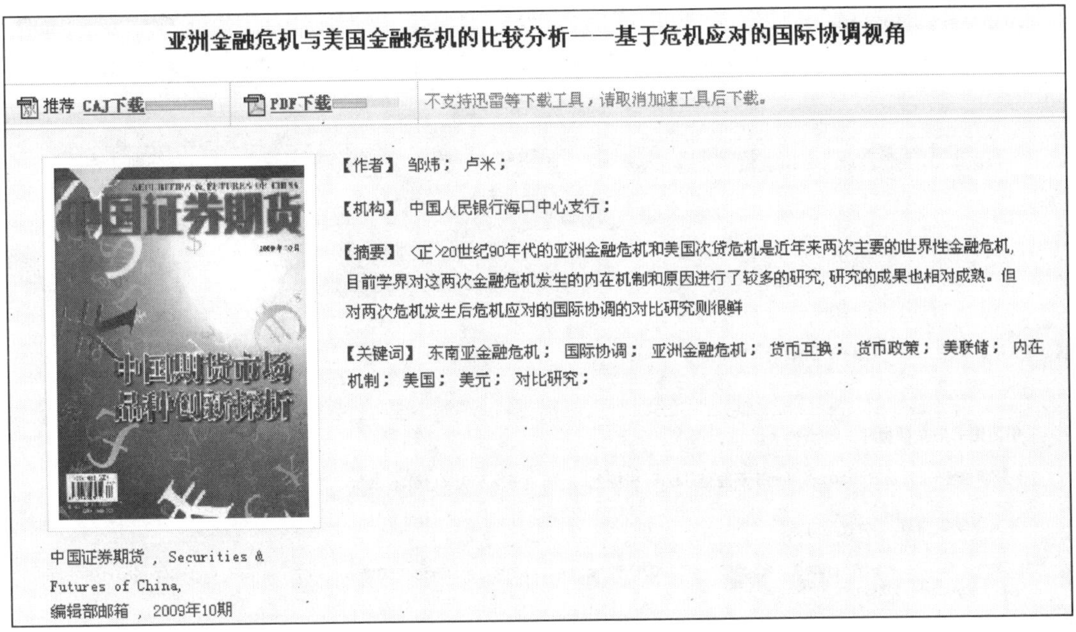

图 4－13　CAJD 检索结果摘要细览页面和包含全文的链接

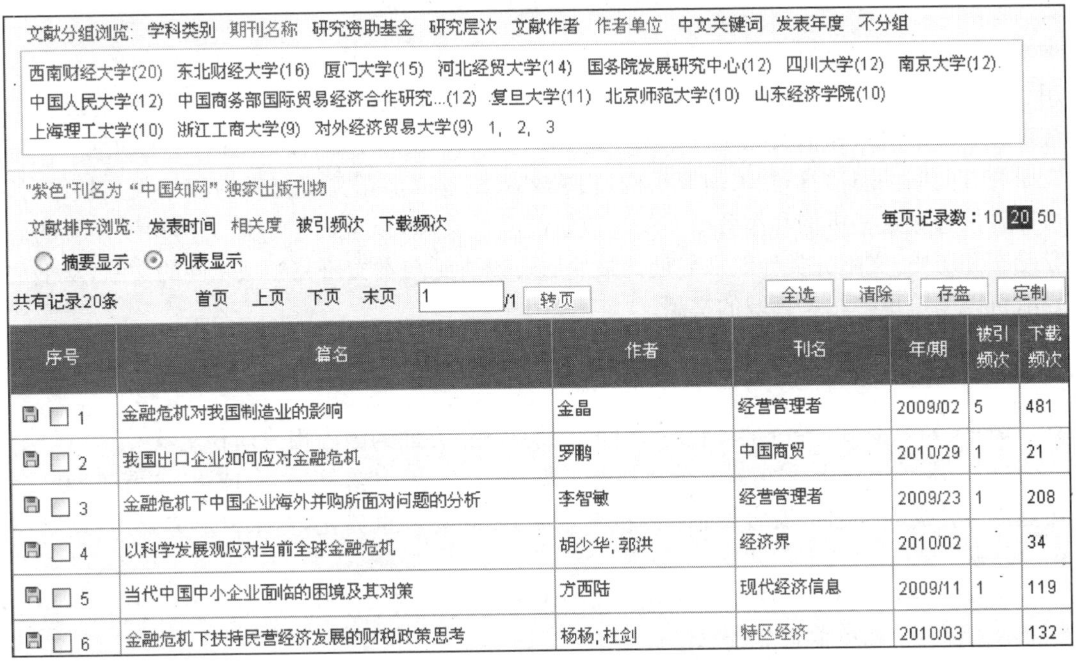

图 4－14　CAJD 检索结果分组浏览示例

（3）文献网络图示。文献网络图示是 CAJD 数据库的一大特色，将文献之间的联系用立体图的形式显示。在文摘细览页下面提供本文链接的文献网络图示（见图 4－15）。参考文献反映本文研究工作的背景和依据；共引文献（也称同引文献）是与本文有相同参考文献的文献，表明与本文有共同的研究内容；二级参考文献是本文参考文献的参考文献。进一步反映本文研究工作的背景和依据；同被引文献是与本文同时被作为参考文献引用的文献，与

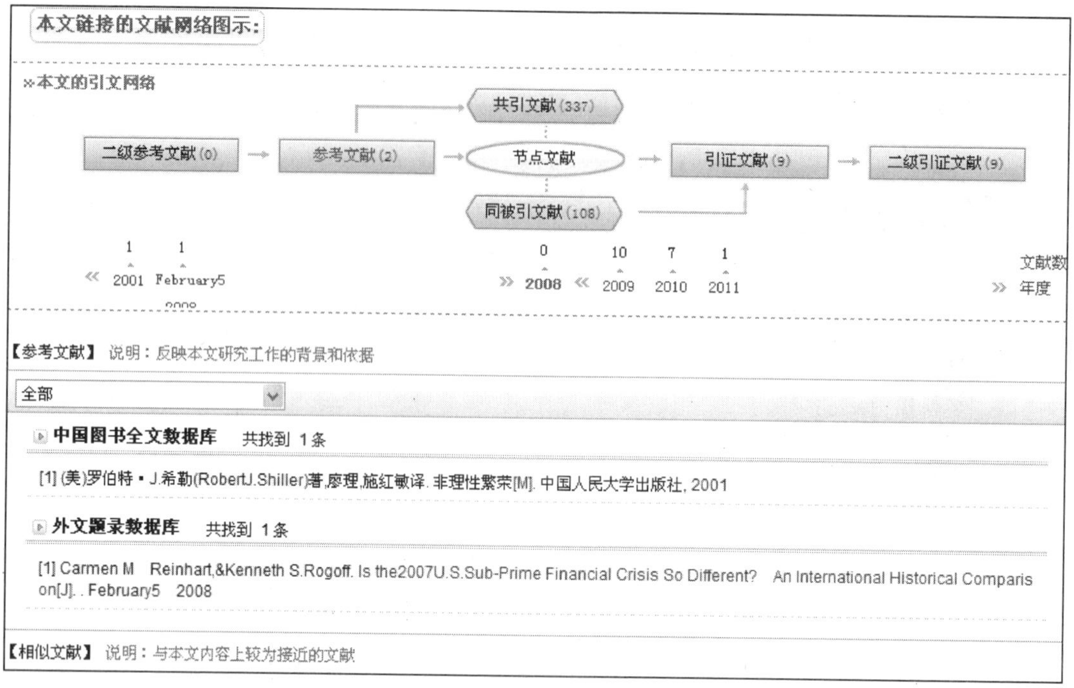

图 4-15 CAJD 文献网络图示

本文共同作为进一步研究的基础;引证文献是引用本文的文献,是本文研究工作的继续、应用、发展或评价;二级引证文献是本文引证文献的引证文献,更进一步反映本文研究工作的继续、发展或评价;相似文献是与本文主题相近或内容相似的文献。该图示较全面地反映本文研究方向的动态信息;相关研究机构、相关文献作者提供相关研究机构和相关文献作者,可以直接查到这些机构和作者被 CAJD 收录的其他文献,以全面了解该机构和该作者的研究动态和历史;文献分类导航从导航的最底层可以看到与本文研究领域相同的文献,从上层导航可以浏览更多相关领域的文献。

5. 检索示例

例 4-11 查找“经济全球化背景下的公司理财”方面的国内相关期刊文献

(1) 课题分析和检索结果。分析课题后得到四组概念:“经济”、“全球化”、“背景”和“公司理财”,分别对概念扩展后得到:经济→金融,全球化→世界化,背景→形势,公司理财→企业理财。

实际检索 CJFD,以系统默认状态,检索策略使用主题字段“经济 and 全球化 and 背景 and 公司理财”,检索所得的结果篇数为 1。

换用专业检索界面,选用主题字段,利用以下检索策略,得到检索结果 5 篇:

SU=(经济+金融)*(全球+世界化)*(公司理财+企业理财)*(背景+形势)

(2) 对原课题分析和检索结果的分析。本例上面两步检索的结果均较少,原因之一出在概念分析上。概念分析不是简单地从课题中取出名词,像本例中的“经济全球化”属于术语,不能拆分;“背景”属于辅助概念,已隐含在“经济全球化”概念之中,是完全应该省略的概念。而"公司理财"不应看作术语,应该拆分成"公司"和"理财"两个概念。本例正确的概念分析结果应为"经济全球化"、"公司"和"理财"。

原因之二是概念扩展有不恰当之处。"经济"扩展出"金融"有时是正确的,但在本例中如果将扩展出来的概念组合起来,变成了"金融全球化企业理财",其含义可能指向了银行业,与课题本意不符。"经济全球化"作为术语,通过"检索结果概念扩展"方法可扩展出"世界经济一体化"。

(3) 调整策略后的检索结果。检索策略使用关键词字段"经济全球化 and 公司 and 理财",命中篇数 3,其中一篇切题文献的题录信息为:

魏振华. 浅议公司理财中的企业文化. 会计之友,2005,(6).

换用以下检索策略,所得的结果篇数为 123 篇:

SU=(经济全球化+世界经济一体化)*(公司+企业)*理财

其中比较切题的 5 篇文献题录信息为:

[1] 魏振华. 浅议公司理财中的企业文化. 会计之友,2005,(6).
[2] 黄中伟. 试论企业理财管理的问题和对策. 中国西部科技,2004,(4).
[3] 王成秋. 论经济全球化对理财学的挑战. 商业研究,2004,(17).
[4] 张阳华. WTO 与企业理财. 企业经济,2003,(10).
[5] 郭树文. 知识经济下公司理财与创新. 内蒙古财会,2002,(11).

策略调整后的检索结果显然得到了很大改善。

例 4-12 查找"计算机软件专利法保护"方面的国内相关期刊文献

(1) 概念分析和检索结果。分析课题后得到三组概念:"计算机软件"、"专利法"、"保护",分别对概念扩展后得到:计算机软件→程序、应用,专利法→发明,保护→法规。

实际检索中国学术期刊网络出版总库,以系统默认状态,检索策略使用篇名字段"计算机软件 * 专利法 * 保护",得到 7 条记录。

换用以下检索策略,所得的结果篇数为 17 篇:

TI=(计算机软件+程序+应用)*(专利法+发明)*(保护+法规)

(2) 对原课题分析和检索结果的分析。本例的概念分析是正确的,因而第一步检索得到的结果正常。但是概念扩展有明显的问题:其一,"计算机软件"可以扩展出"程序",但不能扩展出"应用";其二,"专利法"扩展出"发明"不合适,"专利法"含有的"法"概念,"发明"中并不含有,而且将扩展出来的概念组合后变成"计算机软件发明保护",在道理上也讲不通。实际上,以"检索结果概念扩展"方法,"专利法"可以扩展出"专利"、"知识产权"和"著作权";其三,"保护"有动词性质,应归入辅助概念,完全可以不予扩展,甚至不予检索。本例正确的概念扩展结果应为:计算机软件→程序,专利法→专利、知识产权、著作权。

(3) 调整策略后的检索结果。在多逻辑界面,使用以下检索策略,命中 412 篇,其中大部分为切题文献,极大地改善了检索效果(具体结果略)。

TI=(计算机软件+程序)*(专利法+知识产权+著作权+专利)

4.3.2 国内其他书刊全文数据库

1. 中国人民大学复印资料全文数据库

中国人民大学复印资料全文数据库由中国人民大学书报资料中心编制，内容为专家从3 000多种人文社会科学期刊和报刊选择的有相当学术价值和影响力的文章，是国内比较权威的专题文献库。

> **小贴士：** 中国人民大学复印资料全文数据库的主要作用是分学科推介国内人文社会科学的主要研究成果。因而，它常用作追踪学科发展，或者用作评估国内文献。

该数据库的全部内容被分成经济、马列哲学和社科政治、文化教育体育以及语言文艺史地科技四类。进入数据库后按分类列表浏览或检索。

该数据库的检索算符用法有：逻辑“与”、“或”和“非”分别采用“*”、“+”和“－”；截词运算符有“?”和“!”，单个使用的“?”为前方一致无限截词算符，同时使用多个“?”时，每个“?”代替一个汉字；括号“()”为优先算符。以上算符均应半角输入。

系统提供二次检索功能。输入检索词，单击“二次查询”，即可在前一次检索结果中进行二次检索。

2. 电子报纸全文数据库

目前，互联网上部分免费的电子版报纸全文网站如表4－4所示，其中，《人民日报索引》1951年1月开始编印，每月一册，1960年还补出过1948年6月15日(创刊)起到1950年的索引。20世纪末，《人民日报》开始出版全文光盘，方便查找和使用。

表4－4 国内部分电子报纸及网址

报纸名称	简介	网址
人民日报报系浏览	包括所有的日报和周报，可以浏览2009～2011年间的报纸内容，日报每日更新，周报每周更新	http://paper.people.com.cn
人民网检索	包括所有的日报和周报，可以检索2000～2011年间的报纸内容	http://search.people.com.cn/rmw/GB/bkzzsearch/index.jsp
中国日报网	检索Chinadaily、Bussiness Weekly、Beijing Weekend等2000～2011年间的报纸内容	http://search.chinadaily.com.cn
光明日报报系浏览	包括光明日报、中华读书报和文摘报，可以浏览到1998.1～2011年间的报纸内容，光明日报内容每日更新	http://epaper.gmw.cn/
光明报系全文检索	包括光明日报、中华读书报和文摘报，可以检索到1961～2011年间的报纸内容	http://search.gmw.cn/epaper.htm
文汇新民联合报业集团	包括文汇报、新民晚报等报纸，可浏览到2009～2011年间的报纸全文	http://www.wxjt.com.cn/

商业性的报纸全文数据库，如中国知网的中国重要报纸全文数据库、中国报纸资源全文数据库；一些国内出版商出版的多种文献类型的题录检索工具，如《全国报刊索引》哲社版（见 4.2.1 节）也收录报道部分国内报纸文献。

中国重要报纸全文数据库由清华同方数据公司制作发行，收录我国 2000 年以来中央级报纸 153 种，31 个省、市、自治区的地方级报纸 413 种，从 2006 年起年更新大于 100 万篇文章。至 2011 年 8 月止，累积报纸论文全文文献近 1 000 万篇，使用方法同本书 4.3.1 中国学术期刊网络出版总库。

中国报纸资源全文数据库是方正阿帕比技术有限公司联合全国各大报社开发的以中国报纸资源为主体的全文数据库，是国内首个整报完整收录、集文章内容全文检索和在线报纸原版翻阅为一体的报纸全文数据库。目前，该数据库已经与 300 多家报社合作，覆盖了所有的报业集团在线运营报纸 700 多种，拥有 3 000 万篇新闻，最早回溯至 1949 年。

3. 超星数字图书馆电子图书全文数据库

超星数字图书馆是全球规模最大的中文数字图书馆之一，目前使用的新平台系统中包含了中图法所有 22 大类的 100 多万种中文电子图书，其中 2000 年以后的图书达 30 多万册。使用方法如下：

（1）登录方式。在校园网有效 IP 地址或有登录账号条件下，登录进入超星数字图书馆主页（见图 4－16）。

图 4－16　超星数字图书馆主页

（2）图书分类浏览。主页的右侧是图书分类，它严格按照《中国图书馆分类法》的分类体系，将所有学科分为 22 个大类，每个大类下再层层细分至 4 级或 5 级小类。图书按内容分门别类地归入 22 个大类中的不同层级的小类中。用户可根据需要选择学科大类下的小类来阅读图书。如：要阅读我国物权法相关的图书，则可依次展开政治、法律大类、法律、中国法律、民法，点击物权后，右侧显示物权法相关的图书有 65 种，然后根据需要再进行选择性地阅读。

(3) 图书检索。默认的检索界面可进行作者、书名和全文检索。全文检索可在图书的章节中检索，提高了阅读的效率。如果切换到高级检索界面，提供了主题词检索和年份选择限制。其中主题词既非书名、也非简介，而是反映图书内容的几个关键词；如果有同名书的话利用年份选择可帮助确定新书。

(4) 检索结果的显示、阅读和下载。检索结果的显示如图 4 - 17 所示，首先显示的是包括书名、作者、主题词、出版日期在内的书目信息，并给出全文的链接；点击书名或图书封面，则进入详细页面，显示图书的简介、中图法分类号等，如果需要阅读电子图书，则可以选择网页阅读或阅读器阅读模式；如果选择阅览器阅读，则事先必须下载并安装 SSreader 超星阅览器。

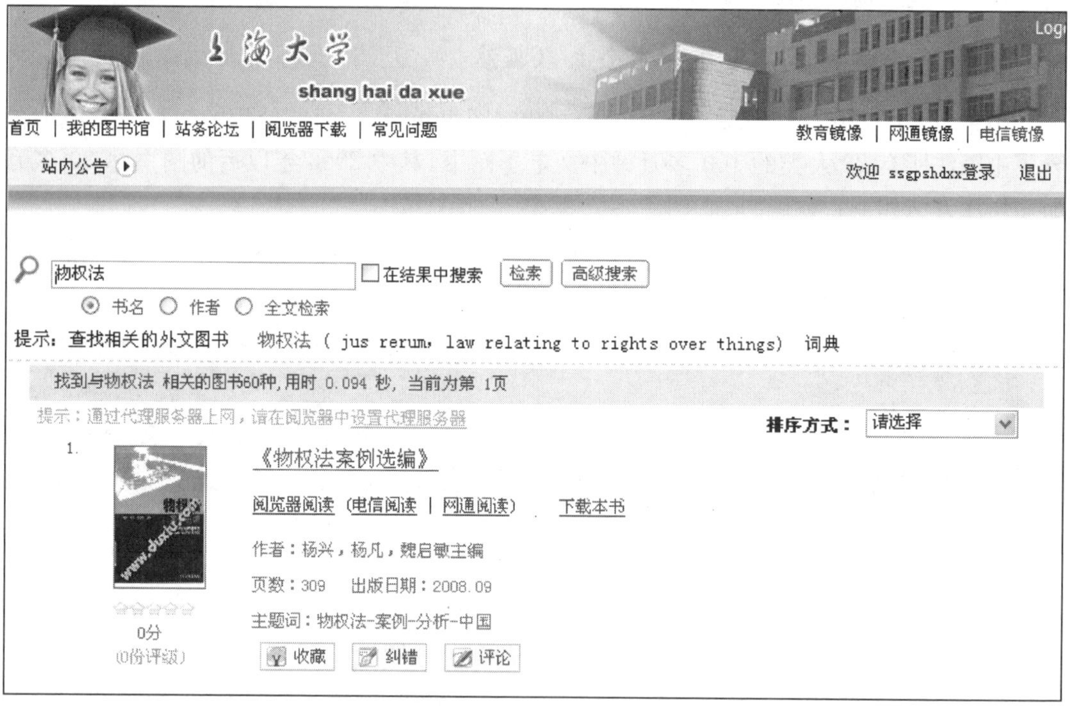

图 4 - 17 检索结果的显示页

SSreader 是一个使用方便的电子图书阅读器，进入后系统默认显示正文第一页的内容。每本书分目录与正文，用户可逐页浏览、上下翻页、指定阅读的页码，也可利用章节导航功能，任意选取章节阅读特定的内容。

还可以通过鼠标右键按钮或阅读器上的不同菜单项实现页面标注、添加书签、文字识别和图像截取等功能。

(5) 注意事项

1) 在登录界面，选择超星最新浏览器下载（目前下载的是超星 4.0 版简体浏览器）然后安装浏览器。安装时如果已有超星低版本浏览器请先进行卸载，不要在已有低版本浏览器上进行覆盖安装，请安装在英文路径下面。

2) 在进入登录界面以后，不用输入用户名和密码，直接就可登录。登录后，进入超星图书馆主页面，然后在超星图书库选择分类，选择书籍，点击阅读，或是搜索后选择阅读。

3）获取更详细的使用说明请进入超星的“帮助中心”，页面网址为：http：//pds.sslibrary.com/help/index.htm。

4）下载的超星电子图书180天后不能再使用，如需继续使用，需重新下载。

4.3.3 EBSCO全文数据库

EBSCO公司是一个具有60多年历史的大型文献服务专业公司，总部在美国，分部遍及全球19个国家。EBSCO数据公司开发了100多个电子文献数据库，涉及自然科学、社会科学、人文和艺术等多个学术领域。

1. 系统登录方法

EBSCO数据库是美国EBSCO公司提供的一个大型网络期刊全文数据库（图4－18）。

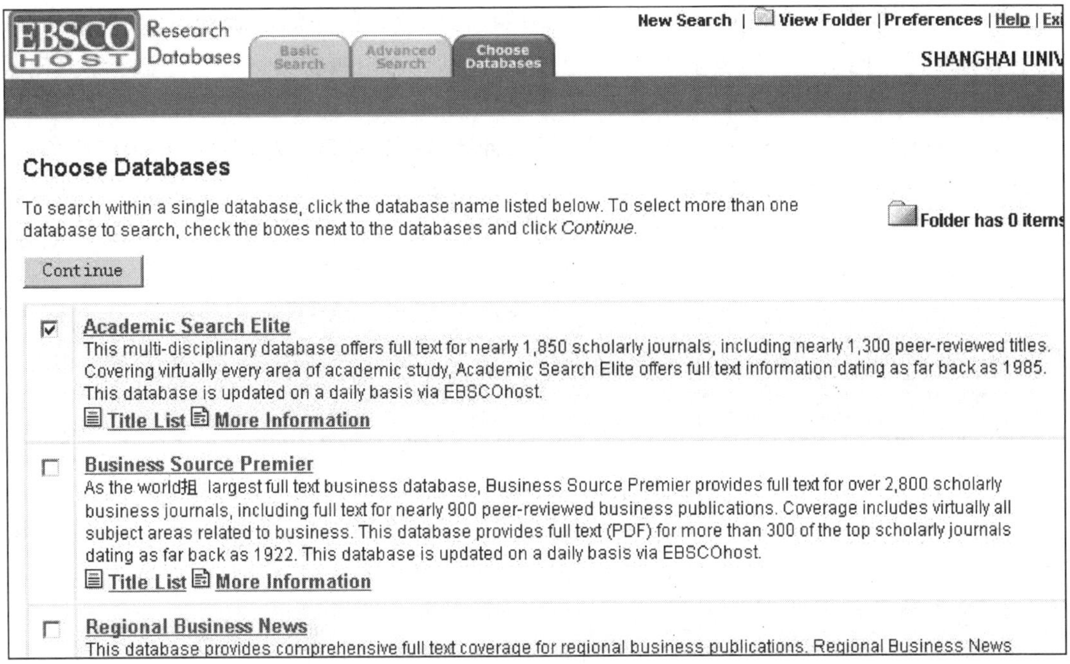

图4－18　EBSCO数据库主页（选择界面）

用户通过IP验证使用EBSCO系统。EBSCO数据库的登录网址为http：//search.china.epnet.com。

EBSCO系统中的数据库主要有学术期刊数据库（Academic Search Premier，简称ASP）和商业资源数据库（Business Source Premier，简称BSP）等数据库，用户可以从中选择一个或数个进行检索。其中，ASP收录1984年以来EBSCO的4 600多种学术期刊的全文，包括近3 900种经同行评审过的期刊，有超过100种期刊可追溯至1975年甚至更早一些。ASP数据库覆盖生物科学、工商经济、信息科技、通讯传播、工程、教育、艺术、文学、医药学等领域，其中社科类和科技类内容的比例约为2∶1。EBSCO各子数据库检索界面相同，下文以ASP数据库为例介绍EBSCO的检索功能。

2. 主要检索方法

ASP数据库设置基本、高级和可视化三种主要检索界面。每种界面又都有一个共同的检索工具栏。下面对检索工具栏、高级检索、基本检索、可视化检索四个方面分别予以介绍。

(1) 检索工具栏。

ASP数据库三种检索界面上端的检索工具栏见图4-19。工具栏上的按钮有New Search、Publications、Subject Terms、Cited Reference、Languages、Help和Exit等。

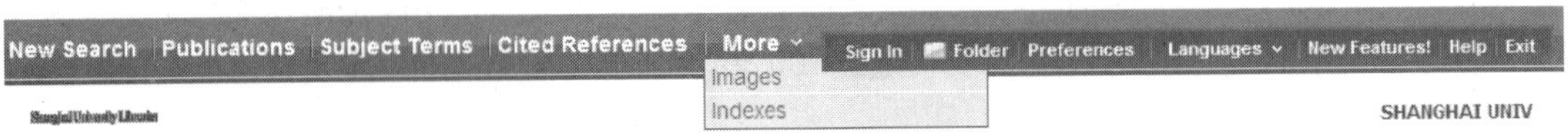

图4-19 ASP的工具栏设置

它们的功能分别为:

1) 重新检索(New Search)。清除当前检索词,开启新的检索页面。

2) 出版物检索(Publications)。帮助了解该数据库收录的来源出版物情况,包括期刊、图书和报纸等不同出版物的收录年限、报道内容深度,点击出版物名称可进一步了解其出版周期、报道主题范围、出版者联系方式等。

3) 主题词索引字典(Subject Terms)。是一种辅助检索途径。利用规范化主题词检索,检索效率高,相关性大。但输入的检索词不能任意自定,需用系统规定的主题词。因此首先要在主题索引字典中检索规范化的主题词后再实施正式检索。可供选择的主题领域有:All(所有的主题)、People(人物)、Places (地点)等。

4) 被引参考文献(Cited References)。供查找被系统收录文献的引用情况。可通过被引作者(Cited Author)、被引题目(Cited Title)、被引来源(Cited Source)、被引年份(Cited Year)等检索被引用的文献。

5) 图片和索引(Images/Indexes)。可检索ASP数据库收集的相关图片。检索选项有人物图片(Photos of People)、自然科学图片(Natural Science Photos)、地点图片(Photos of Places)、历史图片(Historical Photos)、地图(Maps)或国旗(Flags),如果不作选择,则检索全部类型的图片。索引检索提供作者(Author)、期刊名(Journal Name)、主题词(Subject Terms)等入口。

6) 浏览个人文件夹(Folder)。在建立个人信息档案后,把检索所得文献放入这个文件夹,供随时浏览。

7) 个人爱好设置(Preferences)。可以设置每屏显示的记录数和每条记录的详略程度。

8) 界面显示语种(Languages)。提供包括简体中文在内的20多种语言显示选择,默认显示为英语。

9) 使用指南(Help)。供用户使用数据库时参考,包括对计算机系统的要求、数据库商的联系方式、系统的检索技巧及示例、个性化的设置方式、检索结果的输入输出方式等。

(2) 高级检索界面。

高级检索界面(如图4-20所示)分上下两部分,上半部分是检索文本输入框,下半部分是检索条件调整选项。

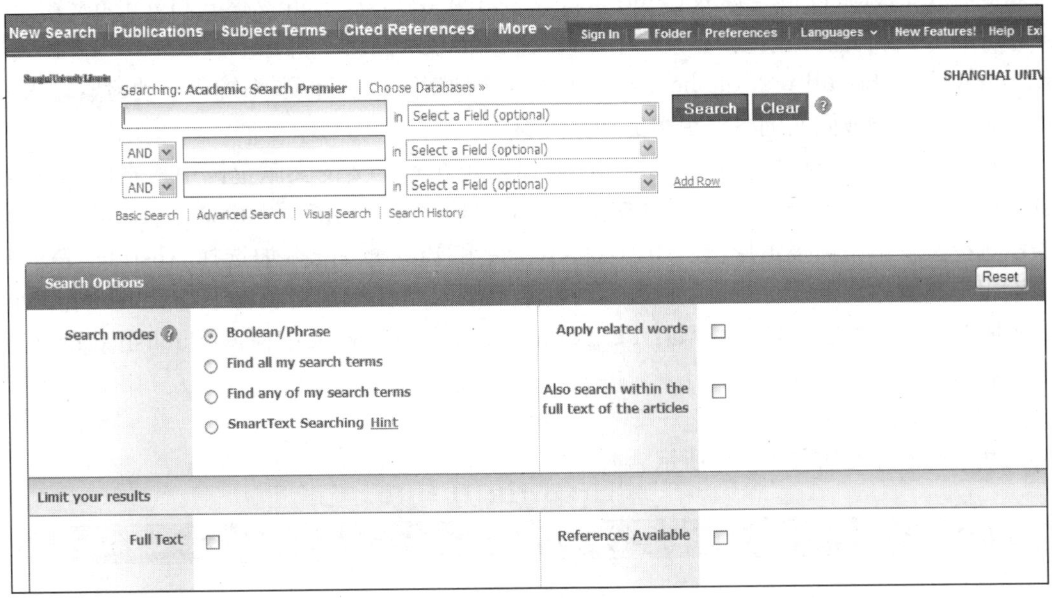

图 4-20 ASP 高级检索界面

可以用 Add Row 或 Remove Row 任意增加或减少检索行，在选择检索字段(如：Title、Abstract、Author、Journal Name 等)后，文本框中可以输入检索项，该检索项可以有以下几种情况：

1) 英语单词。冠词、代词、连接词(这些称为禁用词)，以及没有实质含义的普通名词和动词一般不作为检索词。

2) 英语词组。词组两端使用双引号引起，系统将只检索引号中的词组。例如，“strategy management”，“stock market”。若在词组中输入了禁用词，系统将会自动予以忽略。例如，输入“company of America”，会得到结果“company in America”和“company for America”等。

3) 多个单词构成的检索策略，单词之间使用逻辑算符 AND、OR 和 NOT。当单词之间为空格时，系统默认为逻辑“与”(AND)算符，需要混合使用“与”、“或”、“非”运算时，还可以使用优先算符“()”，例如，(language or linguistics) and (network or net or nets or networks)。

4) 含有截词算符“*”的检索项和中间屏蔽算符“?”的检索项。例如，net* 可找到含有 net 为词根的所有单词，像 net、nets、network、networks 和 networking 等。又如，m?n 可找出 man 和 men。

5) 含有位置算符 Nn、Wn 的多个单词。将检索策略中的 AND 算符用位置算符替代，其中 Nn 为前后两个检索词相隔距离最多为 n 个单词，两词在记录中的出现顺序可互换。Wn 为前后两个检索词相隔距离最多也为 n 个单词，两词在记录中出现的顺序按照策略输入时的顺序，不可互换。例如，策略 tax N5 reform 表示在 tax 和 reform 之间最多可以加入 5 个任意词，检索出含有 tax reform，reform of income tax 等词组的记录，又如，策略 income W2 tax 系统只检索含有 income tax、income of commercial tax 等记录。

高级检索界面的横线下方是检索选项(Search Options)，它们分别是检索模式(Search modes)和检索限制选项(Limit your results)。其中检索模式有默认的布尔逻辑/词组模式

(Boolean/Phrase)、逻辑与模式(Find all my search terms)、逻辑或模式(Find any of my search terms)和智能检索模式(Smart Text Searching),同时 Apply related words 和 Also search within the full text of the article 两个复选项属于扩展选项,系统将自动检索输入关键字词的相关词或同义词寻找更多的相关资料。

检索条件限制选项主要有：Full text 表示限制在有全文的文献范围中检索,Scholarly (Peer Reviewed) Journals 表示限制在同行评审的学术性期刊范围中检索,Document Type 表示选择文献不同的报道层次：Abstract、Article 和 Bibliography,如选择 Abstract 表示只检索报道摘要的文献;Publications 表示将检索范围限制在特定出版物中,Publishing Type 表示限制在某一特定文献类型,如：Periodical、Newspaper、Book 中检索,Published Date 表示限制出版物的年月范围。

(3) 基本检索界面。

基本检索界面如图 4-21 所示。

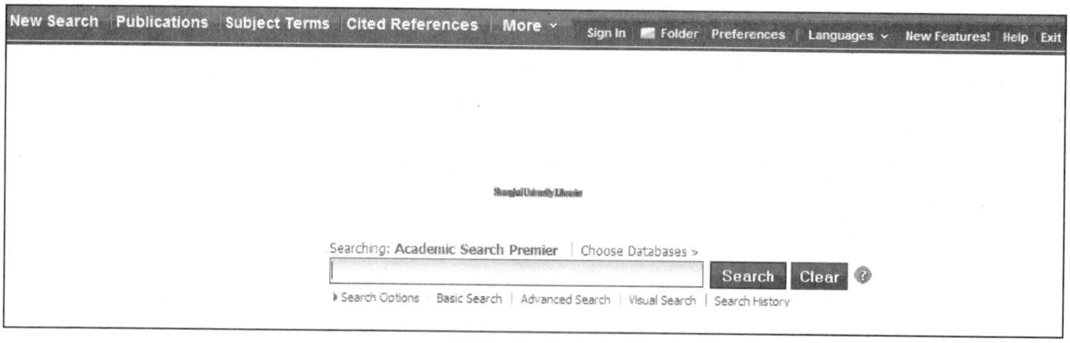

图 4-21　ASP 高级检索界面

检索框中可输入任意构建的检索策略,检索策略的格式为：段码(检索词)或段码(检索策略),如 AU David,系统将查找作者姓名中含 David 的记录;又如,TI (language or linguistics) and TI (network or net or nets or networks),系统将只在题目中查找含有符合检索策略要求的记录。ASP 数据库使用的字段和段码见表 4-5。

表 4-5　ASP 数据库使用的字段和段码

字段名称	检索举例	说明
AU(Author)	AU Gleason, Marie	检索作者,姓在前,名在后
SU(Subject Headings)	SU Sports Injuries and Hockey	主题词检索
AB(Abstract)	AB Jupiter	在文摘中检索
TI(Article Title)	TI education	在文献题目中检索
SO(Source)	SO Time	检索期刊名称中检索词
AN(Accession Number)	AN 123456	检索指定记录号的文献
AS(Author Supplied Abstract)	AS money	在作者提供的文摘中检索

(4) 可视化检索(Visual Search)。

每检索一个关键词,系统将更换一个图形。单击图形中任一分类(较大的圆形)可查看下级分类(较小的圆形)并浏览其中的内容。在分类边界外单击可返回到上级分类。单击

"正方形"显示命中的文章。同一正方形可显示在多个圆形中。当需要缩小检索范围,还可以单击"显示过滤器"(Show Filters),提供限定检索选定日期或其后发布的文献,或者只检索有全文的文献。

(5) 检索历史(Search History)。

无论在高级检索、基本检索还是可视化检索中执行过的检索步骤,系统都将自动保存检索历史,以便回溯查询、调用或编辑。在检索文本框中不仅可以输入高级检索界面检索文本框中的全部检索项,还可以以 Sn 形式代替已经做过的某个检索策略,但此时字段必须是默认状态,不能是某一具体的字段。表 4-6 是对课题"产业组织理论"(industrial organization theory)作高级检索的检索历史示例,其中检索结果中的 View Details 和 Edit 都是带有超链接的,供检索者查看检索结果和编辑检索策略使用。

表 4-6 课题"产业组织理论"(industrial organization theory)检索历史示例

Search ID#	Search Terms	Search Options	Actions
S5	S3 and S4	Boolean/Phrase	View Results(10) View Details Edit
S4	TI Industry or Industrial or Estate	Boolean/Phrase	View Results(76454) View Details Edit
S3	S1 AND S2	Boolean/Phrase	View Results (598) View Details Edit
S2	TI Theory or Discuss or Debate	Boolean/Phrase	View Results (116851) View Details Edit
S1	TI Organize or Organization or Form	Boolean/Phrase	View Results (58471) View Details Edit

3. 检索结果的输出

EBSCO 数据库整合了二次文献与一次文献,检索结果为文献的题录、文摘或全文(PDF 格式或 HTML 格式)。检索结果可有屏幕显示、打印、电子邮件和存盘多种输出形式。

(1) 结果输出页面设置(Page Options)。有显示格式(Result Format)、每页显示记录数(Results Per Page)、版面布局(Page Layout)设置。其中显示格式有标准格式(Standard)、题目格式(Title Only)、简单格式(Brief)和详细格式(Detailed)四种,默认为简单格式;每页显示记录数可选择 5、10、20、30、40、50,默认为显示每页 10 条记录;版面布局分别为 1 Column(列)、2 Columns、3 Columns,默认为 3 列。

(2) 记录显示。系统首先以默认简单格式的题录方式显示命中文献。直接点击某一篇文献后可以看到文摘(如果无全文)或全文。带有 HTML Full Text 标记的表明全文为 Html 格式,带"PDF Full Text"标记的表明全文为 PDF 格式的。检索结果默认以相关度(Relevance)排序,也可以根据用户需求选择按时间进行升序(Date Ascending)、降序排列(Date Date Descending),按作者(Author)和来源(Source)排序。

(3) 提示/保存/共享(Alert/Save/Share)。系统通过 E-mail 和网上信息订阅 RSS 两

种方式提示用户有新增加同主题内容、期刊的新卷期、同一作者新增加文献等；检索结果可以保存(Save)在自己建立的文件夹(Add to Folder)中，供随时浏览；也可以用固定链接(Use Permalink)将检索结果的 URL 地址复制粘贴下来，以供随时调用。

(4) 打印/电子邮件/存盘/导出(PRINT/EMAIL/SAVE/Export)。点击命中文献的标题链接，在该文献的详细信息页面右侧，有一排工具栏(Tools)，包括 Print，E-mail，Save，Cite，Export 等，可分别实现文献的打印、邮寄、保存、引用、导出等功能。其中保存(Save)功能提供多种保存格式，包括标准字段格式(Standard Field Format)、引文格式(Citation Format)和用户自定义格式(Customized Field Format)。标准字段格式提供三种选择：简单引文格式(Brief Citation)、简单引文格式带文摘(Brief Citation and Abstract)和详细引文格式带文摘(Detailed Citation and Abstract)；引文格式提供了 MAM、APA 等国际常用引文格式。系统还可以自定义输出格式(Customized Field Format)。

4. EBSCO 使用示例

例 4－13 概念扩展有误的案例

(1) 原课题检索策略和检索结果。在一个检索课题中，“英语”(English)被扩展成“British”；“中国文学批评”中的“中国”(China)被扩展成 Peking 和 Shanghai；“翻译”(translation)被扩展成 language 和 linguistic。

(2) 对原课题检索策略的分析。上述三个例子中，第一个例子 English 扩展出 British，British 指的是地区，并不是“英语”，扩展的概念超出了原概念的范围。后两个例子过度使用了上位概念或下位概念，“中国”扩展出 Peking 和 Shanghai，超出了以国别区别文学的范围。“翻译”扩展出 language 和 linguistic，也超出了“翻译”的本意。

判断概念扩展合理与否的方法，一是根据单词的含义，扩展出来的词与原概念是否有密切的关系；二是将扩展出来的词，逐一和课题中其他概念组合起来，是否与原来含义基本一致，如果相差很大，就不应该使用。

因此，本例扩展出的正确的词汇可以有 English→Anglian，China→Chinese，translation→interpretation 等。

例 4－14 主要检索词使用错误的案例

(1) 原课题检索策略和检索结果。课题“商标的法律保护”，使用检索策略“trademark and lawful and protection”，在 BSP 数据库篇名字段检索，结果为 0。

(2) 对原课题检索策略的分析。涉及学术方面的汉语词汇，很多都有多个英语单词与之对应，如果只使用双语词典，因为给出的英语单词是孤立的，很难从专业角度作出正确选择。上述策略检索出结果为 0 的原因正是出自于此。解决方法是从相关的文献篇章中取词。中国学术期刊网络出版总库(http：//www. cnki. net)的“CNKI 汉英/英汉辞典(翻译助手)”提供了一种通过已有专业论文的译文查找专业术语英汉互译的途径，使用这个工具可以在一定程度上避免常见的主要检索词使用错误。针对本案例，经查 CNKI 汉英/英汉辞典，“法律保护”对应的英语词组有：law protection，protection of law，legislative protection 和 legal protection 四个，其中 legal protection 使用比较普遍，因此将策略改为“trademark and legal and protection”。

(3) 调整策略后的检索结果。在 BSP 数据库文摘字段，使用“trademark and legal and

protection"检索,得到如下 1 篇切题的文献:

Fan Weimin. Legal Aspects of Foreign Company Operations in China: Trademark and Patent Application and Protection in China[J]. Doing Business with China, 2005: 97-108.

例 4-15 术语被拆分的案例

(1) 原课题检索策略和检索结果。课题"银行不良资产"使用检索策略"(bank or banks) and (bad or harmful) and (capital or asset or property)",在 EBSCO 篇名字段检索,结果为 0。

(2) 对原课题检索策略的分析。学术信息调研中专业术语使用的正确与否是影响检索结果的重要因素。专业术语的判断主要依据专业知识,《汉语主题词表》等显示概念关系的工具书可以为确定专业术语提供帮助。CNKI 汉英/英汉辞典中检索所得的结果,也可以作为参考。就本例而言,"不良资产"被拆分成后,"不良"为形容词,失去了专业意义,因而不应拆分。检索 CNKI 汉英/英汉辞典得到这个词组对应的英语词组是 bad assets 和 non-performing asset,也印证了"不良资产"属于专业术语。

(3) 调整策略后的检索结果。重新构建检索策略:(bank or banks) and ("bad assets" or "non-performing Asset"),选择篇名字段实施检索,得到以下两篇切题的文献。

Xie Qiang. Banks Set to Reduce Non-Performing Assets[J]. Beijing Review, 2002, 45(35): 12-13.

Hansell, Saul. No. 2 bank to spin off bad assets[J]. New York Times, 1993, 142(49224): D1.

4.4 专门文献类型的检索工具

4.4.1 学位论文全文数据库

学位论文是高等学校或科研单位的毕业生为取得学位资格而撰写的学术性研究论文。按学位级别划分,学位论文有学士论文、硕士论文、博士论文。由于各国学位制度不同,学位名称也稍有差别,如美国和英国有三种,而日本只有硕士和博士两种。我国有学士、硕士和博士三种学位名称。自我国实行学位制度以来,学位论文越来越受到人们的重视。

查找学位论文主要是通过各种国内外学位论文数据库,包括各个高等院校自己提供的网上学位论文数据库和由专门图书情报机构或信息公司提供的网上学位论文数据库。

1. 国内学位论文数据库

国内学位论文数据库主要有中国知网的中国优秀博/硕士论文全文数据库(http://acad.cnki.net/Kns55/brief/result.aspx?dbPrefix=CMFD)、中国科技信息研究所万方信息公司的中国学位论文数据库(http://c.wanfangdata.com.cn/Thesis.aspx)和 CALIS 高校学位论文数据库(http://etd.calis.edu.cn/ipvalidator.do)。这三个系统的使用均需要通过 IP 验证。

(1) 中国知网中国优秀博/硕士论文全文数据库。中国优秀硕士学位论文全文数据库重点收录"985"、"211"高校、中国科学院、社会科学院等重点院校高校的优秀硕士论文、重要特色学科如通信、军事学、中医药等专业的优秀硕士论文。覆盖基础科学、工程技术、农业、哲学、医学、哲学、人文、社会科学等各个领域。截至 2012 年 6 月,收录来自 621 家培养单位的优秀硕士学位论文 146 万多篇。中国博士学位论文全文数据库覆盖基础科学、工程技术、农业、医学、哲学、人文、社会科学等各个领域。截至 2012 年 6 月,收录来自 404 家培养单位的博士学位论文 17 万多篇,使用方法同本书 4.3.1 中国学术期刊网络出版总库。

(2) 中国学位论文文摘数据库。由中国科技信息研究所提供的论文,北京万方数据股份有限公司负责加工发布。收录自 1980 年以来我国自然科学领域各高等院校、研究生院以及研究所的硕士、博士以及博士后论文共计约 150 余万篇。其中"211"高校论文收录量占总量的 70%以上,每年增加约 30 万篇。

(3) CALIS 高校学位论文数据库。全国高等学校文献信息保障系统的一个自建数据库项目,收录包括北京大学、清华大学等全国著名大学在内的 83 个 CALIS 成员馆的硕士、博士学位论文,到目前为止收录加工数据 1 720 000 条。内容涵盖自然科学、社会科学、医学等各个学科领域。本数据库可以提供题录与文摘信息,如果需要全文可以向所在图书馆提出原文传递服务来获取。

2. 国外学位论文数据库

国外学位论文数据库有美国 UMI 公司的博硕士论文数据库(ProQuest Digital Dissertations,简称 PQDD)。PQDD 收录了美、加、欧洲及世界各国 1 000 余所大学和著名研究机构自 2001 年以来的 200 万篇学位论文全文,内容覆盖人文社会科学和理工等各个领域,数据每周更新。

PQDT 学位论文全文库(http://pqdt.calis.edu.cn/)是目前国内唯一提供国外高质量学位论文全文的数据库,主要收录了来自欧美国家 2 000 余所知名大学的优秀博硕士论文,目前 CALIS 成员馆可以共享的论文全文已经达到 354 206 篇,涉及文、理、工、农、医等多个领域,是学术研究中十分重要的信息资源。

4.4.2 会议文献全文数据库

会议文献是指在国际和国内重要的学术或专业性会议上宣读或发表的论文、报告。按规模分为国际性会议、全国性会议、地区性会议和基层会议。与这四种会议相应的文献类型就有国际性会议文献、全国性会议文献、地区性会议文献和基层会议文献。按产生的过程分为会前文献、会中文献和会后文献。一般提交的论文都是经过挑选的,学术性较强、内容比较新颖。学术与专业会议是科研人员进行学术交流的重要方式。随着学术交流的不断频繁,国际性、全国性学会、协会、研究机构的学术组织越来越多。这些组织每年都定期或不定期地召开学术会议,使各学科同行之间的信息及学术成果的情报交流得到日益加强,会议文献已成为学术研究人员的重要信息源。

目前国内会议论文全文数据库主要有中国知网的中国重要会议论文全文数据库和万方

中国学术会议论文全文数据库。

（1）中国重要会议论文全文数据库。由清华同方数据公司制作发行，重点收录1999年以来，中国科协系统及国家二级以上的学会、协会，高校、科研院所，政府机关举办的重要会议以及在国内召开的国际会议上发表的文献。其中，国际会议文献占全部文献的20%以上，全国性会议文献超过总量的70%，部分重点会议文献回溯至1953年。截至2012年6月，已收录出版1.2万多次国内重要会议投稿的论文，累积文献总量170多万篇。中国重要会议论文全文数据库的使用须经IP地址验证，使用方法同本书4.3.1中国学术期刊网络出版总库，数据库访问地址为 http：//acad.cnki.net/Kns55/brief/result.aspx?dbPrefix=CPFD。

（2）中国学术会议论文库。由中国科技信息研究所提供文献，北京万方数据股份有限公司加工，收录了国家一级学会在国内组织召开的全国性的学术会议，有国家级学会、协会、研究会组织召开的全国性学术会议论文全文。每年涉及上千个重要的学术会议。是目前国内收集学科最全、数量最多的会议论文数据库。涉及自然科学和社会科学各领域。这个数据库的使用也须经IP地址验证。

4.4.3 政府报告数据库

目前比较常用的国内政府报告数据库是国务院发展研究中心信息网（简称国研网）发布的政府报告，通过互联网提供专业性经济信息服务平台。

国务院发展研究中心是直属国务院的政策研究和咨询机构。主要职责是研究国民经济、社会发展和改革开放中的全局性、综合性、战略性、长期性、前瞻性以及热点、难点问题，为党中央、国务院提供政策建议和咨询意见。

国研网的栏目有国研视点、宏观经济、金融中国、行业经济、世界经济与金融评论、区域经济、企业胜经、高校管理决策参考等子库。这个网站的数据每日更新，使用受IP地址限制。具体内容介绍如下：

（1）国研视点。国务院发展研究中心百余位国家级经济学专家自1985年以来的研究成果汇集而成。同时汇集了国务院发展研究中心专家公开发表的文章或访谈，全面展示国务院发展研究中心专家对经济、金融、产业、社会改革等领域里重要问题的见解。

（2）宏观经济。在国务院发展研究中心及其他国内外著名研究机构众多权威专家的指导下，以国研网长期积累的丰富、权威的信息资源为基础，由国研网宏观研究部研究人员精心收集、筛选、整合、加工而成，其中包括公开媒体资源和国内外知名研究机构、众多经济学家和学者的相关研究成果，是借助先进的信息技术所建立的宏观经济专业全文数据库。

该数据库以经济运行分析和经济政策解读为切入点，长期跟踪中国经济发展的运行轨迹，深入分析影响中国经济发展的内外部环境变化及其发展趋势，力求全方位、多视角、深层次地记录国内外宏观经济运行态势，帮助用户全面及时把握国内外宏观政策和经济的变化动向以及热点问题。该数据库是政府部门、金融机构和企业用户强有力的决策支持工具，也是学术科研机构和相关研究人员的重要参考文献。

（3）金融中国。设有“货币政策与货币市场”、“金融研究”、“银行信托”、“证券期货”、“保险保障”五大子库，长期关注并深入分析国内外金融市场发展动态及国内金融政策变化趋势。

(4) 世经评论。设有“世界经济”、“世界金融”、“环球产业”、“中国聚焦”和“理论探讨”共5个子库。编译来自国际或区域性经济组织(如 IMF、BIS、WTO、OECD、IISI、IAE 等)、各国政府部门(如 FED、USDA、EIA、ECB、FSA 等)、知名研究机构(如 IIE、FPF、摩根斯坦利、野村证券研究所、法国 CDC IXIS、德意志银行研究所等)和知名学术刊物(如英国《经济学家》杂志等)的最新研究报告。内容涉及这些机构对全球经济的分析判断与预测、各国经济发展热点问题的研究评述以及最新的经济理论。

(5) 行业经济。设有“信息产业”、“房地产业”、“汽车行业”、“石油化工”、“冶金行业”、“能源行业”、“交通运输”、“生物医药”、“服务行业”、“其他行业”十大行业子数据库。另设有“信息化建设”、“物流与供应链”、“节约能源保护环境”等若干专题数据库。数据库文献年更新量接近2万篇。主要针对我国国民经济发展的热点、重点行业的运行情况、发展趋势、政策导向,进行动态跟踪、情报收集与研究分析。

(6) 区域经济。设由“经济动态”、“权威视点”、“经济分析”、“决策参考”、“发展数据”、“比较借鉴”等子数据库,同时另设有“经济专题”和“热点调查”等专项库,其中经济专题库中长期跟踪性的“关注长三角”、“珠三角”、“环渤海”、“西部开发”、“振兴东北”、“区域合作”、“城镇建设”、“城市信息化”、“资源型城市转型”、“县域经济”、“聚焦开发区”、“城市化”,以及“地区发展规划报告”、“地区经济普查报告”、“地区政府工作报告”、“地区年度统计公报”等专题深受用户欢迎。该数据库同时提供以省级为单位生成独立地区数据库的支持功能。数据库文献年更新量超过5 000篇。

(7) 企业胜经。设有“改革与发展”、“经营管理”、“战略管理”、“市场营销”、“人力资源”、“财务管理”、“案例研究”、“企业风云录”等子数据库。收集了国内外企业经营管理类分析文章、理论成果和案例分析等大量文献。

4.4.4 国内专门类型文献的检索实例

例4-16 检索西方知识产权理论的国内学位论文和会议论文

解:根据题意,分析应检索的主要概念为:“西方”、“知识产权”和“理论”。拟定其检索策略为:

知识产权 *(西方 + 欧洲 + 美国 + 西欧 + 北美)* 理论

(1) 利用中国博士学位论文数据库和中国硕士学位论文数据库检索相关博硕士士学位论文。

利用中国博士学位论文数据库,在主题字段,通过上述策略,获得71篇文献,下面是其中的一篇博士论文:

饶明辉. 当代西方知识产权理论的哲学反思[D]. 长春:吉林大学;博士学位论文 2007-04-03 2006

利用中国硕士学位论文数据库,使用上述相同的字段和策略,获得51篇硕士论文,下面是其中的一篇硕士论文:

李天宇. 反托拉斯法对知识产权许可的规则——美国的理论与实践[D]. 北

京：对外经济贸易大学，硕士学位论文，2002 - 06 - 06 2002

(2) 利用中国重要会议论文全文数据库。

利用中国重要会议论文全文数据库，使用上述相同的字段和策略，获得 18 篇国内会议论文，下面是其中的一篇：

朱军. 网络知识产权侵权案件的国际私法问题. 中华全国律师协会信息网络与高新技术专业委员会成立大会[C]，2001

(3) 利用国研网检索相关政府报告。

利用国研网，在标题字段，使用“西方|欧洲|美国|西欧|北美”，二次检索使用“知识产权”，获得 17 篇相关文献，下面是其中的两篇报告：

罗涛. 当代西方大学知识产权经营：国务院发展研究中心调查研究报告[R]. 2003.

李志军. 美国的知识产权管理体制和专利管理政策及其借鉴：国务院发展研究中心调查研究报告[R]. 2003.

4.5 书刊文献检索综合案例

例 4 - 17 检索和收集近代和现当代上海城市居民生活史相关的书刊资料

解：

(1) 分析课题。“近代和现当代上海城市居民生活史”研究是一个跨社会学、历史学、经济学多个学科的研究课题。经分析，本课题涉及的概念有近代、清朝、民国、建国后、当代、上海、城市、居民、市民、生活等。

收集这个课题相关书刊资料，可以依照国内印刷型图书、印刷型刊物、电子图书、国内外电子全文期刊的顺序，查找有关资料。

(2) 使用书目检索工具检索。涉及本课题的图书，在类型上有地方志、通史、经济史料等几种类型。考虑到本课题的主要概念，现使用上海大学图书馆 OPAC 系统，分别使用“上海 通史”、“上海 地方志”、“上海 经济史料”、“上海 居民”、“近代 上海”、“居民 生活”等策略进行检索，获得几十条书目信息。经过选择，并且经实际借阅查找原文，了解到多本图书载有相关内容。以下是其中的几个实例：

黄苇，夏林根. 近代上海地区方志经济史料选辑 1840 - 1949[M]. 上海：上海人民出版社，1984.

本书的第九部分“社会经济生活的变革”反映鸦片战争到解放前期间上海城市居民的生活。

风笑天，林南. 中国城市居民生活质量研究[M]. 长沙：华中理工大学出版社，1998.

本书第 6 章“来自个体的社会报告—上海市民生活质量分析”反映改革开放以来上海城市居民生活的变化

周武，吴桂龙. 上海通史 第 5 卷 晚清社会[M]. 上海：上海人民出版社 1999.

本书的第一章 开埠前后的上海社会，反映晚清到民国期间上海城市居民的生活

罗苏文，宋钻友. 上海通史 第 9 卷 民国社会[M]. 上海：上海人民出版社 1999.

本书的第四章 都市生活调适，反映民国期间上海城市居民的生活

承载. 上海通史 第 13 卷 当代社会[M]. 上海. 上海人民出版社 1999.

本书的第八章 收入、消费与生活，反映当代上海城市居民的生活

刘江. 中国地区发展回顾与展望（上海市卷）[M]. 北京：中国物价出版社 2000.

本书第 5.6 节 人民生活，反映当代上海城市居民的生活

(3) 检索人大复印资料数据库。以“上海 and 居民 and 标题＝生活”作为检索策略，查得 53 篇，以下是其中的两篇相关文献。（全文略）

【原文出处】学术界【原刊期号】199901【原刊页号】40－45【复印期号】199903

【标　题】当代中国现代城市居民家庭生活质量分析

【作　者】夏国美

【作者简介】夏国美　作者单位：上海社会科学院社会学研究所

【正文】经济体制改革给中国社会带来的最显著的变化，就是家庭收入的增加、生活水准的上升以及价值观念的多元化。与此同时，人们对家庭和婚姻的需求也相应发生了较大变化，传统的中国家庭所扮演的角色及家庭价值观念已经不再适用。本文以 1987～1996 年“上海城市居民生活质量十年研究课题”资料为主要依据，对现代城市居民的生活质量问题作一探讨。

【原文出处】开放时代【原刊期号】199604【原刊页号】46－50【复印期号】199605

【标　题】走过“小康”——京沪穗深城市居民生活与工作状况评估与比较

【作　者】郑方辉/何志强

【正文】内容提要：本文依据“京沪穗深城市居民消费情况及消费心理”的调查资料，从几个方面对上述四市的居民生活与工作状况作了较为详尽的评估与比较，为人们了解我国城市居民的一般生活状况提供了感性的材料。

(4) 检索超星电子图书数据库。通过超星电子图书数据库，顺序点击经济学图书馆→世界各国经济概况、经济史、经济地理→中国经济→人民生活状况，共查得 30 条记录，以下是其中的几条记录。（全文略）

1988 年中国城镇居民家庭收支调查资料

国家统计局城市经济调查总队　1989 年 11 月第 1 版　页数：281

1989 年中国城镇居民家庭收支调查资料

国家统计局城市经济调查总队　1990 年 8 月第 1 版　页数：275

1990 年中国城镇居民家庭收支调查资料

国家统计局城市社会经济调查总队　1991 年 10 月第 1 版　页数：295

1991 年中国城镇居民家庭收支调查资料

国家统计局城市社会经济调查总队　1992 年 9 月第 1 版　页数：291

以上几种图书，以翔实的数据反映了 1988～1991 年间国内各大城市，包括上海，居民家庭收支资料。

(5) 检索中国学术期刊网络出版总库。使用"上海 * 居民 * 生活"作为检索策略在文摘字段检索，得到 3 篇文献，下面是其中的两篇相关文献。

【篇名】不断提升的居民生活质量——"九五"上海居民的生活质量评估

【作者】张虎祥

【刊名】社会　2000 年 08 期

【摘要】改革开放以来，特别是进入二十世纪九十年代，上海的社会经济发展呈加速趋势。从 1992 年开始，连续的经济高速增长带来了上海的经济空前繁荣。根据 1998 年的主要社会经济指标统计，上海的社会发展总分为 80 分，超过北京成为中国内地社会发展水平最高的城市，并且在全球 83 个最主要城市的比较中，上海的社会发展水平综合评价居 27 位，为中上水平……

【篇名】京、沪、穗、深四市居民生活水平调查

【作者】肖明

【刊名】统计与信息论坛　1997 年 01 期

【机构】北京广播学院调查统计研究所

【关键词】抽样调查，恩格尔系数

【摘要】文章通过 1995 年 9 月、12 月两次在京、沪、穗、深进行的抽样调查结果，分析了四市居民的生活水平，主要考察了恩格尔系数的大小，得出了深、穗、沪三市居民平均生活水平已达到"富裕"，北京已超过"小康"正向"富裕"靠近的结论。

(6) 使用 EBSCO。通过 EBSCO 的 Business Source Premier 数据库，使用"shanghai and (citizen or inhabitants or people) and (life or living)"作为检索词，得到 40 篇文献，下面是其中的两篇相关文献。

Title: Recurring Warm Winters Change Way of Life in Shanghai

Author(s): N. A.　Source: XINHUA;　01/16/2002　Country of Publication: CHINA

Accession Number: 2W80500972702

Persistent Link: http: //search. epnet. com/direct. asp? an = 2W80500972702& db = buh

Database: Business Source Premier

Title: China Goes Car Crazy

Author(s): Chandler, Clay Source: Fortune; 9/1/2003, Vol. 148 Issue 4, p120, 8p, 9c

Document Type: Article

Subject(s) Terms: * COMMERCE * CITIES & towns-Growth * TRANSPORTATION CHINA

Abstract: As incomes rise, new car prices plummet, and the government adds new roadways, China's 1. 3 billion inhabitants are eager to trade their bicycles for a faster set of wheels....

Full Text Word Count: 986 ISSN: 00158259 Accession Number: 10566753

Persistent Link: http: //search. epnet. com/direct. asp? an = 10566753& db = buh

Database: Business Source Premier

习　题

1. 书目、题录、文摘检索工具相互之间有什么区别?

2. 针对课题"中国古代文学研究",下面的布尔逻辑算符的运用是否合理?

1) (古代 OR 文学)AND 中国

2) 古代 OR 文学 AND 中国

3. 中国学术期刊网络出版总库

1) 运用 4.3.1 节中介绍的方法,实际检索中国学术期刊网络出版总库。

2) 在什么情况下需使用"在结果中检索"按钮,它起到什么作用?

3) 为什么全文字段所得的文献往往与课题不相关?

4) "模糊"和"精确"匹配用于辅助字段检索时有何区别?

5) 词频控制主要用于什么场合?

4. SSCI 和 A&HCI

1) SSCI 和 A&HCI 收录的文献有什么特点,这两个数据库的主要作用是什么?

2) 如何利用 SSCI 和 A&HCI 从一篇已知的经典文献追踪当前的发展情况?

3) 如何利用 SSCI 和 A&HCI 分析课题的发展历史?

5. 运用 4.3.3 中介绍的方法,实际检索 EBSCO 数据库,下载、阅读 PDF 格式文献的全文。

6. 运用 4.4 节中介绍的方法,实际检索与自己专业课题相关的学位论文和政府报告。

5

事实数据信息检索

问题导入

☆ 什么是事实数据检索，检索主要通过什么工具，一般的检索步骤有哪些？
☆ 术语、名人、机构、产品和统计数据需要通过哪些工具才能找到？

知识目标

☆ 了解事实数据检索的一般概念
☆ 了解国内外主要的参考信息源

能力目标

☆ 能利用各类参考资源获取所需的事实、数据类信息

5.1 事实数据信息检索的一般概念

5.1.1 事实数据信息检索的定义和性质

1. 事实数据检索的一般定义

2008年10月，上海图书馆等单位联合开展了《科文杯"庆祝上海情报事业50周年"情报搜索大赛》，下面是其中的三道试题：

(1) 1936年，国际商会为了统一贸易术语，制定了《国际贸易术语解释通则》(International Rules for the interpretation of trade terms，简称，INCOTERMS)。请问这个文件中FOB、CFR、CIF三个术语的含义是什么？

(2) 朝鲜李朝初期重臣赵末生生于1370年，卒于1447年，请问他在太宗和世宗两个时期先后出任过哪些官职？

(3) 本币和美元间的换算主要有两种方式：根据汇率或实际购买率(ppp)。而后者经常用麦当劳"巨无霸"指数来等效。请找出中国、俄国、巴西三国2008年最新的"巨无霸"指数，并列出相应的汇率。

分析这些试题，发现它们可以分别归纳为：名词术语查找(例如试题1)，事实或历史事

件查找(例如试题 2),以及数据数值查找(例如试题 3)。这些试题所检索的对象以及我们日常生活和工作中遇到的大量的字词、事件、事实、人物、机构名称,年代日期、公式、常数、规格、方法等问题,都属于事实数据问题。对这类信息的检索通常被称为事实检索或者数据检索。

如果把事实数据检索分开地说,事实检索指在检索工具或检索系统中查询有关事件或实在的信息,以求得对某一问题的解答。所谓事件是在历史上或现实生活中曾经引起了波动,产生了不同的社会后果的事,如 1917 年 11 月 7 日世界上第一个社会主义国家——苏联的诞生。所谓实在是指客观存在的一切事物,概括地说,就是自然界中的人、事、物以及三者发展变化的规律和现象,都属于实在范畴。

而数据检索是指在检索工具或检索系统中查询有关数值信息的过程。作为普通名词,数据是指进行各种统计、计算、科学研究或技术设计等所依据的数值,它包括两种类型:统计数据和科学数据。统计数据是指人类社会和自然现象中各种事物的定量表述,它深入到社会的一切领域;科学数据是指各个领域中所用的参数、常数、理论数据、分子式、公式、产品规格、国家颁布的技术标准和施工定额等。

2. 事实数据检索的性质

综合考察事实和数据两个概念,可以发现,作为普通名词的数据与事实是种属关系,事实是属概念,数据是种概念,即数据也是一种客观存在的事实。或者说,数据检索是事实检索的一个特例。

小贴士: 在实际检索过程中,很多事实数据检索都是通过文献检索完成的,区别仅在于最终的对象和目的的不同,事实检索以事件为主,数据检索以数值为主,文献以论点论述为主。另外,事实数据检索是一种确定性的检索,其结果要么有,要么无;其内容要么对,要么错。与文献检索以相关程度判断检索结果相比,有着很大的区别。

进一步扩大考查范围,可以发现,文献检索是以文献为检索对象,从文献集合或检索工具中查找某一事实、某一数据亦或某一课题的文献线索(书目信息)或原文(全文),亦可理解为从文献中获取特定的知识、信息或情报。所以,文献检索也可称之为文献信息检索或文献情报检索。数据检索、事实检索应与书目检索、全文检索并列,都是文献检索(文献信息检索或文献情报检索)的特例。

3. 人文社会科学事实数据检索及其特点

人文社会科学是人文科学和社会科学的总称。人文科学原指同人类利益有关的学问,有别于在中世纪教会中占统治地位的神学。后来含义几经演变,其狭义指对拉丁文、希腊文、古典文学的研究,包括哲学、经济学、政治学、史学、法学、文艺学、伦理学、语言学等。社会科学是指以社会现象为研究对象的科学,如政治学、经济学、军事学、法学、教育学、文艺学、史学、语言学、民族学、宗教学、社会学等,其任务是研究并阐述各种社会现象及其发展规律。

人文社会科学事实数据检索即以人文社会科学学科相关的事实、数据作为其检索对象。其特点除了其学科相关性以外,还包括事实数据检索的特点:

(1) 检索结果的准确性和直接性。事实数据检索的目的是为了获得某一事件发生的时间、地点与过程，或某一事物的明确概念、定义或某一数据、公式或图表等。检索出原始信息，给出直接、确定的答案，这是一种确定性的检索。而文献检索是间接的、相关性检索，给出的是源文献或源文献线索，指引原始文献出处。

(2) 检索工具多样化。事实和数据具有文本、图像、视频、音频等数据类型，具有多样性，决定了检索工具的多样化。传统的事实和数据信息检索主要依靠参考工具书来解决，在参考工具书的数字化、网络化的今天，人们则可选用日渐增多的事实和数据型数据库，传统的期刊、专利、图书文献和网络信息源也包含大量事实数据，都是可资利用的重要信息源，因此，检索工具具有广泛性与多样化的特点。

5.1.2 人文社会科学事实数据信息检索工具概述

1. 参考工具书的定义与作用

参考工具书是指汇集某一方面的知识、资料，按照特定的方法加以编排，为读者提供查考问题的答案或资料线索的图书。参考工具书不是供系统阅读，而是专供翻检查阅的，其作用主要体现在四个方面：

(1) 解疑释难。在研究学习过程中，有些问题可以直接从工具书中获得答案。当字不识其音义，人物不详其生卒及事迹，地名不明其方位，名物不知其形态，如查阅有关工具书，疑难即可迎刃而解。

(2) 提供线索。例如，要考证某一历史人物的事迹，可先从索引入手，通过人名索引查出史书中的传记资料，再根据书目提供的线索进一步去查考有关原始文献，即能获得较满意的结果。如清代学者有关各种问题的论述都散见于文集中，若一一翻检，耗时费力，而利用王重民、杨殿珣等编《清代文集篇目分类索引》，即可省去翻检400余种文集之劳。许多工具书往往也能提供参考资料的线索，例如，《中国大百科全书》条目后列有参考书目，《辞源》一些词条中注明参阅资料，一些人名词典的人物条目列有研究资料目录。有的工具书还直接汇总参考资料，例如，类书和政书就是集古代典章制度资料之大成。

(3) 指引治学门径。清代学者王鸣盛说过："凡读书最切要者，目录之学。目录明，方可读书；不明，终是乱读。"初学者往往可利用导读书目，了解应读哪些书，其中哪些是基本的，哪些应先读，哪些可供参考。清末张之洞撰《书目答问》为学子指示读书门径，对后世影响至深。现代史学家陈垣即从《书目答问》和《四库全书简明目录》入手遍读古代典籍，终成一代学术巨擘。《四库全书总目》阐明古代学术源流，评论各类典籍的内容得失，实为研究中国古代文化学术的重要入门著作。

(4) 提供知识信息。工具书编纂时吸收了最新的学术研究成果，故不仅可以提供新知识，也能提供各种学术信息。年鉴是迅速反映新情况、新成果的工具书，逐年更新内容。从年鉴中就可了解到学术研究动态、科学新发现。即使通过书目和索引，也能窥见当前学术界的动态，根据它们所报道的学术著作和论文，可大致推断当前学术研究动向、学术论争和所争议的问题。各种专科词典和百科全书则提供各学科的专门知识，内容十分广泛。百科全书不仅可供查考，还兼具教育功能，起到教科书的作用。例如，《中国大百科全书》按学科分卷，从每一学科卷中都可获得该学科的全面、系统的知识和资料。

2. 参考工具书的类型

按照载体不同，参考工具书分印刷型和数据库型两种。

印刷型参考工具书指以纸质出版发行的工具书，包括字典、词典、百科全书、类书、政书、年鉴、手册、名录和图谱等。字典、词典是以揭示文字形体、解释字义为主的工具，如《现代汉语词典》。百科全书是系统地汇集某一领域或全部知识，以辞典形式编排的大型参考工具书，如《中国大百科全书》。类书是采集文献中可供参考的资料，如史实典故、名物制度、诗赋文章、丽词骈语等，按其类别（少数按韵）进行编排，以供查寻征引的一种工具，如（清）陈梦雷等编的《古今图书集成》。政书是对历代或某朝的政治、经济、军事、文化制度方面的史料，重新进行加工组织，分门别类地加以编排以供查检的工具书，如记载历代典章制度的《十通》。年鉴是系统汇集一年度主要的时事文献、学科进展与统计资料的工具书，如《中国百科年鉴》。手册是汇集某一方面经常需要查考的文献、数据资料或专业知识的工具书，如《国际经济贸易实用手册》。名录是将机构名、人名、地名以及其他事物名称汇集在一起，按分类或字顺加以排列，并对相关事项予以简要揭示和介绍的工具书，如《中国政府机构名录》。表谱是用简单的文字或准确的数字，以表格、谱系或其他较为整齐的形式，按年次记载史实和时间的工具书，如考察我国古代职官制度的《历代职官表》。图录包括地图和历史图录。数据汇编是指通过表格形式列出大量的数据汇编，如《美国统计资料指南》等。

参考工具书数据库则将各类工具书数字化后形成数据库，或是纸质参考工具书的数据库版，如光盘版或网络版的中国大百科全书、中国金融年鉴、World Almanac（世界年鉴）、中国人物库、中国科技名人数据库、中国中央及地方政府机构库、中国企业产品数据库、中国企业、公司及产品数据库（CECDB）、中国电子地图等；或是汇聚多部参考工具书、提供统一检索界面的数据库，如中国知网的中国工具书网络出版总库，含 4 000 多种百科词典、图谱、手册等工具书，1 500 万词条。

依据存储和提供检索方式的不同，参考工具数据库可以分为计算器型、光盘型、网络型参考工具三种类型。计算器型，如文曲星、快译通，以几种印刷型词典为蓝本，存于如计算器般的便携式设备中，或作为智能手机的一个应用，如目前安装了安卓操作系统智能手机中的金山词霸等。光盘型参考工具是将印刷型工具书转换为光盘形式的工具书，如光盘版的《汉语大词典》。网络型参考工具是提供在线检索的参考工具书、工具书集成系统，如方正阿帕比工具书数据库、爱词霸在线词典，也包括印刷型辞书的网络版，如《牛津英语大词典》网络版等。

3. 参考工具书内容的组织编排

网络版的参考工具数据库的内容组织也许非常复杂，但我们并不需要了解这种隐藏在背后的组织形式，我们更应关心的是界面的简单易用，因而网络版的参考工具数据库的内容组织不在讨论之列。印刷版参考工具书的组织结构却直接影响使用效果，是我们必须要予以了解的。印刷版参考工具书内容主要采用字顺组织法进行编排，也有一些采用类序组织法和自然顺序组织法。

字顺组织法主要包括形序法、音序法和号码法，是术语型检索工具最广泛使用的编排方法。形序法中常用的是部首法和笔画法。我国现用的部首法有三种：以《康熙字典》为代表的旧部首法，以《辞海》为代表的新部首法，以《汉语大字典》为代表介于新旧法之间的部首法。以部首法编排的工具书一般都配有笔画法。音序法中常用的是汉语拼音字母法和声韵法，古代许多韵书多采用声韵法，现代汉语辞书多用汉语拼音字母法编排，英文辞书则按英文字母顺序编排。号码法中四角号码法影响最大、流行最广，为许多辞书所采用。

类序组织法包括类别法和主题法两大类。类别法可分为学科体系排列法和事物性质排列法。学科体系排列法是将文献资料内容按分类体系进行编排的方法，如《现代经济辞典》按内容分为经济改革、经济发展、宏观经济等 20 个专题。事物性质排列法是将文献资料内容按事物性质归类集中的编排方法，一些辞书采用此法编排，以词的意义或词所指称的客观事物本身的类别为依据，把性质相同的字、词集中在一起编排，如《中国古代名句辞典(修订本)》以“自然—人类、社会—意识形态”为序，将其人选名句按句意分为天地景色、四时、生物、境界等 30 部，部下分若干类，类下排列意义相近的名句。

自然顺序组织法是根据事物发生发展的时间顺序或事物产生所处的地理位置编排工具书的方法，包括时序法和地序法。其中地序法是根据所查资料内容地理位置的顺序或地区次序进行编排的方法。某些介绍名胜古迹的辞书多按此法编排，如《中国名胜词典(第三版)》按照省市组织内容。

4. 网络的参考工具

(1) 网络参考工具的特点。

与传统的印刷型工具书相比，网络版参考工具具有许多优点：

内容更丰富。许多网络版参考工具在相应的印刷版为基础上增加了许多新的内容，如增加新条目、综合多种类型工具书的内容、建立网站、网页间的链接、普遍使用多媒体等。

使用更方便。主要体现在读者可以随时随地地联网使用，并且可以实现多个用户的共享；检索功能、入口更多，从而使读者方便地找到所需信息。

数据更新颖。印刷型工具书出版周期一般以年为单位，而许多网络版参考工具系统的内容实现了按天、按周、按月或按季度更新。

> **小贴士：** 网络型参考工具的优点，使得用户的检索习惯逐渐出现忽视印刷版工具书的倾向。而实际情况是，由于许多新的印刷版检索工具书并无相应的数字版，许多已经出版多年的工具书也未列入相关机构的数字化计划而停留于纸质版，加之网络参考工具书的使用权限限制，导致相当多的人文社会科学事实数据问题，只能通过查考早期或者最新的印刷版参考工具书解决。

(2) 网络工具书指南。

网络工具书数量极其庞大，指引使用这些工具书的站点就是工具书指南，例如上海大学图书馆工具书指南(http://www.lib.shu.edu.cn/shulib/search/referencebook)按专业列出各类工具书，上海图书馆的参考工具书指南(http://www.library.sh.cn/fwzn/gjszn/)列出了多种常用的书目、索引文摘、词典/辞典、百科全书、年鉴、名录、传记、文学评论、手册、旅游指南、专利/标准、年表等为工具书选择提供方便。

(3) 网上工具书集成检索系统。

将多种工具书集合成一个系统，在统一的界面查找事实数据信息是其优势。网上工具书集成系统大都由权威的出版机构或者信息中介机构创办。下面是几种常用的网上工具书集成检索系统。

中国工具书网络出版总库(http://gongjushu.cnki.net/refbook/default.aspx)以数据库的形式提供利用的、持续更新的百科知识库，简称知网工具书库，或者CNKI工具书库，集成了近200家知名出版社的近5 639部工具书，类型包括语文词典、双语词典、专科辞典、百科全书、图录、表谱、传记、语录、手册等，约1 500万条目，70万张图片，所有条目均由专业人士撰写，内容涵盖哲学、文学艺术、社会科学、文化教育、自然科学、工程技术、医学等各个领域。

中国工具书资源全文数据库是一个以条目型数据为主体、检索为主要功能的数据库产品，它以中国国内专业、权威工具书资源为主体的全文检索型数据库产品。不仅适用于各类专业人员对专业知识的检索与引证，同时也适用于普通用户的学习与参考，累计发布了2 000余种工具书。

香港的中国资讯行(http://www.infobank.cn/)含14个在线数据库，数据量达100亿个汉字，且每日增加2 000万个汉字。信息源来自千余份平面媒体，包括报纸、期刊、杂志、公开出版物、年鉴及工具书。主要收集、整理和传播中国商业、法律方面的信息。

国外著名的网上工具书集成检索系统有美国的Gale参考资料中心系统(Gale Reference Center, http://www.galegroup.com)。这个系统提供数百个数据库，其中最著名的是文学资源中心(Literature Resource Center)、现代世界历史资源中心(History Resource Center)、人物传记资源中心(Biography Resource Center)和商业与公司资源中心(Business & Company Resource Center) 4个数据库，下面是其中的两个数据库的简要介绍。

人物传记资源中心(Biography Resource Center)包含自人类历史开始至今的100余万个人物的传记信息，且每年新增8～10万份人物传记，内容涉及所有领域。信息来自Encyclopedia of World Biography, Contemporary Black Biography, Who's Who Among African Americans, Complete Marquis Who's Who 和 Debrett People of Today等传记，还链接至大于15 000个人物的网站，这些网站都经过人物传记专家的严格考证，以保证其权威性。

商业与公司资源中心(Business & Company Resource Center)内容涵盖商业、经管、财政、金融等专业，包含全球46万家公司及8 000个行业协会的丰富信息。通过任一家公司名称入手即可得到此公司的详细情况，包括公司概况、相关的新闻/刊物、公司历史、公司投资报告、公司财经资讯、公司在本行业中的排名、与此公司相关的诉讼案件、公司的所有产品、所在行业综述、所在行业的所有协会等。

(4) 网上互动问答平台。

以公开出版物为基础的事实数据信息源的长处是权威可靠，但却有内容深浅不一、时间上相对滞后的缺点，且多为商用数据库。随着Web2.0技术的出现，越来越多的网站为网民提供了互动交流的平台，通过网民互助与奉献可以在一定程度上满足一些事实数据类需求。常用的问答平台如百度知道、新浪爱问、搜搜问问、雅虎知识堂等。专业的问答平台小到一个企业的客服，大到一个行业的专家知识库的建设都逐渐体现了互动问答平台的价值，这类网站给用户提供了一个交流平台，大家可以在这里接受专家和其他网民的帮助，同时也尽力给别的网民提供有效的帮助。这些平台以人为事实数据类信息源，帮助人们获取生活工作中的所需的信息。

这类信息源的不足之处在于答案有时混杂着大量的无用甚至错误的信息，需要检索者加以甄别。提供此类服务的平台如表 5－1 所示。

表 5－1　网上互动问答平台

网站名称	简　　介
百度知道	http：//zhidao. baidu. com，2005 年发布，由全球最大的中文搜索引擎百度自主研发、基于搜索的互动式知识问答分享平台。用户可以根据自身的需求，有针对性地提出问题；同时，这些答案又将作为搜索结果，满足有相同或类似问题的用户需求。
爱问知识人	http：//iask. sina. com. cn/，2004 年开通，新浪爱问研发的国内第一个中文互动型问答产品。汇聚亿万网民头脑中的智慧、经验和知识，为用户提供发表提问、解答问题、搜索答案、资料下载、词条分享等全方位知识共享服务。
雅虎知识堂	http：//ks. cn. yahoo. com/，由 Yahoo 推出的开放性的知识分享平台，让使用者可以与网友做问答的互动，借由众人的经验与专长，在问与答的讨论之间，帮助使用者找到满意的答案。台湾地区称之为 Yahoo！奇摩知识＋（http：//tw. knowledge. yahoo. com/）、香港地区称之为 Yahoo！知识＋（http：//hk. knowledge. yahoo. com/），英语系地区称之为 Yahoo！Answers（http：//answers. yahoo. com/）。
腾讯搜搜问问	http：//wenwen. soso. com/，2007 年 4 月上线，是腾讯旗下的搜索引擎——搜搜自主研发的互动问答社区。用户可以提出问题、解决问题或者搜索其他用户沉淀的精彩内容；在这里可以感受到最热烈的互助气氛，浏览到最精彩的问答内容。

（5）人文社会科学垂直引擎。

网上人文社科类事实与数据垂直引擎很多，例如，Yahoo！People Search 引擎（http：//people. yahoo. com/）可以查询所关心人的地址、电话、电子邮件及相关信息；地图搜索引擎 MapBlast（http：//www. mapblast. com）可以查询地图和地区信息。国学宝典（http：//so. guoxue. com）和百度国学搜索（http：//guoxue. baidu. com），可以获得丰富的古典名著、历史资料、人名书名等。其中百度国学搜索已累计拥有 10 多万网页，1. 4 亿字，收录上起先秦、下至清末两千多年的以汉字为载体的许多历代典籍。

5.1.3　人文社科事实数据信息检索思路

1. 查找事实数据的一般步骤

使用参考性工具通常可以遵循以下四个步骤：

（1）明确检索要求。即弄清问题的主要内容及涉及的学科范围，找出问题的关键所在，明确解决问题的基本要求，如资料或数据的数量、水平、语种、时限和解答方式的要求等。

（2）选择检索工具。根据检索工具的特点、课题的类型、获取便利性等因素选择检索工具，详见下节。

（3）实施查找。根据不同的课题要求，事实数据课题的实施查找可以分为两种类型，一种是仅使用某种参考性工具，另一种是综合使用多种参考性工具和书刊资料，包括相关学科、边缘学科的文献和最新发表的文献等。前者通常用于解决较为简单的课题，例如某汉字的释义等，后者通常用于解决一些相对复杂的课题，特别是当使用普通参考性工具得不到满意答案的场合，例如公司近期的发展情况等。

（4）归纳查找结果。查找参考工具所得的结果予以系统整理和认真审核，着重分析选用的参考性工具的内容是否全面、系统、及时以及所得结果是否具有权威性。如果认定查找结果合乎要求，即可结束查找。

2. 事实数据信息检索工具的选择思路

事实数据信息检索可选择的检索工具类型包括：

（1）综合性的搜索引擎。可用于了解课题背景，为进一步检索打下基础，甚至直接获取答案。搜索引擎可检索几乎所有的网络资源，甚至部分数据库中的数据，且有使用方便、免费等优点。缺点是检索结果有时太多，常将有价值的信息淹没，而且鱼龙混杂，真正有用信息需要使用者甄别。

（2）专业性的搜索引擎。亦称垂直搜索引擎，如地图搜索、定义搜索等，当搜索目标明确时，检索准确率高，结果相对简洁精练。但受引擎本身技术、收录范围、信息著录等的限制，查全率有待提高。

（3）专业网站或综合性网站的相关栏目。具有专业信息集中、图文并茂、导航明晰，便于浏览等特点。缺点是信息或全面或专于方面，要检索特定信息有一定的困难。

（4）工具书数据库。往往是印刷型工具书的电子版，或收录信息经过编辑人员的严格把关，具有权威、专业、全面等特点。有单一检索工具书的数据库，也有汇集多种参考工具的数据库，前者适于检索专门信息，后者视其收录参考的数量和范围，可以查多科信息或百科信息。

（5）传统的印刷型工具书。虽然种类繁多、编排检索方法各异、获取相对困难。但是具有权威、专业、结果描述准确等特点。其中的一些常用案头参考工具书的使用方便性，没有被数字化的参考工具的无可替代性，都是网上工具所不及的，它们在检索相关信息时依然发挥着特定的作用。

（6）网上开放式事实数据信息源。互动式知识问答分享服务平台可用于检索日常生活中碰到的一些常识和难于解答的问题，使用者也可以直接以问题的形式提问，一般都能得到答复，但答案的质量不一定能保证。

从检索工具的获取的方便性来看，应遵循先网络、后单机版、再而印刷型检索工具的原则。海量的信息资源和检索的方便性决定了网络成为事实检索的首选。其他电子版的检索工具，如光盘版的数据库或便携式的电子工具，由于其检索的方便性，也是不错的选择。印刷型检索工具是传统的检索工具，信息权威而全面，是最可靠的检索工具。

根据检索课题的不同类型选择不同的检索工具，如课题要求时效性强时，应选择更新速度快的检索工具，如在线工具数据库、综合性和专业性的搜索引擎；如课题学术性要求高时，应首先选择权威的工具书或工具书数据库。

从对检索课题的了解程度来看，当检索目标明确时，可先查专科性检索工具，若如无理想结果，再查综合性的检索工具；如检索目标不明确时，可先检索综合性的检索工具，以明确自己的检索目标，再选用专科性的检索工具。

3. 通过网络数据库实施的检索方式

与其他机读型数据库相比，事实数值数据库的检索相对比较简单，检索途径少，一般提供导航浏览方式、中英文关键字检索、汉语拼音检索等方式。进行关键字检索时一般都支持模糊查询。

(1) 导航浏览方式。术语型数据库的导航检索一般包括分类、笔画和部首导航。分类导航浏览是将数据库所收条目依据一定的标准分为若干类,检索时确定检索词所属类别后进入相关类浏览检索。例如名词解释数据库将所有内容分为 20 类。笔画导航浏览是将具有相同笔画的条目集中在一起提供浏览检索。例如《中国古代地名大词典》(在线版)将所收全部地名按首字笔画分类。《说文解字注》(在线版)将所收字按笔画数的多少排列。部首导航是将具有相同部首的条目集中在一起提供浏览。例如《康熙字典》(电子版)可从部首列表中点选待查单字之部首,再键入该单字除部首外的笔画数进行查询。

(2) 关键词查询方式。关键词查询方式即是在条目名称或条目内容正文中包含该词的条目,例如《中国古代地名大词典》(在线版)的"条目名称检索"和"内容关键字检索"。

(3) 拼音查询方式。即拼音串查询,输入待查字词的拼音查询对应的条目。例如《康熙字典》(电子版)的音读查询,提供"国语拼音"及"汉语拼音"两种查询方式,输入待查单字的国语拼音或汉语拼音,在下拉菜单中选择其音调即可进行查询。

(4) 词汇关联查询。即同义词检索,可以通过一个关键词查询到其同义词,例如韦氏在线词典在检索结果中提供检索词的相关词(同根词、近义词、词组等)的详细解释。有的检索系统提供按层级查找不同层级的同义词,可以从大类逐次查找不同类下的同义词。

5.2 术语信息检索

5.2.1 术语信息及其检索思路

术语(terminology)是在特定学科领域用来表示概念的称谓的集合,在我国又称为名词或科技名词(不同于语法学中的名词),它通过语音或文字来表达或限定科学概念的约定性语言符号,是思想和认识交流的工具。

人文社会科学方面的术语信息包括字、词及学科名词术语。涉及文字的音、形(甲骨文、小篆、行书、草书……)、义(本义、引申义、假借义)、词性(名词、动词……)、使用方法等,以及各类词汇(成语、学科术语、格言、诗词语词、人名、地名、职官名、事件、外来语……)、词间关系(同源、古今、假借等字源;辨正、同义、反义、对语等类别)。以术语为对象的信息检索就是术语信息检索,它主要通过术语型检索工具进行。所谓术语型检索工具,是专门用于揭示字、词的形、音、义和使用方法,以及学科名词术语的含义、演变和发展的检索工具。它能够规范字词的拼写、释义和用法,促进语言规范化;能够提供语言文字知识,帮助人们扫除语言障碍,引导人们在表达思想时使用规范的、为全社会普遍接受的、最有利于传意的词语去说话和作文。

字词语汇问题一般检索思路如下:

(1) 一般字词的音形义:使用中至大型字词(辞)典

(2) 艰深冷僻字词:使用大型字词(辞)典

(3) 日常生活、报章杂志中字词:使用现代生活用字词(辞)典

(4) 字的起源或古代典籍中字词:使用古代字书或查字词文藻的类书

(5) 特殊问题,如查谜语、专门术语时:使用该类特殊范围或用途的工具

(6) 法律相关词语:使用相关法规的名词解释

5.2.2 字典、词(辞)典及汉语、双语的检索

1. 字典

字典是搜集单字,按某种检字法编排,并注明其字形、读音、意义、用法和出处的一种工具书。字典以收字为主,也会收词。词典或辞典以收词为主,也会收字。

2. 词(辞)典

词(辞)典是术语检索的主要信息源。词典是以单字为字头,汇集包含这一字的词语,解释词语的概念、意义及用法的工具书,分为语文性词典和知识性词典两大类。

语文性词典以汇集通用的词语为主,兼收专科词语,重点在于辨析词形,审正读音,举示用法。语文性词典又可分为综合性和专门性两类:综合性的如《汉语大词典》、《辞海》等,专门性的如《汉语成语词典》、《动词用法词典》等。

知识性词典是为学习学科基本知识或为研究某一专门学科、某一专门问题而编的,可分为百科性词典和专科性词典。百科性的如《文史哲百科辞典》、《辞海》(兼具语文性词典和百科性词典功能)、《简明社会科学词典》等。专科性词典又可细分为四类:一是学科辞典。全面收录某一学科、某一专业或专题领域内的词语,并加以解释,如《经济大辞典》、《哲学大辞典》等。二是人物辞典。专录人名,进行或详或略的介绍,如《世界人物大辞典》、《中国人名大辞典》等。三是地名辞典。专收地名并从自然地理、经济地理、历史地理、人文地理等方面进行解释,如《世界地名词典》、《中国古今地名大辞典》等。四是书名辞典。专门收录书名、篇名并简要介绍它们的作者和内容,如《中国法学著作大辞典》、《中国当代文学作品辞典》等。

3. 网络字词(辞)典系统

字海(叶典)(http://zisea.com/),收字12万个,囊括《中华字海》网络版、在线《康熙字典》、《汉语大字典》、《现代汉语词典》、《高级汉语词典》及CJK系列全部汉字。并有成语接龙、辞典、中国成语大全等内容。其中,《中华字海》主要由两部分构成:一部分收自现存汉语辞书,如《说文解字》、《玉篇》、《广韵》、《集韵》、《康熙字典》、《中华大字典》等书中的全部汉字;另一部分是历代工具书失收而应该收录的字,其中有佛经难字、道藏难字、敦煌俗字、宋元明清俗字、方言字、科技新造字,以及当今仍在使用的人名和地名用字。此外,流行台湾、香港、澳门地区的俗字,方言字以及在日本、韩国、新加坡等国通行的汉字,书中也予以收录。

汉典网(http://www.zdic.net/),始建于2004年,包括7万多个中日韩汉字和大量成语词汇,支持拼音和部首检索方法,含有大量关于汉语的知识。对每个查询结果的汉字,都给出了标准四字格写法、读音、部首、笔画、繁体写法、总笔画、五笔编码和四角号码等详细信息。汉字分为“基本解释”、“详细解释”、“康熙字典”、“说文解字”多种解释。

4. 查找汉语字词的音、形、义及用法的实例

例5-1 检索“尝一脔肉,而知一镬之味。”——《淮南子·说林训》中“脔”字的读音、含义、用法及出处。

(1) 明确检索要求,选择检索工具。本例要求检索汉字“脔”的相关信息,“脔”为古诗词

中的生僻字，根据字词语汇问题一般查找思路，可查找汉语类字典词典、解字类字典词典，如《康熙字典》、《中华大字典》等。

检索工具有印刷型的字词典，如果手头有，可以使用。另一个较好的选择就是在线字典词典网站，这些网站大都是印刷版字词典的数字化版本，使用比较方便。本例中，选用的检索工具主要是两种字海（叶典）和汉典网。

（2）实施查找。第一步，输入“脔”字到电脑中。在不知“脔”字读音的情况下，如要输入电脑实施查找，可以通过以下方法：一是借助《新华字典》，以部首检字法的方式查出“脔”字的读音为 luán，再以拼音输入法输入电脑；二是使用笔画输入法（如五笔字型、两笔画等）输入，到目标系统中查找。另外，字海（叶典）还提供了“两分”法输入汉字的功能；三是手写输入。不少系统提供手写输入，有外挂的手写输入软件，也有在线的手写输入（如百度的手写输入法），为生僻字的输入提供便利。

第二步，在字海（叶典）中查找，得到“脔”字，结果如图 5-1 所示。

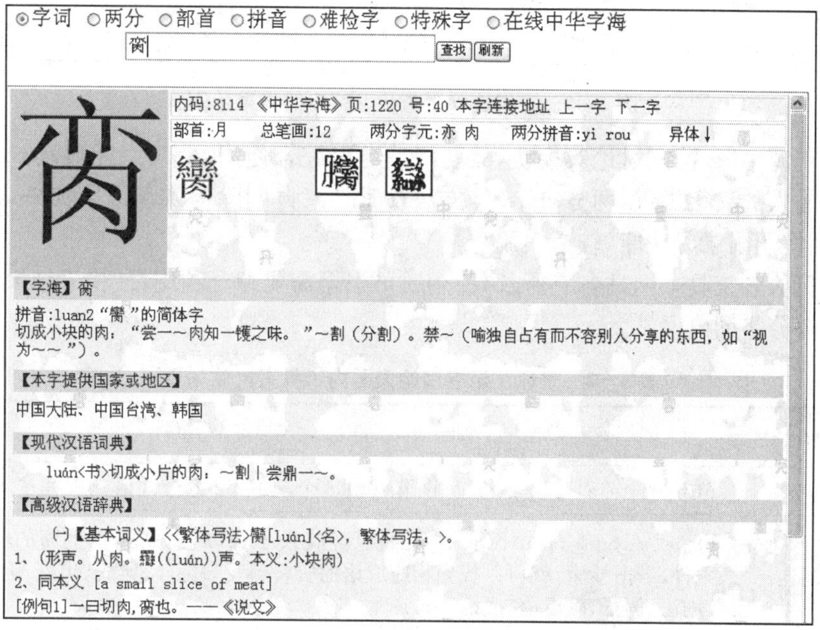

图 5-1　在字海(叶典)中查找“脔”字的结果示例

第三步，在汉典网中查找“脔”字，结果如图 5-2 所示。

（3）归纳查找结果。综合上述两个网站，得出结论：

检索“尝一脔肉，而知一镬之味。”——《淮南子·说林训》中“脔”字的读音为“luán”，含义为“切成小块的肉”，作动词用时，可解释为“切肉成块”。

（4）讨论。汉字的检索，以字典类检索工具为首选。《新华字典》之类的便携式参考工具书，用于查找日常生活中遇到的常用字。但此类参考工具书往往受篇幅的限制，收字少，释义简洁有余而全面不足。检索网上大型的字词典往往因汇总多个信息源，更加适用于需要详细的释义的场合。在实践中，甚至可以综合运用多个网站进行查找，以补充单一系统信息的不足。

比较汉典网和字海（叶典），两站收录的汉字量极为可观，前者为 7.5 万个，后者收录汉字数达 12 万个。汉典网对于某一字词的信息较字海（叶典）详细，包含基本解释、详细解释、

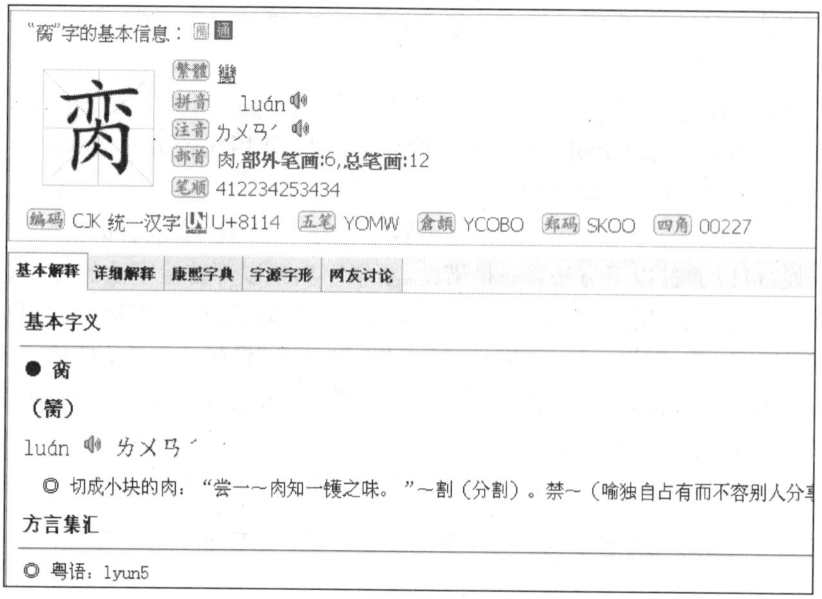

图 5-2　在汉典网中查找"脔"字的结果示例

康熙字典、字源字形、网友讨论等模块，故两网站可以综合使用。字海(叶典)的字词检索功能强，无法输入的汉字提供"两分查字"等方法检索。汉典网除提供汉语字典外，还有词典、成语、诗词、实用附录等功能，较为实用。

由此可见，各工具书网站各有所长，使用时可根据需要综合利用，使检索结果更加全面。表 5-2 是部分字词典网站。

表 5-2　普通汉语字词检索国内工具书网站举要

网站名称	站点简介
在线新华字典	http：//xh.5156edu.com/，收录 20 998 个汉字、52 万个词语。
在线成语词典	http：//cy.5156edu.com/，本站现已经收录 41 833 条成语，在上面的搜索框内输入条件，点击检索，就可以找到相应成语的资料、解释、翻译、典故、出处、近义词、同义词、用法、例子、歇后语、成语谜语。
中华在线词典	http：//www.ourdict.cn/，2005 年 5 月发布。目前共收录了 12 部词典中的汉字 15 702 个，词语 36 万个(常用词语 28 770 个)，成语 31 922 个，近义词 4 322 个，反义词7 691个，歇后语 14 000 个，谜语 28 071 个，名言警句 19 424 个，所有功能一切免费。
东东同义词词典	http：//www.kwuntung.net/synonym/，收词 21 500 条，输入词语查找近义词、反义词。有错别字词典、读音小字典和东东词库链接。
成语词典—金石网	http：//www.kingsnet.biz/Idiom/Index.html，成语数 20 963 个，含成语词典、成语文章、成语故事、成语谜语、成语论坛、成语动画等模块。
字典网	http：//zhongwen.com/zi.htm，国语辞典、台语辞典、中文字典、中文字谱、JDIC 等。
中华诗词网	http：//www.cnpoem.net/dq，中华诗词网：收录最全的诗词网站，近 10 万首诗词。包含精简版(6 253 篇)、大全版(98 948 篇)、国外名诗、成语大全、汉字大全、词语大全等版块。
中文助手	http：//www.chinesehelper.cn/，基于语料库和计算语言学的在线汉语词典字典。

续　表

网站名称	站　点　简　介
爱诗词	http://www.ishici.com/，本站收集古诗、唐诗、宋词、古代古诗词中最经典的诗句16万首以及近代毛泽东诗词、红楼梦诗词、古典名著中的诗词诗歌。内容包括诗词的鉴赏、讲解、解释，其完善的搜索功能特别实用。
亿容搜索	http://www.erong.com/，提供词典、成语、诗词、英汉、汉英、日汉、汉日、法汉、汉法等搜索功能。

5. 外文字词解释及语言翻译对照信息

外语类字典是外语语言学习、研究与交流时的重要参考工具，这类字典有很多，包括英文类字典词典、翻译类字典词典、英汉类字典词典、其他语言类字典词典。网络版的在线翻译平台、单机版的电子字词典、手持式电子词典设备等是印刷版的中外文对照字词典之外的又一理想选择。这些字典的作用包括：了解语词释义，包括原文含义、不同语种对照，为语言学习、研究提供方便；提供句子翻译功能；提供在线翻译，Web页面翻译功能。表5-3是部分文字词解释及语言翻译对照在线工具。

表5-3　文字词解释及语言翻译对照在线工具举要

网站名称	站　点　简　介
百度词典	http://dict.baidu.com/，百度词典搜索支持全面的英汉词典、汉英词典、汉语字典、汉语词典、汉语成语词典功能，以及强大的中英文自动翻译功能。
Google语言工具	http://www.google.com.hk/language_tools?hl=zh-CN，用中文键入一个搜索字词后，Google将在其他语言的网页中查找相应的结果，并将结果译回中文显示。
海　词	http://dict.cn/，在线搜索不重复汉英词条100万条，英汉词条103万条。海词在线词典由美国印第安纳大学的博士范剑淼创建。正式启用于2003年。提供发音、网页划词，MSN机器人和地址栏查词功能等词典应用新模式。
爱词霸	http://www.iciba.com/，爱词霸英语为广大英语学习爱好者提供金山词霸、在线词典、在线翻译、英语学习资料、英语真题在线测试、汉语查词等服务。
雅虎翻译	http://fanyi.cn.yahoo.com/，雅虎翻译—宝贝鱼Babel Fish提供免费的在线文本和网页翻译。
中国在线翻译网	http://www.chinafanyi.com/，主要提供在线翻译(包括免费公告翻译、悬赏公告翻译、专家组在线翻译、机器自动翻译及地名自动翻译)；中国译典(包括专名译典、专业词典、翻译句典、应用文库)以及翻译人才库(译员名录库、译企名录库)。
林语堂当代汉英词典(繁)	http://humanum.arts.cuhk.edu.hk/Lexis/Lindict/，较权威的在线汉英词典，繁体，备有汉字部首索引和汉语拼音检索功能。
颜氏美语(繁体)	http://www.onlinedict.com/，颜元叔教授主编—网路英英/英汉辞典。
有道词典在线版(网页版)	http://dict.youdao.com/?keyfrom=fanyi.top，有道词典在线版(网页版)，网易出品。主要功能为：查词典；在线翻译；英汉、汉英、英英、日汉、韩汉、法汉、汉语词典(字典)查询；网络释义；海量例句；单词发音。有道翻译还支持网页翻译，在输入框直接输入网页地址即可。

续表

网站名称	站点简介
ANTONYM Finder and SYNONYM Thesaurus	http: //www. synonym. com/synonyms/，英语单词的同义词、反义词、定义搜索。
剑桥在线辞典	http: //www. merriam-webster. com/，包括剑桥国际英语辞典、美国英语辞典、国际短语辞典及国际习语辞典，英文。
Oxford English Dictionary	http: //dictionary. cambridge. org/，牛津英语大词典在线版，须注册才能使用，英文。
American Sign Language Dictionary	http: //www. masterstech-home. com/ASLDict. html，美国形体语言在线词典。
Onelook Dictionary	http: //www. onelook. com/，英语、法语、德语、意大利语、中文五种语言 1 063 本词典，19 317 398 个单词的在线检索，内容权威。
Webster's Collegiate Dictionary	http: //www. merriam-webster. com/netdict. htm，韦氏大词典在线版，使用方便，英文词汇多。
Acronym Finder	http: //www. acronymfinder. com/，缩略语查找网站，提供缩略语 500 万条、100 万条定义、85 万条美国与加拿大的邮政编码信息。

5.2.3 学科名词术语及其查找

1. 学科名词术语信息查找途径

(1) 综合性和专科性参考工具书。综合性参考工具书收录资料比较齐全，因此对于需要查检的人文社科学科名词、术语，倘若难以判断其归属时，首先可以利用取材广泛、内容丰富的综合性词典(百科词典)、百科全书、辞书等。当需要查找专深的学科名词、术语时，专科性参考工具书是理想选择。这类词典种类繁多，一般价格不菲，可以到图书馆等文献情报机构查找。

工具书集成检索系统为术语检索提供了便利，如中国工具书网络出版总库、中国工具书资源全文数据库等。有些专科性词典等也可以找到其电子版或网页版。

(2) 术语信息导航网站。由于特定学科的术语信息的查找极为困难、又费时。有些机构建立了术语信息导航网站，收集相应的术语站点和术语信息，方便网民选择使用。如 Glossarist 网站(http: //www. glossarist. com/)将网络中的各种术语信息搜集到一起，按学科门类进行导航，并建立统一检索系统，用户在一界面可以检索出不同术语表/词典/网站对同一术语的不同解释。当然，由于信息来自不同的网站，这些站点更新、停止服务等原因导致部分网站无法访问的情况时有发生。

(3) 学术文献中的术语信息检索。图书、期刊论文、会议论文等学术文献中经常出现研究者对学科名词术语的解释与引用。因此，从这些文献搜索定义也是获取术语信息的好办法。如读秀(http://www. duxiu. com)可以实现学术文献的全文搜索、章节信息搜索，如有使用权限，不失为一捷径；中国知网的 CNKI 知识元数据库(http: //define. cnki. net)的学术定义搜索开辟了术语信息搜索的新路，它的内容来源于中国知网的全文数据库，涵盖了文、史、哲、经济、数理科学、航天、建筑、工业技术、计算机等所有学科门类。只需简单地输入和点击操作，就可以得到想要查询词汇的准确定义，并且可直接查询定义出处，通过这种一站式搜索可洞察不同研究人员对同一术语的争鸣。

(4) 中外文术语名称对照信息检索。由于语言与文化的多样性，经常会有使用中文的读者不知一事物名词的外文表达。使用双语字词典在一定程度上可以解决这个问题，但是对于专业性较强的、新生的事物，双语字词典的效果就不一定好了。目前互联网上存在大量的中外文对照文献，他人的译文将为同一事物的不同语言表达提供了线索。另外，学术期刊论文、会议论文发表时提供的题名、著者、关键词摘要中外文对照信息具有很强的关联参考价值。相关机构基于上述现象开发了中外文术语名词对照信息的检索系统。前者如以有道(http: //www. youdao. com/)、金山词霸(http: //www. iciba. com/)为代表提供的例句检索、在线翻译功能。后者如中国知网的 CNKI 翻译助手(http: //dict. cnki. net/)。

CNKI 翻译助手汇集了从中国知网系列数据库中挖掘整理出的 800 余万条常用词汇、专业术语、成语、俚语、固定用法、词组等中英文词条以及 1 500 余万条双语例句、500 余万条双语文摘，形成海量中英在线词典和双语平行语料库。数据实时更新，内容涵盖自然科学和社会科学的各个领域。不同于一般的英汉互译工具，CNKI 翻译助手是以中国知网所有文献数据为依据，它不仅提供英汉词语、短语的翻译检索，还可以提供句子的翻译检索。不但对翻译需求中的每个词给出准确翻译和解释，给出大量与翻译请求在结构上相似、内容上相关的例句。

2. 学科名词术语信息查找实例

例 5-2 查找“盈余管理、配股融资与上市公司业绩滑坡的关系”中相关概念的定义。

(1) 课题分析。查找概念定义属于典型的专业术语检索。经分析，本课题包含“盈余管理”、“配股”、“融资”、“上市公司”。这里选择其中的“盈余管理”为例介绍检索过程。

(2) 检索实施和部分结果。选用百度等中文搜索引擎和 CNKI 知识元数据库。

1) 检索 CNKI 知识元数据库，得到 10 条检索结果，以下是前两条检索结果：

定义 1：对盈余管理的定义是：盈余管理是在公认会计原则限制的范围内，为了把盈利调整到满意水平而采取有计划行动步骤的过程。

源自：王玉兰. 盈余管理行为及其后果相关问题探讨[J]. 技术经济，2004.

来源文章摘要：一、盈余管理的本质含义盈余管理顾名思义，即是对盈余(利润)实施的管理，其中心目标是使利润达到某些人的要求，在西方被称为“市场参与者的游戏”，美国戴维森等人在其所著的《会计：商业语言》一书中，对盈余管理的定义是：盈余管理是在公认会计原则限制的范围内，为了把盈利调整到满意水平而采取有计划行动步骤的过程。根据我国魏明海的研究，盈余管理是指企业管理当局为了误导其他会计信息使用者对企业经营业绩的理解。

定义 2：盈余管理是指企业管理当局出于某种动机，利用法规政策的空白或灵活性，通过各种手段对企业的盈余进行调节的行为。从本质上讲，盈余管理显然是一种利润操纵行为，但利润操纵是通过违法的手段弄虚作假，人为地造成利润的增加或减少。

源自：李洁. 企业盈余管理存在的根源[J]. 经济论坛，2004.

2) 利用中文搜索引擎——百度检索。构建检索策略“intitle:盈余管理（定义|是指|意思是|什么是|是关于|何谓|何为）”，检索式的含义为：检索网页标题中含有“盈余管理”一词，同时在同一个页面中出现“定义”、“是指”、“意思是”、“什么是”、“是关于”、“何谓”、“何为”其中之一的网页。检索后共得到 6 200 个结果，图 5－3 是检索结果的页面截图。

盈余管理_百度百科
六、盈余管理的治理对策什么是盈余管理 权威性的定义 盈余管理是目前国外经济学...所谓明确是指盈余管理的主要目的在于获取私人利益，这点是可以充分加以肯定的。盈余...
baike.baidu.com/view/1039443.htm 2011-12-4 - 百度快照

什么是盈余管理？-天涯问答
盈余管理是近来会计学界研究的热点问题之一，但关于盈余管理的概念，会计学界一直...在雪珀的定义中，盈余管理不仅仅指对会计收益的调整和控制，而且包括对其他会计...
wenda.tianya.cn/wenda/thread?tid=50bbd8ca ... 2012-1-22 - 百度快照

盈余管理的定义及其意义研究_百度文库
对于盈余操纵本文是这样定义的：“盈余操纵”是指管理层使用会计手段（如在会计选 择中使用个人的判断和观点）或通过采取实际行动努力为将企业的... 5页 浏览:102次
wenku.baidu.com/view/3aa585d6b14e852458fb ... 2011-6-6 - 百度快照

【盈余管理】的意思_什么是盈余管理_有道词典
在雪珀的定义中，盈余管理不仅仅指对会计收益的调整和控制，而且包括对其他会计...盈余管理所瞄准的方向正是会计数据的信息含量和信号作用。关于盈余管理的“经济...
dict.youdao.com/wiki/**盈余管理**/ 2012-1-19 - 百度快照

图 5－3　利用百度检索“盈余管理”定义得到的部分结果的页面截图

（3）案例讨论。

检索专业术语信息，是为了解课题的背景知识、研究目的和研究性质，为课题概念分析和文献检索做准备。因此术语检索的权威性、专业性要求较高，同时由于同一概念有不同的描述或定义，如果能够获得同一术语的不同描述，将很有启发意义。这是在选用参考工具、信息源和选择检索结果时必须考虑的问题。

术语信息数据库（网站）由于其权威性、学术性，检索结果准确，成为术语信息检索的比较理想的方式。如中国知网的学术定义搜索，检索结果丰富准确，定义更新及时，是学术定义信息检索的新途径。但其结果是基于中国知网的学术论文库搜索得到的，对术语的定义与论文的语境有很大关系，需要使用者对检索结果进行比较筛选。从百度检索得到的结果的质量相差较大。图 5－3 中前一条结果是网民对什么是盈余管理这个提问给出的一个回答，后一条结果来自一篇网上的论文。与中国知网学术定义搜索得到的结果比较，百度的这两个结果因缺失专家审核，其内容的可靠性需要使用者考虑。

另外，综合性或专业性的词（辞）典也可检索专业术语信息，与网络型检索工具（如中国知网、百度知道）相比，前者更成熟，而后者能更及时反映最新的专业词汇。

表 5－4 是部分人文社科专业术语信息检索工具。

表 5-4　人文社科专业术语信息检索工具举要

网站名称	站　点　简　介
词都网	http：//www. dictall. com/，超过 500 万条不重复词条的专业词典，涵盖了基础科学、工业技术、医药卫生、农业、文化历史、社会科学、经济管理、电子技术、信息科学等各个方面，并且不断更新以获取最新的词汇和知识。
OneLook Dictionary Search	http：//www. onelook. com/，词汇搜索引擎，来自 1 063 本词典的 19 212 906 个词汇，提供定义、单词与词组查找及翻译功能。
Bartleby 参考网	http：//www. bartleby. com/reference/，美国最大的免费在线参考网站，以收藏经典参考书、诗歌、小说为主，提供大量免费的电子图书。下有 Columbia Encyclopedia，Roget's Thesauri，American Heritage Dictionary，Columbia History of English and American Literature 等众多参考工具书，更新快，内容丰富。用户检索时可整库检索，也可分为参考书、诗歌、小说、非小说四个部分检索，还可选定某一特定工具书检索。
法律与经济学资料库	http：//www. findlaw. com/，综合性的经贸与法律大辞典，可按类别和题目搜索。
AmosWorld 经贸术语汇编	http：//www. amosweb. com/，AmosWorld 经贸术语汇编，由俄克拉荷马州立大学经济学教授 Orley Amos 博士编写的经贸术语大辞典。

5.3　事实信息检索

生活和学习中碰到的“何物”（what）、“何人”（who）、“何地”（where）、“何时”（when）、“为何”（why）和“如何”（how）之类问题都是事实问题。事实作为认识论范畴通常指已被正确认识到的客观事物、事件、现象、关系、属性、本质及规律性的总称。解决事实问题的最好的起点是百科全书，其他检索工具如手册、年鉴、类书、网站和 FAQ（常见问题）等也可以不同程度地回答这些问题。

5.3.1　综合性事实信息源

1. 综合性百科全书

（1）国内综合性百科全书。

《中国大百科全书》由中国大百科全书编辑委员会、中国大百科全书出版社编辑部编辑出版，是中国第一部大型综合性百科全书，也是世界上规模较大的几部百科全书之一。1978年，国务院决定编辑出版《中国大百科全书》，并成立中国大百科全书出版社。《中国大百科全书》第一版历时 15 年，于 1993 年出版，共 74 卷；第二版历时 14 年，共 32 卷，于 2009 年出版。它充分吸收了当今世界各个学科和知识领域的最新成果，共 32 卷，60 000 个条目，30 000 幅图，1 000 幅地图，共 6 000 万字，是一部现代大型综合性的百科全书。

1999 年 10 月面世的《中国大百科全书》图文数据光盘，集 74 卷书于 24 张光盘之内，具有分类目录检索、主题词目录检索、拼音目录检索、外文目录检索、模糊检索等十余种检索功能，其检索速度远远快于手工检索，使您在浩如烟海的文献资料中能迅速便捷地查找所需知识。

《中国大百科全书》(网络版)(http://cndbk.net/EcphOnLine/index.html)以《中国大百科全书》和中国百科术语数据库为基础,内容全面、数据权威,共收条目约8万条,图片5万余幅,可满足图书馆数字资源建设的需求,检索手段完善,数据可扩充。

《中国百科年鉴》是中国大百科全书出版社编辑,1980年起连续出版的一种大型综合性工具书。1980年前的《中国百科年鉴》称为《人民手册》。该年鉴按年度反映上一年全国各个方面的动态和成就等。而创刊本则追溯了建国以来各方面的发展情况。内容分四部分:一特载,反映党政领导人的重要讲话及文献;二概况,反映我国和国际基本情况;三百科,下分若干类目,各个学科,各个领域的进展和成就,有综述,有专题报道,有统计数字和图像资料等;四附录,包括年度大事记和其他有关知识等。使用时可从书前分类目录入手,也可利用书末的内容分析索引。

(2) 国外综合性百科全书。

《国际社会科学百科全书》(International Encyclopedia of the Social Sciences),共有18卷。该书重点内容为社会科学的基本理论、方法论、心理学和社会学等。条目撰写方法侧重于分析比较研究。编撰者来自世界三十多个国家,共1 500余名,是社科检索工具书中的巨著,它的出版被西方认作当代社会科学"重要的历史事件"。

《美国百科全书》(Encyclopedia Americana),共有30卷。最后一卷为全书的内容索引。正文共有五万余条条目。按字顺编排。由51名顾问及6 000多名撰稿者通力合作而成,其内容可靠,可读性强,是世界著名ABC三大百科全书之A。约3 150万个词,收录约6万个条目。该书中19世纪以来的美国人物资料比其他百科全书来得齐全。

《不列颠百科全书》(Encyclopedia Britainnica),又称《大英百科全书》,共有30卷。该书素以学术性强,权威性高而著称,是一部享有很高声誉的大型综合性百科全书,是世界著名的ABC三大百科全书之B,有两百多年的历史。主要适应大学以上文化水平的研究人员和读者的学习和检索的需要,收录有相当的专业性材料。

《科里尔百科全书》(Collier's Encyclopedia),共有24卷。该书是20世纪新编的大型综合性百科全书,为世界著名的ABC三大百科全书之C。其特点为适用对象广泛,雅俗共赏,材料更新及时,内容新颖可靠,重事实轻论点。参考书目的编选为各家百科全书之冠,具有帮助自学的教育作用,其中的"学习指南"是该百科全书的另一特点,它把条目内容与学校课程联系起来,对于学习参考很有益处。

(3) 网上的百科全书。

国内的印刷版百科全书如果同时运行网上百科全书的,通常以收费方式访问,如中国大百科全书网(http://www.ecph.com.cn)。开放式的网上百科全书则通常可以免费访问,如互动百科(http://www.hudong.com),是全球最大中文百科网站,创建于2005年7月18日,致力于为数亿中文用户免费提供海量、全面、及时的百科信息,并通过全新的维基(wiki)平台不断改善用户对信息的创作、获取和共享方式。截至2011年11月,互动百科已经发展成为由超过415万用户共同打造的拥有583万词条、58.9亿文字、618万张图片的百科网站。中国百科网(http://www.chinabaike.com/)设置了全国百科、百科词条、成语词典、汉英词典、百科目录、汉语词典、百科问答、英汉词典、诗词大全等栏目,内容极为丰富。又如智慧藏百科全书网(http://www.wordpedia.com/)提供权威的百科全书,包括《大英百科全书》、《大英简明百科》、《中国大百科全书》、《远流字典通》等,但这个网站的部分内容需要收费使用。再如出版于2000年的第6版《哥伦比亚百科全书》(Columbia

Encyclopedia,http://www. bartleby. com/65/)是世界上最大的单卷本百科全书,包含51 000篇文章,40 000 条文献信息,80 000 条索引。世界大全(World Fact Book,http://www. cia. gov/cia/publications/factbook)是美国中央情报局同名印刷本出版物的网络版,收录有世界上 250 个国家和地区的介绍性文字资料和统计数据。这类网上百科全书提供免费使用。

2. 类书

类书是古籍中辑录各种门类或某一门类的资料,按照一定的方法编排,便于寻检、征引的一种工具书。

《古今图书集成》由(清)陈梦雷等原编,蒋廷锡奉敕校补。该书是我国现存规模最大、内容最丰富、使用价值较高的一部类书。全书共设 10 000 卷,目录 40 卷,合计 1.6 亿字。中华书局 1986 年出版的影印本,分装 80 册,附考证 1 册、索引 1 册,全书分为历象、方舆、明伦、博物、理学、经济等汇编。汇编下分 32 典,典下又分 6 109 部。它集古代图书之大成,收录古代社会各方面的资料,其中保存明代文史资料特多,西学传入也多有反映。此书不仅收录丰富,而且分类细致,体例完善,条理清晰,检索比较方便。但它的类目名称与现在通常的说法有距离,为方便检索,1911 年英国翟理斯编撰了《古今图书集成索引》,为查考该书提供了方便。

《十通》是记载历代典章制度的十部政书,可分为三大系统。《通典》和它的两种续书(《续通典》、《清朝通典》)成一系统,称为"三通典";《通志》和它的两种续书(《续通志》、《清朝通志》)为一系统,又称"三通志";《文献通考》和它的三种续书(《续文献通考》、《清朝文献通考》、《清朝续文献通考》)成一系统,又称为"四通考"。查找"十通"中的典章制度资料的索引是《十通索引》。

表 5－5 是部分知名的类书。

表 5－5　知名类书举要

类书名称	内　　容　　简　　介
皇　览	被认为是我国最早的类书。三国魏文帝曹丕诏命,由儒臣王象等人纂集经传,摘录典籍,随类相从。延康三年(公元 220 年)成书。分 40 多部,每部数十篇,合计 1 000 余篇,800 多万字。它记载有关治乱兴衰之史迹,或为施政借鉴,或为赋诗撰文采取典故、辞藻之用。
艺文类聚	唐初年由高祖李渊下令编修,欧阳询主编,武德七年(624 年)成书。分 46 部,列子目 727 个,全书约百余万言。所引用的古籍共为 1 431 种。
太平御览	北宋李昉、李穆、徐铉等编纂,以群书类集之,分 55 部 550 门而编为千卷。全书以天、地、人、事、物为序,书中共引用古书 1 000 多种,保存了大量宋以前的文献资料。
佩文韵府	清代官修大型辞藻典故辞典之一,专供文人作诗时选取辞藻和寻找典故,以便押韵对句之用的工具书。清张玉书、陈廷敬、李光地等七十六人奉刺编撰。康熙五十年(1711 年)成书。其正集 444 卷,单字约 10 000 个,引录诗文辞藻典故约 140 万条。
永乐大典	明永乐元年(1403 年)明成祖朱棣命解缙等人纂修大型类书,永乐二年(1404 年)成书,是一部大型类书,收录入《永乐大典》的图书均未删未改,是中华民族珍贵的文化遗产。
四库全书	清乾隆时编纂。1772 年开始,经十年编成。是中国古代最大的一部官修书,也是中国古代最大的一部丛书,分经、史、子、集四部,故名四库。据文津阁藏本,该书共收录古籍 3 503种,79 337 卷,装订成 36 000 余册,保存了丰富的文献资料。

3. 综合性年鉴

现代综合性年鉴是“社会变化的资料源”，是一种按年度汇集各国概况、人物、事件、经济、文化、生活等资料，提供详尽的事实、数据和统计数字，反映社会发展动向及科学文化进步的出版物。部分常用综合性年鉴及数据库如表 5-6 所示。

表 5-6 常用的综合性年鉴及数据库举要

类书名称	内 容 简 介
中国百科年鉴	中国大百科全书出版社 1980 年起出版，这是我国第一部百科全书性的大型年鉴，为配合《中国大百科全书》而编辑出版。
中国年鉴网络出版总库	http://acad.cnki.net/Kns55/brief/result.aspx?dbPrefix=CYFD，由中国知网开发的国内最大的连续更新的动态年鉴资源全文数据库。内容覆盖基本国情、地理历史、政治军事外交、法律、经济、科学技术、教育、文化体育事业、医疗卫生、社会生活、人物、统计资料、文件标准与法律法规等各个领域。含国内的中央、地方、行业和企业等各类年鉴的全文文献，共 2 326 种、17 540 本、14 683 072 篇。收录年限从 1912 年至今。访问受 IP 限制。
中国统计年鉴	国家统计局出版，该年鉴通过收录全国和各省、市自治区经济和社会发展各方面的统计数据，全面反映上一年我国经济和社会发展的情况，资料具有权威性。中国经济社会发展统计数据库(http://tongji.cnki.net/kns55/index.aspx)为中国统计年鉴的挖掘版，共有统计年鉴(资料)702 种，4 391 册，共计 1 638 645 个条目。
中国年鉴资源全文数据库	由北京方正阿帕比技术有限公司参与建设，收录经新闻出版总署批准正式出版的各种年鉴约 1 500 种，8 000 多卷年鉴资源。其中包括各类统计年鉴 600 余种，约 4 000 卷。覆盖了我国国民经济及社会发展的各个领域和地区，以国民经济和社会统计类、国情地情综合类为主，已形成较权威的综合反映我国国情地情的信息资源体系。

5.3.2 专科性事实信息源

各个学科都有大量的纸质版和网络版专科性事实信息工具书，不过目前实践中使用的工具书多数为纸质版或者为相应的数字化工具书。表 5-7 是部分专科性事实信息工具书。表中所列的工具书在中国知网的中国工具书网络出版总库中基本都可以找到。表中一并列出的还有 20 世纪 90 年代后出版的各个学科的文献信息检索教材，因为这些教材集中了大量专科性事实信息源。需要说明的是，《中国大百科全书》各学科分册是各个学科的权威工具书，上一节中已有提及，这里不再列出。

表 5-7 专科性事实信息工具书以及检索指南举要

学 科	信 息 源
经济学	《经济学百科全书》，弗兰克·N·马吉尔，中国人民大学出版社，2009 年出版
	《国际经济贸易标准文本实用手册》，刘华忠、李国茹主编，吉林人民出版社，2002 年出版
	《国际贸易结算实务全书》，秦宝宏主编，对外贸易出版社，1995 年出版
	《国际经济贸易知识全书》，国际贸易研究所编，中国经济出版社，1993 年出版
	《经济信息检索》，高峰编，经济科学出版社，2005 年出版

学 科	信 息 源
中国语言文学	《中国文学研究年鉴》,本书编委会编,中国社会科学出版社,1981 年、1982 年、1988 年出版
	《中国古代名句辞典(修订本)》,陈光磊等编,上海辞书出版社,2002 年出版
	《现代派文学辞典》,贾勤著,新世界出版社,2010 年出版
	《外国小说鉴赏辞典》,朱宪生主编,上海辞书出版社,2009 年出版
	《语言文学文献检索与利用》,潘树广主编,武汉大学出版社,1988 年出版
语言学	《剑桥语言百科全书》,克里斯特尔编著,朱永生等译,湖南教育出版社,1992 年出版
史学	《中国近现代史大典》,本书编委会编,中共党史出版社,1992 年出版
	《中国近现代人名大辞典》,李盛闰主编,中国国际广播出版社,1989 年出版
	《世界史编年手册》,(美) 威廉·兰格主编,三联书店,1980 年起陆续出版
	《二十六史精要辞典》,门岿等编,人民日报出版社,1993 年出版
	《中外历史年表》(上册:公元前 4500 年～公元 1918 年;下册:公元 1919～1957 年),翦伯赞主编,三联书店 1958 年版,中华书局 1961 年新一版
	《二十世纪中国大事全书》,张宏儒等编,北京出版社,1993 年出版
图书馆学情报学档案学	《新编图书馆学情报学辞典》,丘东江主编,科学技术文献出版社,2006 年出版
	《档案工作全书》,陈兆祦等主编,中国人民大学出版社,1992 年出版
	《中国档案年鉴》,国家档案局编,档案出版社,2007 年出版
社会学	《中国社会学年鉴:1979～1989》,中国社会科学院社会研究所编,中国大百科全书出版社,1989 年出版
	《中国社会学年鉴(1995.7～1998)》,陆学艺编,社会科学文献出版社,2000 年出版
	《中国社会学年鉴 1999～2002》,景天魁主编,社会科学文献出版社,2004 年出版
	《社会学百科全书(第二版)》,Gale Macmillan(盖尔-麦考林)出版社,2003 年出版
考古学	《考古工作手册》,中国社会科学院考古研究所编,文物出版社,1982 年出版
	《中国考古学年鉴》,中国考古学会编,文物出版社出版,1984 年起由中国考古学会秘书处编辑、文物出版 19 出版,每年一卷,已出 2005 年卷
	《中国古代陶瓷》,李知宴编,商务印书馆,1998 年出版
法学	《国外知识产权法律纵览》,惠永正主编,科学技术文献出版社,1995 年出版
	《中文法学工具书辞典》,杜学亮编,知识产权出版社,2006 年出版
	《中华法学大辞典》,宋英辉、陈光中、高铭暄等编,中国检察出版社,1995 年起出版
	《法律文献检索》,戴勇敢编,中国人民公安大学出版社,2004 年出版
管理学	《企业管理学大辞典》,陈佳贵主编,科学出版社,2000 年出版
	《中国政府公务百科全书》,王嵩山等著,中共中央党校出版社,1994 年出版
	《工商行政管理法律适用全书》,中国法制出版社,2012 年出版
	《国际工商管理百科全书. 第二卷》,马尔科姆·沃纳(Malcolm Warner)主编;卢昌崇中文版主编;卢昌崇、王庆石、孟韬卷主编,中国人民大学出版社,2008 年出版

续表

学科	信息源
美术学	《古今书画价格指南》，张秀章、享英连等编，大连出版社，1997 年出版
	《中国版画年鉴》，(最新为 2002 年版)本书编委会编，辽宁美术出版社，2003 年出版
	《艺术文献检索与利用》，潘树广主编，浙江美术学院出版社，1989 年出版
影视学	《世界电影百科全书》，C·N·尤特凯维奇著、杨海明等译，社会科学文献出版社，1993 年出版
	《中外电影剧作技巧大全》，朱玛编著，四川大学出版社，1985 年出版
	《百年中国电影精选》，中国电影资料馆编撰，中国社会科学出版社，2005 年出版
	《商品广告保险单设计及管理实务大全》，本书编写组编，中国经济出版社，1994 年出版
体育学	《世界体育大事典》，本编委会编，中国致公出版社，1993 年出版
	《奥林匹克射击(奥运会项目大全)》，俞继英编，人民体育出版社，2004 年出版
	《体育文献信息的检索与利用》，孟明亮编著，人民体育出版社，2004 年出版
地理学	《中国的名山大川》，谢凝高编，商务印书馆，1997 年出版
	《20 世纪中国学术大典·地理学》，吴传钧等编，福建教育出版社，2002 年出版

5.3.3 人物机构信息源

1. 人物信息源

人物信息主要集中在传记资料中，也包括在报刊文章、自传、回忆录、日记、通信集、家谱、方志和机构指南中，高效率地查找这些资料，离不开工具书和数据库。

(1) 印刷版传记。传记是查找人物信息的首选信息源。对于中国历史人物，除了传记之外，还可以利用史书人名索引，如《二十五史纪传人名索引》(上海古籍出版社出版)。该索引根据上海古籍出版社和上海书店 1986 年联合影印的《二十五史》(《二十四史》加《清史稿》)以及中华书局出版的点校本《二十四史》、《清史稿》编制。

人物年谱目录也是查找人物信息的重要信息源。年谱是人物的编年体传记，要了解某人有没有年谱，需要用年谱目录。由谢巍编撰，中华书局 1992 年出版的《中国历代人物年谱考录》收录 1983 年前出版的海内外所藏及历代文献著录的年谱 6 250 多种，谱主 4 000 多人。

(2) 印刷版人物图像。《中国历代人物图像索引》，由瞿冠群、华人德主编，江苏教育出版社 1994 年出版，收录上古至清末，包括少量卒于民国以后而主要活动在清朝的人物，引用载有人物图像的图书 663 种。

(3) 网上人物信息源。普通网页上的人物信息从名人到普通百姓，信息十分丰富。百度和 Google 等搜索引擎是检索人物信息的利器。检索时，可以尝试在姓名之外加上一些限定词，例如所在单位、身份、职称等相关信息，能增加搜索的准确性。利用部分图书期刊数据库也提供作者或正文中的人物信息的检索功能，或者利用同学录、寻人网站等也可检索人物信息。表 5-8 是部分人物信息检索的网站。

表 5-8　人物信息检索网站举要

网站名称	站　点　简　介
天涯在线书库—人物传记	http://www.tianyabook.com/renwu.htm，包括中国古代人物传记资料、中国现代人物传记资料、中国人物纪实、外国人物的传记、二战将帅系列传记。
中国古代人物传记	http://blog.cnread.net/cnread1/jswx/index.html，提供中国古代人物传记，具体类目包括诸子传、帝王权臣传、才子传、其他名人等。另有中国现代人物传记、外国人物传记、中国人物纪实、外国人物纪实等栏目。
人物春秋	http://www.renwu.net，包括品人录、人物资料库、人物网站等栏目。
中国家谱网	http://www.chinajiapu.com，以家谱为纽带，介绍了全国近500多个姓氏的源流及历史人物、历史典故、分布范围、家谱收藏研究等多方面的内容。
中国历代名人图像数据库	http://www.zjlib.net.cn/pics/，苏州大学图书馆始建于2002年4月，收录中华5 000年文明史中有文字记载的名人图像资料。包括名人姓名、生卒时间、身份功名、字号别称、出生籍贯、所属时代、图片说明等内容。
中国资讯行中国人物库	http://www.chinainfobank.com，提供详尽的中国主要政治人物、工业家、银行家、企业家以及其他著名人物的简历及有关资料，信息来自中国800余种公开资料。
优　库	http://www.ucloo.com，中文垂直搜人引擎，信息由程序取自网络资源，包括网站、出版物、电子文书等。
Who where	http://www.whowhere.lycos.com，Who where 是一个老牌的寻人网站，可以搜索电子邮件地址、电话与地址和公众信息。
新华社国内国际人物库	http://www.info.xinhua.org/，收集国际国内知名人士的简历、主要业绩、工作和生活活动情况。目前人物库收录国内外知名人士8万多人的资料，共有12万多篇数据，访问受IP限制。
读秀图书搜索引擎	http://www.duxiu.com，在"全部字段"模式下输入要检索的人名，可在200万种图书的全文中，得到存在于图书中的大量人物信息，并可以免费看到部分具体内容。
万方数据库科技名人子系统	http://www.wanfangdata.com.cn/，囊括了我国(含台湾地区)8 287余名著名科学家(含两院院士)、工程师及从事科研管理工作人员的全部信息。
Yahoo 寻人搜索引擎	http://people.yahoo.com，使用Yahoo的寻人搜索引擎，提供的资料可繁可简，即使只有姓名的一部分，也能让你有所发现。当然，如果有更详细的信息，自然可以更准确地找到目标。

2. 机构信息检索源

（1）印刷版机构名录。名录是将机构名、人名、地名以及其他事物名称汇集在一起，按分类或字顺加以排列，并对相关事项予以简要揭示和介绍的工具书，大都由机构实体、出版单位及人事部门协作编辑。下面是几种比较著名的印刷版机构名录。

《中国政府机构名录》，由新华通讯社《中国政府机构名录》编辑部编辑，中央文献出版社2005年出版。该书是继《中国政府机构名录》关于中国政府机构有关资料的权威性大型工具书，分为中央卷和地方一至五卷，共六卷，刊登的内容包括收录机构的名称、地址、邮政编码、电话、传真、E-mail、负责人姓名以及司局(厅)级以上单位的主要职能等信息。

《中国社会团体组织大全(全三卷)》，由本书编写组编写，专利文献出版社1998年10月出版。该书精选了中国(含港、澳、台及海外华侨社团)2万多个最具代表性的社会团体组织的名称、邮编、电话、机构、成员、刊物、性质、宗旨、任务、成立时间等,是中国唯一的一部收入各类协会、学会、联合会、研究会、基金会等社会团体和组织的大型工具书。

《国际组织手册(修订版)》,由新华社国际资料编辑室编,中国对外翻译出版公司1998年出版,收录目前世界上影响较大、比较稳定的国际和地区性组织(不包括联合国机构)信息,内容包括介绍其总部、成立经过、总部所在地、宗旨、成员、下属机构及主要负责人、出版物、主要活动、与我国的关系等。各组织机构按其名称首字的笔画数编排,重要项目有中英文对照。书中备有中、英文目录索引,还收录了有关国际奖金和奖章的资料。

《中国企业集团大全》,由覃虹主编,新华出版社2002年出版,收录在全国有较强实力和影响力的大型企业和企业集团5 000余家。内容包括企业集团改革和发展的主要成就、主营业务、资产规模、销售收入、利润总额、投资方向、职工人数等内容,另附有企业法人代表、通讯地址、邮政编码、电话、传真、网址、电子信箱等。

(2) 网络版机构名录信息源。利用搜索引擎或直接访问机构网站,可以在网上查询有关机构的即时信息。近年来,许多企业和商业性机构纷纷建立自己的网站,政府的大多数机构也已经上网,如中国上海(http://www.shanghai.gov.cn)提供了上海市政府各部门的机构情况。这些机构的信息都可以通过搜索引擎或直接访问加以获取。

专业的机构搜索网站及黄页网是机构检索的捷径,表5-9是部分机构搜索网站及黄页网。

表5-9 机构搜索网站及黄页网举要

网站名称	站点简介
企搜	http://www.qisou.cn/,提供专业的中文企业和产品搜索服务,目前企搜已经涵盖中国地区2 300万家企业及其产品的搜索服务。
中国黄页在线	http://www.yp.cn/,免费提供中国企业信息的查询,可按地区查询、按分类查询、按检索词检索。提供的企业信息包括公司名称、网址、E-mail、地址、邮编和电话等内容。
中国电信黄页	http://www.locoso.com/,中国电信集团黄页信息有限公司,提供从分类角度检索企事业信息数据,目前库内号线量达到1 200万。
114中国	http://www.114china.com/,检索全国乃至全世界各单位的电话号码,同时能检索单位名称、联系人、传真、邮编、职工人数、主要产品(或服务)、E-mail及网站等信息。
中国企业、公司及产品数据库	始建于1988年,由万方数据联合国内近百家信息机构共同开发。十几年来,CECDB历经不断地更新和扩充,现已收录96个行业的近20万家企业详尽信息,是国内外工商界了解中国市场的一条捷径。国际著名的美国DIALOG联机系统更将CECDB定为中国首选的经济信息数据库,而收进其系统向全球数百万用户提供联机检索服务。

5.3.4 事实信息检索案例

例5-3 要求检索我国少数民族数学家、天文学家明安图的生平,及其现代学者对明安图的评价。

(1) 课题分析。

本课题有两个要求，首先是要检索明安图的生平，可以考虑选利用搜索引擎、在线的百科全书、工具书等，如《中国大百科全书》网络版、中国工具书网络出版总库。其次是要了解现代学者对他的评价，则可考虑用期刊论文、报刊论文等检索工具，如中国知网的中国学术期刊网络出版总库。

(2) 选择使用网络检索工具，检索相关内容

1) 使用搜索引擎检索。选择百度(www. baidu. com)，检索词使用“明安图”，找到相关网页约 10 900 篇，其中第一篇为百度百科的词条：

明安图_百度百科

明安图，字静庵。是历史上少有的多学科科学家之一。他学识渊博，研究领域广，不仅在数学研究中有重大突破，而且在天文历法、地图测绘等方面都做出了巨大贡献。他是著名的数学家、天文历法学家和测绘学家。共 15 次编辑

baike. baidu. com/view/69826. htm 2011 - 11 - 25

点击链接，进入词条，即可查看相关介绍，详细结果略。

2) 使用中国工具书网络出版总库。检索中国知网的中国工具书网络出版总库(http://gongjushu. cnki. net/kns50/crfd/index. aspx)，检索词使用“明安图”，找到来自 178 种检索工具书的 178 条记录。以下是其中的一条，如有使用权限，可点击查看全文：

明安图

清代天文学家、数学家。字静庵，蒙古正白旗人。青年时在清宫曾参加汇编《律历渊源》，公元……明安图在数学方面的贡献，主要是“积思三十余年，著《割圆密率捷法》四卷”(《清史稿・明安图》)十七世纪后期欧洲数学已进入变量数学时代。但在中国，1723 年《数理精……字数：750 -来源：简明自然辩证法词典

3) 使用《中国大百科》网络版 (http://ecph. cnki. net)

全文检索，在检索框中输入“明安图”，检索后得到 3 条相关链接。点击其中的一条“明安图(?～约 1764)”，得到以下结果：

明安图(?～约 1764) 拼音：Ming Antu

明安图花费三十余年心血，刻苦钻研这些公式的证明方法。他的功绩在于把中国古代传统数学知识与当时传入的西方数学知识结合起来，融会贯通，创用割圆连比例法和级数回求法，不仅圆满地证明了这三个公式，而且得出了有关弦、弧、矢和半径相互关系的另外六个公式。……

4) 检索期刊全文数据库。利用中国知网的中国学术期刊网络出版总库(http://acad. cnki. net/Kns55/brief/result. aspx? dbPrefix = CJFQ) 检索，以了解现代人对明安图的评论。进入数据库，选择在“篇名”检索项中检索关键词“明安图”，得到 19 篇文章。其中萨茹

小贴士： 数据信息蕴藏于专门的检索工具书、图书、期刊论文、网页中，检索时，可以根据数据源明确与否选择检索工具。当数据源明确，如本例，可以直接查找相关检索工具，例如印刷型、电子型、数据库及权威部门的网站等。当数据源不明确时，可以用搜索引擎，构建合理的检索式进行检索；也可利用中国知网的 CNKI 数字搜索确定其信息来源工具书、图书、期刊论文、报刊论文等。

拉发表于《内蒙古统战理论研究》1999年增刊上的《蒙古族爱国科学家明安图》等文章详细介绍了生平、成就和评价。

例5-4 中日双方何年何日就销毁在中国遗弃的毒气武器谈判达成什么文件，查找谈判过程的官方报道，这个文件依据是哪一个国际条约？查找这两个文件的全文。

(1) 课题分析。通过百度，使用“日本 毒气”搜索，得到本课题的背景：迄今为止，中方统计的日本遗弃在华的化学弹约为200万枚左右、化学毒剂100吨。已有3 000多名无辜的中国百姓受到了伤害。

本课题的核心问题是中日双方谈判的日期、达成的文件的名称。由于本课题迁延时间长，网络和印刷型参考信息源都应该作为检索途径。其中网络对查找事件发生的时间，更为有效。因而，确定网络搜索引擎在先，印刷型工具在后的检索顺序。

(2) 选择使用网络检索工具，检索相关内容。

1) 通过谷歌，使用“日本 遗弃 化学 武器 谈判”检索，得到结果《新闻背景：日本遗弃在华化学武器问题的由来》(http://news.sohu.com/45/70/news211987045.shtml)，文中提到“经过多轮谈判，中日两国政府于1999年7月正式签署《关于销毁中国境内日本遗弃化学武器的备忘录》，日方在‘备忘录’中表示铭记中日联合声明和中日和平友好条约的原则和精神，承认在中国遗弃了化学武器，承诺将根据《禁止化学武器公约》诚实履行作为遗弃缔约国应承担的义务”。

再使用“关于销毁中国境内日本遗弃化学武器的备忘录”作为检索词，在谷歌中检索，得到新华网载有这个备忘录的全文(http://news.xinhuanet.com/ziliao/2002-03/26/content_331633.htm)。文中称：

> “中华人民共和国政府和日本国政府铭记中日联合声明及中日和平友好条约，并根据一九九七年四月二十九日生效的《关于禁止发展、生产、储存和使用化学武器及销毁此种武器的公约》(以下简称《禁止化学武器公约》)的有关规定，认识到尽快解决中华人民共和国境内日本遗弃化学武器问题的紧迫性，就这一问题达成如下共识。”

可见中日双方签署的《关于销毁中国境内日本遗弃化学武器的备忘录》依据了《关于禁止发展、生产、储存和使用化学武器及销毁此种武器的公约》。

2) 再以“关于禁止发展、生产、储存和使用化学武器及销毁此种武器的公约”为检索词组在谷歌中检索，得到345 000项结果，其中百度百科(http://baike.baidu.com/view/1536759.htm)等众多网站上都载有这个公约的全文。(全文结果略)

> **小贴士**：对当前仍然有影响的历史事件的查找，着眼点应放在关键的时间、人物和涉及文件上。例如，本例中备忘录的签署日期以及公约生效的日期，不仅可以作为检索人民日报索引的依据，还可以作为网络搜索引擎检索策略中的辅助项，以帮助更准确地获得相关信息。

3) 由网络检索得到中日两国政府于1999年7月30日签署《关于销毁中国境内日本遗弃化学武器的备忘录》，谈判的官方报道可以查找当年7月的《人民日报》。下面是检索的过程和结果。

使用印刷版《人民日报索引》1999年第7期，在“外交—中国与亚洲国家间关系—日本”分类下查得：

"中日两国政府签署关于销毁日本遗弃在华化学武器的备忘录 31 2"。

其中的"31"为 7 月 31 日，"2"为第 2 版。转查 1999 年 7 月 31 日第 2 版《人民日报》，得到以下报道："本报北京 7 月 30 日电　7 月 28 日至 7 月 30 日，外交部部长助理王毅和日本驻华大使谷野作太郎今天分别代表两国政府在北京签署了《中华人民共和国政府和日本国政府关于销毁中国境内日本遗弃化学武器的备忘录》"(以下略)。

讨论：本题是一个事实题，所需答案来源于不同的信息源，并需从检索结果中寻找线索追踪最终答案。另外网络信息的动态性使得不同的时期从同一搜索引擎检索到的结果不一致，这是读者在核实本实例的检索方法时需要注意的问题。

5.4　数值信息检索

从信息检索的角度看，数值信息包括各种科学数据、人口数据、管理数据、金融数据、财政数据、商业数据等，是进行各种统计分析、定量研究、管理决策和预测的重要参考。各类统计年鉴、统计资料汇编以及统计数据库是数值信息检索的主要信息源。

依据载体的不同，数值型检索工具包括印刷型数值类工具书和机读型数值数据库两种。印刷型数值检索工具是传统的形式，以书本式工具书为主，如统计年鉴、统计资料汇编。数值数据库是以数值为主要内容的数据库，除存储各类数据如科学技术数据、社会资源数据、商业经济、地理环境数据外，还存储运算公式、图谱、表格等。如金融、证券系统数据库中的货币兑换等大多属于此类。

5.4.1　数值信息源

1. 国内数据数据库

随着社会经济的发展，社会科学方面的数值数据库近年来发展较快，主要分布于需求较为集中的经济和商业领域，部分已上网提供利用，例如中国经济信息网、北京经济信息网等均提供统计数据的在线查询，表 5-10 是部分国内数值型数据库。

表 5-10　国内数值型数据库举要

网站名称	站　点　简　介
中国统计数据库	http：//www.infobank.cn/irisbin/select.dll?special?db=TJ，是中国资讯行的一个数据库。大部分数据收录自 1995 年以来国家及各省市地方统计局的统计年鉴及海关统计、经济统计快报、中国人民银行统计季报等月度及季度统计资料，其中部分数据可追溯至 1949 年，亦包括部分海外地区的统计数据。数据按行业及地域分类，数据日期以同一篇文献中的最后日期为准。
中国国家统计局	http：//www.stats.gov.cn/，是中国权威的统计数据发布单位，其网站发布的统计数据有《中国统计年鉴》。统计数据专栏包括月度数据、年度数据、普查数据、专题数据、部门数据、国际数据 6 个数据库。统计公报栏目包括全国和地方的年度统计公报、人口普查公报、基本单位普查公报、农业普查公报、工业普查公报、三产普查公报、R&D 普查公报以及其他普查公报。统计出版栏目发布中国统计出版社出版的统计资料和统计学理论与专著。

续 表

网站名称	站点简介
中国企业数据网	http://www.businessdata.cn,北京东方策略科技有限公司主办,依托与国家统计局、各行业部委、行业协会等的密切合作关系,拥有着广泛而权威的数据资源。并可每月定期对各类数据资源进行更新,数据内容包括数据新闻、企业名录、企业经营数据、区域经济统计、行业经济数据、海关进出口数据等。
中国经济信息网统计数据库	http://db.cei.gov.cn/,简称中经数据,由中国经济统计数据库和世界经济统计数据库两个库组成。其中,中国经济统计数据库包括宏观月度库、行业月度库、海关月度库、综合年度库、城市年度库等子库,以时间序列和图像方式提供经济数据。数据信息来源于国家统计局、国家计委、海关总署、人民银行、各行业主管部门、各省市统计局及国家经济信息系统,内容囊括各地区、各行业、各部门、各经济类型及分时点、分时期的多种分组组合的统计信息,内容涵盖宏观经济、产业经济、行业经济、区域经济以及世界经济等各个领域,是一个面向社会各界用户提供权威、全面、及时的经济类数据信息的基础资料库。
北京经济信息网经济统计数据库	http://www2.beinet.net.cn/,提供经济统计数据的在线查询,包括北京月度监测、北京年度数据、全国年度数据、全国月度数据、地区年度数据、世行年度数据等,显示结果为表格或曲线。
粮农统计数据库(中文版)	http://faostat.fao.org/联合国粮农组织提供的一个多语种的数据库群,目前提供世界200多个国家和地区有关粮食和农业的统计数据。分为农业、营养、渔业、林业、食品质量检测5类数据库,涉及产量、贸易、食物平衡表、贸易流量、生产者价格、化肥和农药、土地利用和灌溉、林产品、渔产品、食物标准、农业机械、食物援助、谷物出口等领域。
数据中华在线数据库	http://data.allchinadata.com/,由数据中华网提供的经济统计数据库群,数据内容包括:企业、行业、产品、宏观、对外贸易、研究报告六大模块;数据来源包括:国家和地方统计系统、海关、商务部、人民银行等权威机构等,辅以自主调研团队进行数据核查及补充;面向对象包括:细分行业投资项目筛选、非上市企业投资分析、专业咨询机构(管理咨询、投融资咨询等)行业企业基本面分析、中小企业资产和资信评估、高校及科研机构宏观及行业经济研究、政府及行业协会进行区域行业经济研究和区域经济规划。
CCER中国证券市场数据库(光盘版)	北大中国经济研究中心与北京色诺芬信息服务有限公司合作开发。收录自中国恢复发展证券市场以来所有的相关历史数据,包括上市公司的股票价格、财务报表、公司公告以及证券市场的相关法律法规等,财务数据库内的所有数据保持了连贯性和可比性。
天相证券投资分析系统	由天相投资顾问有限公司提供,收录1 000多家上市公司的统计数据和年度报告全文。包括个股分析、债券分析、基金分析、整体市场监控、指数监控分析、汇总统计输出、条件选股7部分内容。

2. 数值搜索工具

近年来出现了一些专门用于数值搜索工具,它们集成了大量的数据检索工具于数据库中,提供强大的搜索功能,如搜数网、CNKI数字搜索等,表5-11是部分数字搜索工具。

表 5-11 数值搜索工具举要

网站名称	站 点 简 介
搜数网	http://www.soshoo.com.cn，是北京精讯云顿数据软件有限公司于 2006 年 8 月推出的一个专门面向统计和调查数据的专业垂直搜索网站。数据来源于国家及各省市地方统计局的统计年鉴及海关统计、经济统计快报、中国人民银行统计季报等月度及季度统计资料，其中部分数据可追溯至 1949 年，以及部分海外地区的统计数据。目前拥有 4 000余本年鉴，统计数据逾 2 亿个，时间跨度从 1949 年至 2010 年，覆盖了全国 23 个省、5 个自治区、4 个直辖市、2 个特别行政区、280 余个地级市，数据内容涉及全国 54 个行业。
CNKI 数字搜索	http://number.cnki.net，CNKI 数字搜索覆盖各学科领域，从科学知识到财经资讯，从大政方针到生活常识。以数值知识元、统计图片/表格和统计文献作为基本的搜索单元。除了来自中国知网五大全文数据库外，CNKI 数字搜索还实时采集中央和各地方统计网站和中央各部委网站，每条搜索结果均有出处。

5.4.2 数值信息检索案例

例 5-5 国内近年物价指数统计数据调研

(1) 课题分析

本课题属于国家宏观统计数据的调研。解题思路一般可以通过经济年鉴类参考工具书或者网上搜索引擎了解主要概念的含义，再选择国家权威机构出版的工具书或者这些机构主办的网站获取相关数据。

这里选择《中国大百科全书》经济卷了解课题的主要概念“物价指数”，在卷末的内容分析索引中，以“物价指数”查得第 1 034 页上载有：

> 物价指数(Price index)，报告期所销售(或收购)商品的实际平均价格水平与基期平均价格水平相比的相对数。

也可选择中文百科在线(http://www.zwbk.org/)，在检索框中输入“物价指数”，得到 8 条检索结果，选取“物价指数”，获得如下信息：

> 物价指数
> 拼音：wù jià zhǐ shù
> 英文：Price index
> 释义：
> 【物价指数】wù jià zhǐ shù
> 也称“商品价格指数”。反映各个时期商品价格水平变动情况的指数。有个体物价指数和物价总指数。前者用来说明一种商品的价格变动情况；后者用来说明全部商品价格的平均变动情况。在统计中，物价指数通常即指物价总指数。计算公式为：物价指数 = $\sum xp_1q_1 \sum xp_0q_1$ 式中：$\sum x$ 为总计的符号，p_1 为报告期商品价格，p_0 为基期商品价格，q_1 为报告期的商品销售量。

(2) 选择参考工具实施检索

1) 使用图书馆书目数据库(OPAC)，以“经济年鉴”查找，得到《中国经济年鉴》等多种

工具书。选择《中国经济年鉴》(北京中国经济年鉴社 2002 年版),按照目录指引,在 843 页得到以下数据:

指　　标	1995 年	1999 年	2000 年	2001 年
商品零售价格指数(上年＝100)	114.8	97.0	98.5	99.2
商品零售价格指数(1978 年＝100)	356.1	359.8	354.4	351.1
居民消费价格指数(上年＝100)	117.1	98.6	100.4	100.7
居民消费价格指数(1985 年＝100)	302.8	329.7	331.0	333.3

上述纸本统计年鉴较旧,获取最新的印刷型统计年鉴较困难,可考虑通过馆院互借或文献传递的方式获取。

2) 选择使用搜索引擎,查找相关数据和内容。

目前最新的中国统计年鉴是 2011 年出版的,而 2011 年版的统计年鉴反映 2010 年的数据。先使用百度,以“2010 居民消费价格指数　全国”检索,得到标题为“2010 年- 2008 年全国 CPI 数据_百度文库”的网页,如图 5－4 所示:

项目名称	上年同月			上年同期		
	全国	城市	农村	全国	城市	农村
居民消费价格指数	101.5	101.4	101.8	101.5	101.4	101.8
一、食　品	103.7	103.7	103.8	103.7	103.7	103.8
粮　食	109.8	109.6	110.1	109.8	109.6	110.1
肉禽及其制品	96.5	96.6	96.2	96.5	96.6	96.2
蛋	106.2	106.1	106.4	106.2	106.1	106.4
水 产 品	103.9	104	103.3	103.9	104	103.3
鲜　菜	117.1	116.8	118.3	117.1	116.8	118.3
鲜　果	109.8	109.2	111.3	109.8	109.2	111.3

图 5－4　标题为“2010 年- 2008 年全国 CPI 数据_百度文库”的网页

检索结果中还有其他来源的网页数据,可选择使用来源可靠性高的数据,或比较核实后使用。

3) 访问专门网站。中华人民共和国国家统计局(http://www.stats.gov.cn)→统计数据→年度数据,选择中国统计年鉴“2010 年”,进入中国统计年鉴 2010 年的首页,选择左栏第九章价格指数下的“9－1 各种价格指数”,在右栏主窗口中得到结果(表 5－12)。

表 5－12　居民消费价格指数

9－1 各种价格指数

(上年＝100)

年份	居民消费价格指数	城市居民消费价格指数	农村居民消费价格指数	商品零售价格指数	工业品出厂价格指数	原材料、燃料、动力购进价格指数	固定资产投资价格指数
1999	98.6	98.7	98.5	97.0	97.6	96.7	99.6
2000	100.4	100.8	99.9	98.5	102.8	105.1	101.1
2001	100.7	100.7	100.8	99.2	98.7	99.8	100.4
2002	99.2	99.0	99.6	98.7	97.8	97.7	100.2
2003	101.2	100.9	101.6	99.9	102.3	104.8	102.2
2004	103.9	103.3	104.8	102.8	106.1	111.4	105.6
2005	101.8	101.6	102.2	100.8	104.9	108.3	101.6
2006	101.5	101.5	101.5	101.0	103.0	106.0	101.5
2007	104.8	104.5	105.4	103.8	103.1	104.4	103.9
2008	105.9	105.6	106.5	105.9	106.9	110.5	108.9
2009	99.3	99.1	99.7	98.8	94.6	92.1	97.6

4) 利用数字搜索工具进行检索。以“2009 居民消费价格指数”作为检索词，检索中国知网的数字搜索(http://number.cnki.net/)；也可检索搜数网(http://www.soshoo.com.cn)，如有访问许可，则可点击相应的链接，获取详细数据。

习　　题

1. 常用文科工具书的种类有哪几种？请简述它们的用途。
2. 著名的英语百科全书 A、B、C 具体是指哪三种百科全书？
3. 通过学校图书馆 OPAC 系统查找本专业主要工具书的收藏情况。
4. 简述通过印刷型工具书查找事实数据的思路。
5. 通过网上信息源查找与自拟课题相关的中外文术语。
6. 通过网上信息源查找与自拟课题相关的事实信息。
7. 通过网上信息源查找与自拟课题相关的数值信息。

6

文献信息的收集、整理和利用

问题导入

☆ 如何收集专题研究所需的文献信息？ ☆ 如何整理、阅读、分析文献信息？
☆ 如何既充分又合法地利用文献信息？ ☆ 如何以正确的格式引用参考文献？

知识目标

☆ 正式渠道收集文献信息的方法
☆ 合理合法充分地利用文献
☆ 综述文献内容的一般组织方法

能力目标

☆ 掌握文献信息收集的综合方法
☆ 掌握文后参考文献的标准著录方法
☆ 利用 EndNote 整理文献和输出书目信息

6.1 文献信息的收集、整理方法

6.1.1 文献信息的一般收集方法

文献信息是学习研究的基础。任何研究工作，从提出设想开始，到进行过程中的难点攻关，直至课题结束时的成果水平鉴定，每一个环节都要求系统地收集有关的文献信息。因此，完整、准确、高效地收集文献信息是顺利完成研究课题的重要保障。

按照科学研究的进程，文献信息的收集可以分成三个阶段：课题准备阶段、研究阶段和总结阶段。课题准备阶段主要针对课题涉及的目的和研究范围，收集和调研前人的研究成果。研究阶段主要根据课题进程中出现的理论和研究方法方面的难点，有针对性地收集有关的文献信息。课题总结阶段主要根据本课题的成果特点，收集同期竞争对手所发表的文献。

按照交流渠道的不同，人文社科文献信息收集的方法可以分为正式渠道和非正式渠道两种。

1. 通过非正式渠道收集信息

通过非正式渠道（即从以非记录形式存在的信息源中）收集信息，就是通过同行个人间的信函或谈话交流、参加各类学术会议、参观展览会、实地考察访问某单位、开展调查研究等方式有针对性地获取与课题相关的口头信息、实物信息和调研数据。通过非正式渠道获取的非文献信息是所收集文献信息集合中不可或缺的重要部分。

小贴士：通过非文献信息源获取信息具有直接、简便、新颖和生动形象的特点，同时也存在着容易失真、收集挖掘和保管困难等缺点。

2. 通过正式渠道收集信息

通过正式渠道收集信息就是利用文献信息检索的方法获取文献信息，这是一种较为系统完整地获得文献收集方法。从文献信息源中收集文献信息，根据课题的内容、性质和要求可以采取不同的检索方法。常规的收集思路是：首先通过三次文献，即百科全书、年鉴、数据手册、设计手册、学术机构指南、名人录等来收集相关的信息，目的在于明确课题的要求，理解课题涉及的主题内容和掌握主要的查找线索。其次根据拟定的查询线索和主题，通过手工检索工具或者计算机检索系统查找相关的文献信息，以获取有助于解决课题中各类问题的核心文献为目的。再次直接查找各种类型的原始文献，诸如专业核心期刊、学位论文、会议文献和报纸等文献收集信息，通过专业核心期刊和报纸获取最新的文献信息，通过一些灰色文献补充检索工具无法查获的文献。此外根据本人研究和利用文献的需要，经常性地定向跟踪发达国家的有关研究机构和同行学者的研究信息也可以收集到大量适用性文献信息。

由于相关文献的主题概念是随着检索者本人认识的深化而逐渐清晰、确切的。因此在文献收集的过程中应注意以下事项：一是先查阅中文专业核心刊物和中文检索工具，这样通过检索不仅可以掌握国内相关课题的研究情况，同时通过阅读相关文献可以更加确切地确定使用检索词，也将有利于快速、准确地利用各种检索工具收集相关的文献。二是注意文后参考文献的利用。可以从文后参考文献中不断地补充与课题相关的重要文献。三是在文献收集过程中注意发现其他学科中涌现的新思路和新方法，并通过改造应用于本课题的研究。四是要善于从一般的信息中发现和找出重要的信息。五是要随时记下听到看到的新信息、新知识，记下自己瞬息即逝的思路、想法和念头，并使认识继续发展、深化和升华。只有这样才能使文献收集工作逐步吻合于课题研究的实际需要。

小贴士：作为主要的信息渠道，通过正式渠道收集信息的要点是收集思路清晰，主题调整到位，文献检索、阅读和筛选的有机结合。

为了保证文献信息检索和收集的全面性和系统性，一些重要的检索刊物或检索系统是不应遗漏的，对于需要系统地收集文献信息的课题，在收集过程中应该做好记录。记录的内容包括检索系统或者检索工具的名称、检索文献的时间范围、使用的检索词等。

6.1.2 文献管理工具 EndNote 的使用方法

运用专门的文献管理工具软件，用户可以方便地对已收集到的文献进行记录、整理和分析。Thomson 公司的 EndNote 就是一款性能优越、使用广泛的文献整理工具。EndNote 的单机版是付费软件，目前已更新到第 15 版，在 EndNote 主页（www. endnote. com）上，提供限期一个月的免费试用版以及 Web 版。

EndNote 的主要作用有三：一是统一检索平台，对数百个数据库直接进行检索，并可将检索结果存入本地计算机中；二是管理和分析文献，对储存的文献资料自动索引，形成文库(library)，并可用于二次检索及进行简单的文献分析；三是与 Word 协同，在论著写作中自动载入指定格式的引文。

下面按照使用顺序，简要介绍 EndNote 的主要使用方法。

1. 创建文库

打开 EndNote，点击菜单栏 File→New，命名文件(如命名为 Wenke001)，保存后系统将自动生成扩展名为 enl 的文件(如 Wenke001. enl)，这就是新创建的 EndNote 文库(图 6－1)。

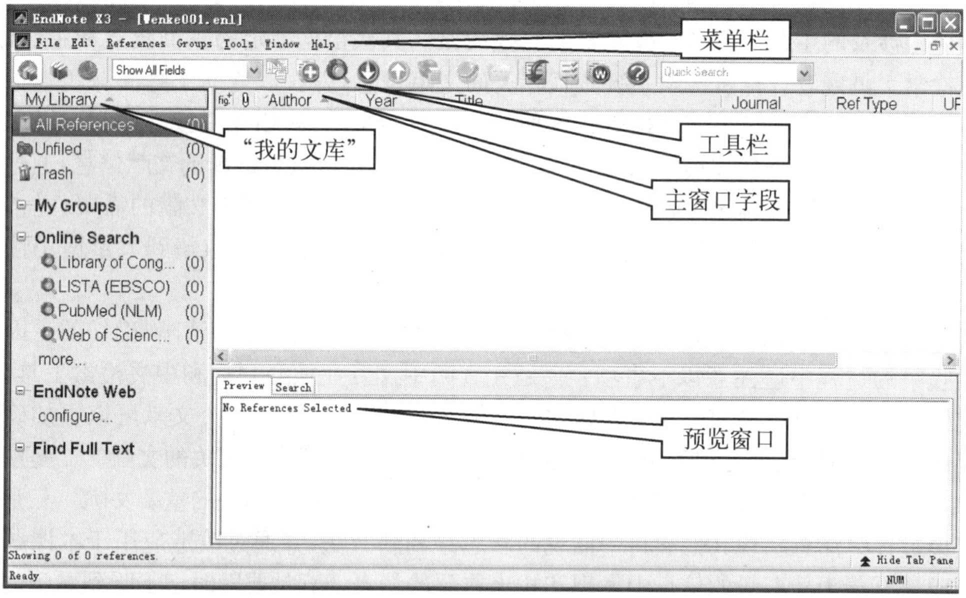

图 6－1　新建的一个 EndNote 文库

只要磁盘空间允许，用户可以建任意多个 EndNote 文库，每个文库可以贮存任意多条记录。不过，为了有效管理文库中的数据，记录数量应在 100 000 条以内。

EndNote 文库的菜单栏由文件(File)、编辑(Edit)、参考文献(Reference)、群组(Groups)、工具(Tools)、窗口(Window)和帮助(Help)组成，其中一些常用的操作也可以点击工具栏上的快捷按钮和“我的文库”导航中的选项来实现。

EndNote 文库的工具栏除了常用的工具按钮，最左端还包括三个 Mode 模组按钮，分别是：“Integrated Local Library & Online Search Mode”、“Local Library”和“Online Search Mode(Temporary Library)”。选择“Local Library”，仅可对本地文库中的参考文献进行操作，无在线检索功能；选择“Online Search Mode”，仅可在线搜索，检索到的文献信息不能直接导入到 EndNote 文库，而是暂存在一个“Temporary Library”中，选择需要的参考文献→单击右键选择“Copy References To”→新建或选择已存在的文库，才能把检索结果导入到 EndNote 本地文库中；选择“Integrated Local Library & Online Search Mode”，则同时具备上述两种模组的功能，不仅可在线检索，并可以把检索结果直接导入到本地文库中。新建的

EndNote 文库，如果不做选择，默认选择为“Integrated Local Library & Online Search Mode”模组。

EndNote 文库的主窗口用以浏览参考文献的信息，最多显示 8 个字段。顺次点击菜单栏的 Edit→Preferences→Display Fields，可以改变显示的字段。

EndNote 文库的预览窗口有 Preview 和 Search 两种显示状态。选中 Preview，点击主窗口的文献记录可以在预览窗口中显示其详细信息。文献的显示格式可以通过工具栏中 Bibliographic Output Style 选框切换，默认格式为 Annotated、Author-Date、Numbered、Show All 四种。如果同时选择多个记录，则预览窗口中只显示第 1 个记录的内容。选中 Search，显示文库检索框，选择搜索的字段和搜索条件、内容等，点击 Search 就可以看到符合条件的结果。

EndNote“我的文库”中的用户群组(My Groups)用以分类管理文献。在此栏空白处点击鼠标右键可以创建并命名一级群组(Create Group Set)和二级群组(Create Group)，在主窗口中选中记录，点击右键→Add Reference To→选择群组，可将其移至某一群组，以实现记录的分类管理。

2. 数据输入和导出

EndNote 文库中文献数据输入方式有手工输入、直接联网下载和格式转换后导入三种。

(1) 手工输入。在文库窗口中，点击参考文献(References)菜单，选择新参考文献(New reference)，即弹出参考文献编辑窗口。在此窗口上端的参考文献类型(Reference type)下拉框中选择输入文献的类型，然后按字段手工逐项输入参考文献的各项内容，保存后关闭即可。注意，输入作者时，每个人名要各占一行，否则软件无法区分是一个人还是多人，关键词输入也是这样。

(2) 直接联网下载。EndNote 可以联机访问和检索数以千计的远程文献数据库，包括 Web of Science、EBSCO、Ovid、PubMed、the Library of Congress 等，同时 EndNote 具备自动从数据库批量导入数据的功能。例如，通过 EndNote 联机检索 SSCI 数据库并导入文献数据的步骤是：

首先在文库导航“Online Search”群组下设置 SSCI 数据库检索入口，建立途径有三：① 按照 Edit→Connection File→Open Connection Manager 顺序打开数据库选择窗口，选择“Web of Science SSCI”；② 按照 Tool→Online Search→选择“Web of Science SSCI”；③ 点击“Online Search”群组下“More”按钮→选择“Web of Science SSCI”。通过上述 3 个途径建立 SSCI 数据库检索入口后，单击选中该库，即可在 EndNote 预览窗口中“Search”状态下，输入检索词和限制条件直接检索，在“Integrated Local Library & Online Search Mode”模式下，检索结果自动保存到 EndNote 文库中(图 6－2)。

(3) 格式转换后导入。非联机下载的文献数据，如访问 EBSCO、Ei Compendex 等数据库检索并下载到本地计算机的数据，需要经过滤转换格式后才能导入 EndNote。EndNote 为数百个数据库配置了过滤器，用户也可以自己建立和修改过滤器。例如，如果希望把 EBSCO 数据库的检索结果导入 EndNote 文库，首先检索 EBSCO 数据库，在检索结果中勾选并导出(Export)需要的文献书目，选择“Direct Export in RIS Format”格式，单击保存(Save)按钮，EndNote 会通过自身配置的“Reference Manager RIS”过滤器自动转换数据的

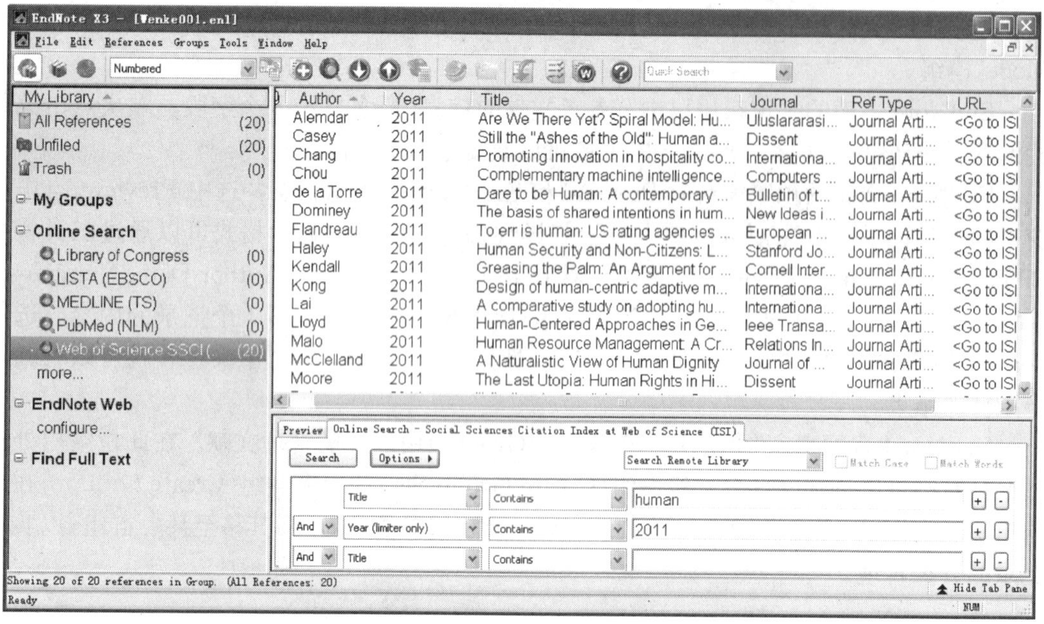

图 6-2　在 EndNote 平台联机检索 SSCI 数据库并将结果导入文库

格式，然后把目标文献的书目信息直接导入到文库中。

EndNote 不提供中文数据库的在线访问功能，所以中文文献资料的导入步骤相较外文要复杂。例如，把中国知网（CNKI）数据库的检索结果导入 EndNote 的步骤如下：首先检索 CNKI，将获得的文献书目信息列表转成文本文件。其方法是勾选所需文献，也可用“全选”一次选定当前页的全部文献。单击“存盘”按钮，在弹出的新窗口中，点选“EndNote”或“Refworks”选项，然后点击“输出到本地文件”按钮，下载保存成“txt”格式题录文件；其次把已保存的题录文件导入到 EndNote 文库，其方法为，打开 EndNote 文库，点击菜单 file 下的导入选项（Import）或点击工具栏中 Import 工具按钮，自动跳出 Import 窗口（图 6-3），在此窗口中输入已下载的“txt”格式目标文件。在 Import Option 下拉选框中，根据文本保存时

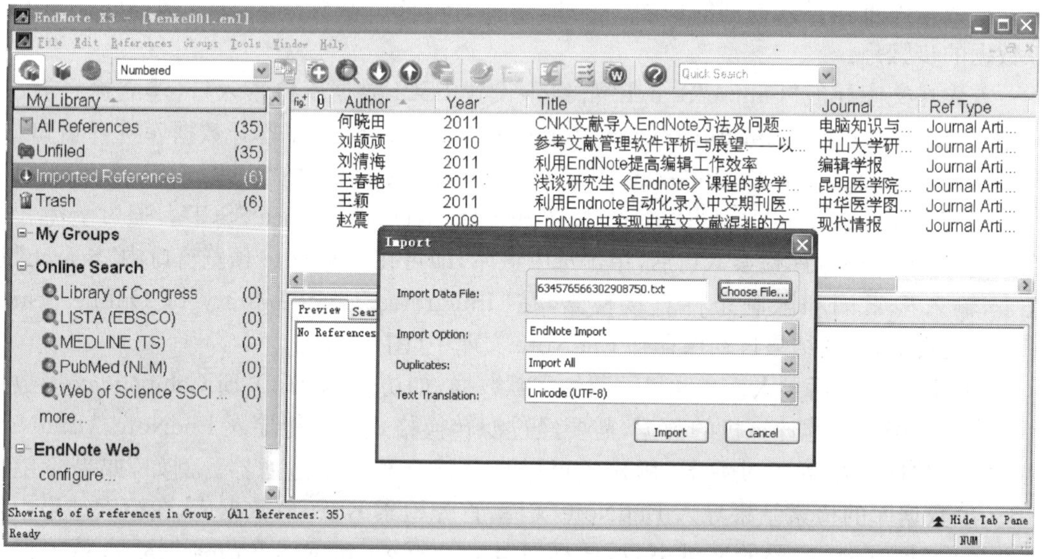

图 6-3　在 EndNote 文库中导入 CNKI 数据库书目数据

的选项,选择"EndNote Import"或"Refworks Import"。在"Text Translation"下拉选框中,选择"Unicode (UTF 8)"。最后单击该窗口下的"import"按钮,即可将书目数据导入到Endnote中。

除了上述方法,也可以通过自行编写CNKI过滤器(Filter),以达到转换数据格式导入EndNote的目的。过滤器的编写方法为,菜单 Edit→Import Filters→New filter,按格式编写过滤器并存放到EndNote安装目录的子目录Filters中,以供调用。

EndNote除了管理参考文献的书目信息外,还可以根据用户的需求添加图表、全文和网址链接等内容,并可随时添加和编辑笔记。操作方法为:首先双击主窗口中的参考文献题录,打开参考文献编辑窗口(图6-4),选择各字段即可编辑其相应的内容。点选"URL"字段下的文本框,输入或粘贴网址,就可以建立网址链接;点选"File Attachments"字段,单击右键→选择 File Attachments→Attach File→本地计算机选择全文文件(PDF,DOC,htm等),即可完成全文添加;添加图表过程与添加全文相同,点选"Figure"字段,单击右键→选择 Figure→Attach Figure→本地计算机选择图表,即可完成图表的链接;EndNote中添加笔记,可以在"Notes"和"Research Notes"两个字段下操作,通常在导入参考文献信息时会在"Notes"字段下添加一些内容,而"Research Notes"字段下一般是空的,因此建议在该字段下添加笔记,通过 Edit→Preference→Display Fields→设置 Research Notes 在主窗口显示,这样在主窗口浏览参考文献题录的同时,也可浏览到笔记内容。

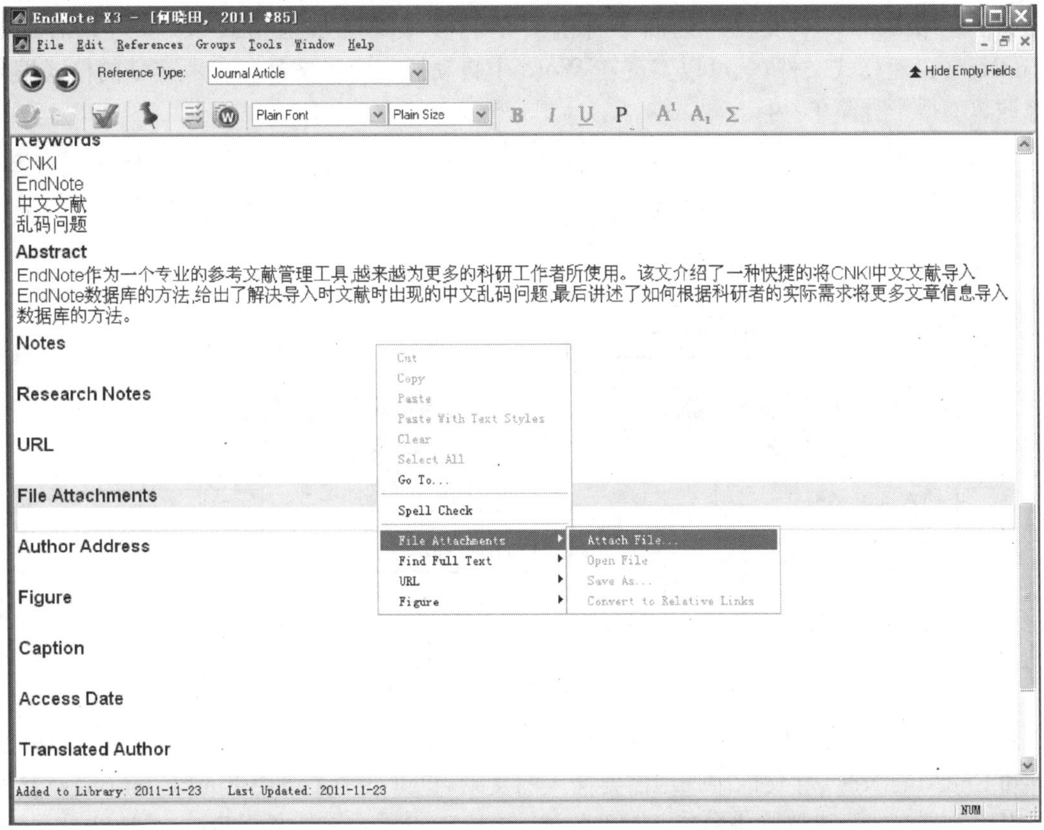

图6-4 在EndNote文库中添加全文、图表、网址链接和笔记等

如果需要导出 EndNote 参考文献信息，可在 EndNote 主窗口中选中要导出的文献题录，单击菜单栏 Files→Export→弹出导出窗口→设置保存路径和文档类型，并选定书目信息输出格式(Output Style) →点击保存，即完成了文献信息的导出。

3. 文库中文献书目的检索、重排、去重和分析显示

在 EndNote 文库工具栏的“Quick Search”检索框输入检索词可对文库中的文献书目信息进行快速检索。或者在 EndNote 预览窗口中选择 Search 状态进行高级检索，检索时在不同的字段检索框中输入检索词，并进行逻辑组配，检索结果即可显示在主窗口中。

在 EndNote 文库主窗口处，点击字段名，则参考文献书目信息可以按该字段顺序或逆序排序记录。

通过菜单栏 References→选择 Find Duplicates，可以对参考文献进行去重操作。

对 EndNote 文库中的文献记录，可以按照关键词、作者、作者单位等进行简单的分析。点击“工具”(Tools)下的“主题书目”(Subject Bibliography)，系统给出“Subject Fields”窗口。从中选择想要分析的字段，例如作者字段 (Author)，再点击“OK”，系统显示文库中每位作者的姓名及其文献数量。点击栏目，即得到发文最多的作者信息。

4. 在 Word 文件中使用 EndNote 文库参考文献信息

学术论文中的参考文献，格式繁多而且要求严格，人工编辑参考文献费时费力而且经常出错。运用 EndNote 设置的近四千种重要期刊参考文献规范格式(Style)，或者通过 EndNote 自建格式文件，就可以实现在 Word 中自动插入参考文献。参考文献的格式编辑修改也变得十分简单易行。

安装 EndNote 软件时，Word 的工具栏中将自动嵌入 EndNote 的工具条(图 6－5)。

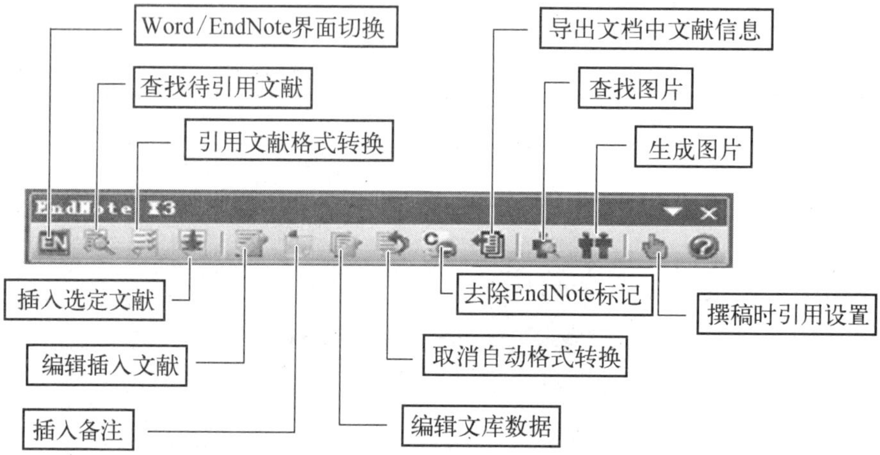

图 6－5 Word 工具栏中嵌入的 EndNote 工具条

使用 EndNote 文库在 Word 文件中添加参考文献的步骤有三：一是打开目标 Word 文件和 EndNote 文库，在文库中选中需要插入的文献，也可点击菜单中 Find Citation(s)查找待引用文献。二是设置输出参考文献的格式，点击 EndNote 菜单中的 Format Bibliography 参考书目格式，再点击 Browse，找到所要投稿的期刊，即设置好文献输出格式。三是在 Word 文件，将光标停放在要插入引用文献的地方，点击 EndNote 菜单中的 Insert Selected

Citation(s),系统在此处自动插入引用文献的标志,同时在文章结尾生成相应的参考文献目录。如果感觉文献引用位置不合适,或者顺序需要调整,可点击 Edit Citation(s)修改。

采用 EndNote 插入的参考文献,是以域代码的形式临时嵌在 Word 文档中。文章修改完毕后,单击 Word 中 EndNote 菜单中的"Removed Field Codes"按钮,生成一个不含域代码的新文档。注意移除域代码后将不能再利用 EndNote 对参考文献格式进行编排。

5. 利用 EndNote 论文模板撰写论文

EndNote 中除了提供近四千种重要期刊的参考文献规范格式外,还提供了几百种期刊的全文模板。如果用户投稿的是这些期刊,只需要按模板填入信息即可。操作步骤为:点选 EndNote 菜单栏 Tools→Manuscript Templates→选择投稿期刊→自动跳转到 Word 文档,然后按模板中的提示模块填入相应信息即可。

6.1.3 信息资料的阅读和消化

1. 文献资料的阅读顺序

阅读和消化文献资料的一般顺序为:主题相同的中外文资料,先阅读中文资料,后阅读外文资料,可帮助理解内容,同时加快阅读速度;同一篇文献既有文摘又有原文,先阅读文摘,后阅读原文。根据文摘提供的信息,判断是否需要阅读原文,以节省时间。同一类文献既有综述性文献,又有专题性文献,先阅读综述性文献,后阅读专题性文献,有助于在全面了解课题的基础上对专题性文献做出选择;同一主题文献发表时间上有先后的,先阅读近期的,后阅读早期的,有助于了解最新水平和发展前景。

2. 文献内容的粗读和精读

阅读和消化文献的一般步骤为:先粗读或通读,后精读。粗读用以初步确定资料的取舍。粗读时,短文可全读,长文可只读摘要、引言和结论,以了解其梗概。通读用以掌握课题的概貌,因此可以选择综述和述评文章,对重要论点、核心数据随时做好笔记。精读用以消化重点文献,因此精读的文章常常是与课题密切相关的专论。精读的笔记内容除了文章著者的观点、结果以外,甚至可以有自己的评论,以作分析比较。精读的文章,如果是外文资料,则先须摘译、或全译,以求准确理解。如果是一本书,应先阅读内容提要、前言,再浏览目次表。若发现其中确有需要仔细阅读的章节,然后再进一步精读。

> **小贴士:**检索为阅读提供了文献,阅读反过来又为检索明确了思路。可以说,学会阅读才能更好地寻找文献,切实地把握文献。

精读一篇学术论文,可以按照下面顺序进行:

(1) 看论文题目。看论文是否属于研究的领域、方向,与要从事的研究工作的相关程度怎样,学术论文的题目多数能说明这些问题。

(2) 看作者姓名、单位和文章来源。主要看论文作者是否是该领域的权威或知名人士,或者看作者所在的单位在该研究领域内是否处于领先地位。对论文是否刊登在同领域的著名核心期刊上,文献被引用频次多寡,来源是否准确,是公开发表还是内部交流。

(3) 看论文的摘要。论文摘要通常总结阐述作者所做的工作，是论文的一个核心部分。了解了摘要，可以初步掌握论文的概貌。

(4) 看论文引言。引言部分简要阐述研究问题的来龙去脉以及要做的工作。看引言可以帮助我们了解问题的产生与发展过程，前人已经做了哪些工作，以及作者是怎么思考该问题的，作者想做什么，怎么做等。

(5) 跳过正文，看结论与致谢。论文的结论也是全文的一个核心内容。在这里看看论文是否达到了作者在引言中所预期的研究目标，问题是否已获得解决，还遗留什么问题没有解决，以及问题被解决得怎么样等。此外，在论文的研究工作中有哪些无名英雄，哪些部门对论文工作资助，课题属于哪一类研究课题等，一般都会在致谢里提到。

(6) 看参考文献。从中可以看到作者引用了哪些前人的工作，引用了哪些年份发表的工作。从中可以发现作者是在什么样的基础和程度上开展研究工作的。如果引用的文献多，年份又比较近，则一般说明作者掌握了该领域比较全面的研究动态，从一个侧面反映了作者的研究工作可能是解决了前人没有解决过的问题等。

(7) 看正文。对于正文，首先要区分这篇文章与所要进行的研究工作方向的关联程度如何。如果关联程度不大，大可不必在这里耗费时间。如果是属于研究领域或方向上的文章，或是该学科发展史上关键的，或者是具有里程碑意义的文章，正文则一定要认真阅读。同时这也是阅读论文中最难的地方，可以借助于已掌握的或查阅未知的知识来解决正文中的问题，会花上几天、几周乃至几个月的时间，翻阅学术专著、有关教科书以及论文参考文献中所列出的论文，请教有关专业人员来解决这些问题。论文中的疑点一般不要放过，因为疑点也许正是可以进行创新的地方。总之，只有彻底弄懂、弄通，才算完成了对文献的阅读和理解，这将会在要进行的研究工作、学位论文和学术论文的准备中起到非常关键的作用。

3. 文献资料的批注式阅读

批注式阅读是指在阅读过程中，用文字、符号等形式在阅读材料上做标记，以记录学习者的解释、总结、疑感、评论等。批注书写的内容大体归为三类：一是注释，指对阅读材料的注音、释义、指明出处等；二是提要，指对阅读内容的概括总结，文章脉络的提炼或语言特点的总结等；三是批语，指学习者对阅读内容的思想、见解、疑问。作为深层次阅读，批注式阅读有着多层面的价值。在阅读的过程中添加批注，学习者记录自身的学习轨迹，捕捉自己思维的火花，丰富自身的情感体验，不仅加深了对阅读材料的理解，提高阅读质量，还提升学习者发现问题、表达问题和解决问题的能力。

> **小贴士：** 书写批注使学习者阅读时变被动为主动，弥补个体思维能力的局限，为高效获取和利用知识奠定基础。

网络环境下，数字化阅读材料以不同格式的文件存在，不同格式的文件书写批注时需要借助不同的工具。常见的 caj 文件使用 Cajviewer 即可实现批注功能；pdf 文件可以使用 Foxit Reader；网页批注工具可以使用基于浏览器插件的 iMarkup 或者基于代理服务器的 Diigo。还有一种方法是使用文献管理软件(如 Endnote、NoteExpress 等)，把各种格式的批注文件作为附件在管理软件的文库中管理，逐篇添加批注，省去了不同格式文件需使用不同批注工具的麻烦。

6.2 参考文献的引用

6.2.1 参考文献引用的定义和作用

1. 参考文献引用的定义

一项学术研究取得的成果通常是在前人成果的基础上的新进展，它体现着学术研究的继承和发展。例如，基于已有的理论、方法、思想、实验手段等，使本研究获得了新进展，有了新发现；或是将一个学科中的方法移植到另一学科中并取得成功；或是对已有方法做了改进。当在论文中叙述研究目的、设计思想、建立的模型、与已有结果进行比较的时候，就要涉及已有的成果。在论文涉及已有成果的地方，标注成果文献及其出处，这种做法叫做参考文献引用。

> **小贴士：**文献在学术研究的全过程——调研、研究直至成果表述各个环节都起着极为重要的作用，因而，在研究成果中标注参考文献是必须的。

2. 参考文献引用的作用

对于一篇完整的学术论文，参考文献的著录是不可或缺的。归纳起来，参考文献著录的目的与作用主要体现在以下四个方面。

(1) 著录参考文献可以反映论文作者的科学态度和论文具有真实、广泛的科学依据，也反映出论文的起点和深度。科学技术以及科学技术研究工作都有继承性，现时的研究都是在过去研究的基础上进行的，今人的研究成果或研究工作一般都是前人研究成果或研究工作的继续和发展；因此，在论文中涉及研究的背景、理由、目的等内容的阐述，必然要对过去的工作进行评价，著录参考文献即能表明言之有据，并能体现论文的起点和深度。这在一定程度上为论文审阅者、编者和读者评估论文的价值和水平提供了客观依据。

(2) 著录参考文献能方便地把论文作者的成果与前人的成果区别开来。论文报道的研究成果虽然是论文作者自己的，但在阐述和论证过程中免不了要引用前人的成果，包括观点、方法、数据和其他资料，若对引用部分加以标注，则他人的成果将表示得十分清楚。

(3) 著录参考文献能起索引作用。读者通过参考文献，可方便地检索和查找有关图书资料，以对论文中的引文有更详尽的了解。

(4) 著录参考文献有利于节省论文篇幅。论文中需要表述的某些内容，凡已有文献所载者不必详述，只在相应之处注明见何文献即可。这不仅精炼了语言，节省了篇幅，而且避免了一般性表述和资料堆积，使论文达到篇幅短、内容精的要求。

6.2.2 参考文献引用的学术规范

1. 学术规范的定义和本质

文献引用不仅是一个学术方法问题，也是一个学术规范问题。广义的学术规范是指在学术研究活动共同遵守的一系列规则、制度和行为准则，它既包括公开的政策法规和明确的学术活动要求，又包括学术界约定俗成并共同遵守的道德观念和价值取向。狭义的学术规范就是指文献引用的行为准则。这里主要讨论狭义的学术规范问题。

> **小贴士：** 抵制剽窃应成为网络时代每一学人的自觉行为。要达到这一境界，就必须了解学术规范的内涵，懂得合法地利用文献，掌握正确著录参考文献。

文献引用过程中的学术不规范行为主要表现形式是剽窃。美国国家健康研究所科研诚实委员会对剽窃的定义是："在没有适当方式说明出处的情况下，将他人的词句或观点表述为自己的词句或观点"。在学术论文、毕业论文、研究报告甚至公开发表的期刊论文中大段甚至整篇引用他人论文，这种行为就是剽窃。剽窃行为违反学术道德，毫无知识增量可言，因而必须加以反对与禁止。

发生剽窃的客观原因是网络环境下信息获取和占有成本日趋降低，主观原因是学术诚信的缺失。学术诚信是一个学人的基本素质，不管国内还是国外，一个学人的诚信与否对他整个学术生涯有着重要的影响。诚信是思想境界的一个基本规则，从事学术研究的人员，要遵循实事求是原则，不仅在学术上要诚信，对人、对社会也要有信誉。如果没有了诚信，思想境界也就不存在了。因而我们必须自觉地正视和抵制剽窃行为，做一个诚信的、真正对人类知识有贡献的学人。

2. 约束剽窃的力量

国内外对于文献信息利用的不规范行为均有规定和制裁措施。法律、道德和技术以及学术传统力量共同发挥作用来杜绝剽窃行为。在法律方面，剽窃不仅是一种学术上的违规行为，而且也是一种违法行为。与此行为相关的《版权法》、《商标与不公平竞争法》等法律都有惩治剽窃行为的有关规定。在道德方面，高等学校的学术道德教育一直很重视剽窃问题。许多学校的学生手册都载明论文抄袭或考试作弊者的处罚方法。在学术传统力量方面，各类学术团体在促进学术规范方面也不遗余力地做了大量工作。美国微生物学会制定的《道德规范》规定：学会会员不能够有不当科学行为，如篡改、伪造或抄袭。学术期刊的投稿指南多数也体现了反对剽窃、倡导独立研究的精神。它们是防止剽窃行为的一股学术约束力量。

针对剽窃的现象，反网络剽窃的软件和网站也大量出现，如美国的 Turnitin (http://turnitin.com)、PlagiServ (http://www.plagiarism-detector.com/)，德国的 Plagiarism Finder(http://www.plagiarism-finder.com/en-index.htm)，国内的 ROST 反剽窃系统（学术不端行为检测系统）等。反剽窃软件将论文与大量的文献资料库的内容进行比较以发现文章中与其他文献的相似之处。国内外的多所高校和学术期刊已采用这些软件。反剽窃软件对剽窃行为的蔓延有一定的遏制作用。

3. 网络环境下的文献合理利用

国际社会和各个发达国家对网络环境下如何合理利用文献的规定各不相同。

(1) 国际条约中的相关规定。在国际范围内，第一次就合理使用作品作出规定的是《保护文学艺术作品伯尔尼公约》（简称《伯尔尼公约》）。该公约第 9 条第 2 款指出："本联盟成员国法律仅允许在某些特殊情况下复制上述作品，只要这种复制不致损害作品的正常使用也不致无故危害作者的合法利益。”该款规定了合理使用的三步检验法：一、必须限于某些特殊情况，二、不得与受保护作品的正常利用相抵触，三、无论如何不得损害著作权人的合法利益。这三个条件缺一不可，否则就不能称之为合理使用。伯尔尼公约在此原则性规定的基础上规定了三种具体的合理使用行为：适当引用、为教学目的的合理使用以及时事新闻的合理使用。

世界知识产权组织的两个条约《世界知识产权组织著作权条约》(WCR)、《世界知识产权组织表演和录音制品条约》重复了《伯尔尼公约》对于权利限制的三步检验法，声明成员可以将有关的限制和例外运用到数字化和网络环境中。

(2) 欧美的相关规定。《欧盟数据库指令》缩小了文献合理使用的范围，将网络环境中个人为学习、研究、欣赏而使用作品的行为排除在合理使用范围之外，对个人合理使用的规定，只限于非电子数据库。欧盟之所以缩小合理使用的范围，摒弃网络环境中的个人合理使用行为，依据是作者为了创作而投入的智力劳动并未有所减少，因此不能认为数字化、先进技术导致创作成本的降低。在权利和利益之间，法律首先保护的应是权利而不是利益，法律一般不强迫人们放弃或转让自己的权利，也不能随意将著作权人的权利无偿给予权利人以外的他人使用。

美国1998年制定的《数字千年著作权法》(DMCA)详细地规范了作品的传播和使用者在利用数字化作品方面的责任与责任豁免(限制)。例如，该法为非营利性的图书馆、教育机构使用作品提供了有限的例外规则。该法明确指出，未经著作权人的同意，以任何形式的电子下载或上传著作权材料是非法的。它在效果上不仅将著作权保护延伸到网络传输，而且把著作权保护扩展到抵御电子盗版。

(3) 我国的相关规定。我国著作权法将“合理使用”纳入“权利的限制”中，要求合理使用者必须遵守三个一般性义务：① 使用的必须是他人已发表的作品，② 使用时必须指明作品出处，③ 不得侵犯著作权人的其他合法权益。

我国著作权法第22条规定在下列情况下使用作品，可以不经著作权人许可，不向其支付报酬，但应当指明作者姓名、作品名称，并且不得侵犯著作权人依照本法享有的其他权利：一、为个人学习、研究或者欣赏，使用他人已经发表的作品；二、为介绍、评论某一作品或者说明某一问题，在作品中适当引用他人已经发表的作品；三、为报道时事新闻，在报纸、期刊、广播、电视节目或者新闻纪录影片中引用已经发表的作品；四、报纸、期刊、广播电台、电视台刊登或者播放其他报纸、期刊、广播电台、电视台已经发表的社论、评论员文章；五、报纸、期刊、广播电台、电视台刊登或者播放在公众集会上发表的讲话，但作者声明不许刊登、播放的除外；六、为学校课堂教学或者科学研究，翻译或者少量复制已经发表的作品，供教学或者科研人员使用，但不得出版发行；七、国家机关为执行公务使用已经发表的作品；八、图书馆、档案馆、纪念馆、博物馆、美术馆等为陈列或者保存版本的需要，复制本馆收藏的作品；九、免费表演已经发表的作品；十、对设置或者陈列在室外公共场所的艺术作品进行临摹、绘画、摄影、录像；十一、将已经发表的汉族文字作品翻译成少数民族文字在国内出版发行；十二、将已经发表的作品改成盲文出版。

以上规定适用于对出版者、表演者、录音录像制作者、广播电台、电视台的权利限制。关于引用他人作品的程度，文化部《图书、期刊版权保护试行条例实施细则》中规定：引用他人作品，应不超过被引用作品的1/10，引用诗词类作品不超过2 500字；多次引用同一部非诗词类的长篇作品，总字数应不超过10 000字；诗词类的，不超过40行或不超过全部的1/4

（古诗词除外）。除专题评论文章和古典诗词研究成果，引用他人作品的总量不得超过本人作品篇幅的1/10。

对于网络数据库，可以作以下形式的合理使用：一、对网络数据库进行检索；二、阅读检索结果（文摘索引记录或全文文章，下同）；三、打印检索结果；四、下载检索结果存储在个人计算机上；五、将检索结果传送到自己的电子邮箱里；六、承担使用单位正常学生教学任务的授权用户，可以将少量检索结果，下载并组织到供本单位教学使用的课程参考资料包中，置于内部网络中的安全计算机上，供选修特定课程的学生在该课程进行期间进行阅读。

6.2.3 文内参考文献的标注和文后参考文献的著录规则

1. 正确引用参考文献的原则

正确引用参考文献的原则是：引用合理、格式规范、数据正确。

引用合理是指文献中被引用的文献没有遗漏（如文中引用了其他文献中整段原话、公式和结论等，在文中需作引文顺序标注，并在文后参考文献中作相应的著录），不引用不可以引用的文献（与本文不相关的文献，内部出版的书刊以及没有阅读原文的文献）。

格式规范是指必须严格地按照GB7714－2005《文后参考文献著录规则》中规定的格式进行著录，相关的著录项目、著录用的符号不能遗漏，著录项目的顺序不能颠倒。

数据正确是指参考文献中列出的著录数据（包括著者姓名、文献题名、来源出处、版次、页码等内容）应和原文的信息保持完全一致，达到根据参考文献提供的信息可以准确地查找到原文的要求。

2. 文内参考文献的标注

在正文中引用参考文献时，应在引用位置作引用标记，并在文后详细著录被引用文献。正文中对引用文献添加标记的行为称为参考文献标注。常用的引用文献标注方法有顺序编码制、著者—出版年编码制。下面对顺序编码制作简单介绍。

顺序编码制是将文章正文部分所引用文献按出现的先后顺序连续编码，并将序号置于所引内容最末句的右上角的方括号中。如“布鲁克斯（B. C. Brookes）公式等[2]”。在同一处引用多篇文献时，只需在方括号内按从小到大的顺序列出各篇文献的序号，序号间用“，”隔开。如遇连续序号，用“-”标注起止序号。当提及的参考文献为文中直接说明时，其序号应该与正文排齐，如“由文献［10－13］可知”。另外，通常在各级标题处不设置引用文献标注。对于多次引用同一文献的标注，正文中采用［序号］页码格式，例如：［2］2，［2］212。下面是正文中一段标注有引用文献的示例：

> 主编靠编辑思想指挥全局已是编辑界的共识[1]，然而对编辑思想至今没有一个明确的界定，故不妨提出一个构架参与讨论。由于“思想”的内涵是“客观存在反映在人的意识中经过思维活动而产生的结果”[2]1194，所以“编辑思想”的内涵就是编辑实践反映在编辑工作者的意识中，“经过思维活动而产生的结果”。而“方针”指“引导事业前进的方向和目标”[2]354。

3. 文后参考文献的著录规则

文后参考文献是为撰写或编辑论文和著作而引用的有关文献信息资源。

(1) 文后参考文献的组织顺序和一般格式。文后的参考文献,可以按照顺序编码制组织,即按照正文部分引用文献出现的顺序号依次排列。序号用加方括号的阿拉伯数字著录,方括号后空一格,但不用标点,其后按著录规则依次著录,回行时与首项著录对齐。每条文献单独排列;同一文献在正文中被引用多次,只编一个号,引文页码放在"[ ]"外,文后参考文献中不再重复著录页码,不使用"同上"或"ibid"等字样。

(2) 文后参考文献主要责任者和文献题名的著录方法。文献的主要责任者是必须著录的项目。主要责任者包括著者、专利申请人或者专利所有人以及汇编本的编者等。著作方式相同的责任者不超过三人时,全部著录,超过三人时,只著录前三个责任者,其后加",等."或",et al."。多个责任者之间用","隔开。西文个人著者采用姓在前,名在后的著录形式。著者的名可以用缩写字母,缩写名后不加".",例如,Michael Lee Gorman 应著录成 GORMAN M L。欧美著者的中译名可以只著录姓,例如,约翰·奈斯比特可著录成奈斯比特。文献题名也是必备的著录项目,题名包括书名、刊名、专利题名、析出题名等,应按照著录来源所载的形式著录。

(3) 参考文献的类型标识的标注方法。中文参考文献的类型标识应该按照 GB7714－2005 规定标注在题名之后(见表 6－1)。

表 6－1　GB7714－2005 规定的参考文献类型标识

类型	普通图书	会议录	报纸	期刊文章	学位论文	报告	标准	专利	汇编
标识	M	C	N	J	D	R	S	P	G

电子文献类型的参考文献,一般以下列字母作为标识:联机网络[OL],数据库[DB],计算机程序[CP],电子公告[EB]。电子文献被引用为参考文献时需同时标注参考文献类型标识和载体类型,其基本格式为[文献类型标识/载体类型标识]。例如,网上专利文献的标识为[P/OL],网上期刊文献的标识为[J/OL],网上电子公告的标识为[EB/OL]。

(4) 出版事项的著录方法。出版事项包括出版地、出版者、出版年、卷期号等。出版地指出版者的城市名,对于同名异地或不为人们所熟悉的城市,可在其名前附加省名、州名、国名等。对于出版者中包含了地名,出版地不能省略,如,"北京:北京大学出版社",不能只写成"北京大学出版社"。出版社名可按来源的形式著录,也可以按公认的简化形式缩写形式著录,例如 IEEE(原标识 Institute of Electric and Electronic Engineers)。出版年采用公元纪年,并用阿拉伯数字著录。对于报纸和专利文献,应该著录出版日期,其形式为 YYYY－MM－DD,例如 2009－09－12。对于期刊的出版年份、卷号、期号和页码著录有以下几种形式:年,卷(期):页,例如,2008,92(2):21－22;年,卷:页,例如,1987,355:5－10;年(期):页,例如,1985(4):351－355。具体使用哪一种形式,应遵从期刊编辑部的投稿要求中的规定。

6.2.4　各种常见文献类型的著录要点和实例

以下介绍几种常见文献类型的著录要点和实例。

1. 图书

图书在文后参考文献中的著录格式为:

［序号］主要责任者．图书名：副书名［文献类型标识］．其他责任者．版本项（第一版不做著录）．出版地：出版者，出版年：引文页码．

下面是在文后参考文献中引用图书的两个实例。

［1］程淑兰．世界银行发展报告20年回顾——1978－1997［M］．北京：中国经济出版社，1999：132．

［2］Coase R H. The firm，the Market and the Law［M］. 2nd ed. Chicago：The University of Chicago Press，1988.

图书中析出的文献在文后参考文献中的著录格式为：

［序号］析出文献主要责任者．析出文献题名［文献类型标识］．析出文献其他责任者//图书主要责任者．图书题名：副书名．版本项．出版地：出版者，出版年：页码．

下面是在参考文献中引用图书析出文献的两个实例。

［3］鲁川．现代汉语的语义网络［M］//陈力为（主编）．中文信息处理应用平台工程．北京：电子工业出版社．1995：233－252．

［4］Jan P. Environment protection in China［M］// Dwivedi O P，Vajeri D K eds. Environmental Policies in the Third World. New York：Mansell Publishing Limited，1995：71－84.

2. 期刊和报纸文献

期刊论文在文后参考文献中的著录格式为：

［序号］析出文献主要责任者．析出文献题名［文献类型标识］．刊名，年，卷（期）：页码．

下面是在文后参考文献中引用期刊论文的两个实例。

［5］梁俊兰．对美国信息政策的分析［J］．情报资料工作，1997(3)：43．

［6］Koop G，Tole L. Is there environment Kuznets curve for deforestation. Journal of Development Economics，1999，58(1)：233－244.

报纸在文后参考文献中的著录格式为：

［序号］析出文献主要责任者．析出文献题名［文献类型标识］．报纸名称，年-月-日（版次）．

下面是在文后参考文献中引用报纸论文的一个实例。

［7］戴晓华．居住用地：每个人都应享有一定的无偿使用权［N］．中国房地产报，1999－01－01(2)．

3. 会议文献

会议录在文后参考文献中的著录格式为：

［序号］主要责任者．会议录名称［文献类型标识］．出版地：出版者，出版年：引文页码．

下面是在文后参考文献中引用会议录的一个实例。

[8] 杜燕玲."把"字句的 HNC 阐释. HNC 与语言学研究研讨会论文集[C]. 武汉：武汉理工大学出版社，2001：12－15.

会议录中析出的文献在文后参考文献中的著录格式为：

[序号] 析出文献主要责任者. 析出文献题名[文献类型标识]. 析出文献其他责任者//会议录主要责任者.会议录名称.出版地：出版者，出版年：引文页码.

下面是在文后参考文献中引用会议文献的一个实例。

[9] Hudon M. Innovation and Tradition in Knowledge Organization[C]// Beghtol C, Howarth L, Williamson N J eds. Dynamics and Stability in Knowledge Organization: Proceedings of the Sixth International Isko Conference. Wurzberg, Germany: Ergon Verlag, 2000: 22－34.

4. 学位论文

学位论文在文后参考文献中的著录格式为：

[序号] 论文作者. 题名[文献类型标识]. 学位授予地址：学位授予单位，年份.

下面是在文后参考文献中引用学位论文的两个实例。

[10] 匡文波.论网络出版物[D]. 武汉：武汉大学，2000.

[11] Robert H B. The evaluation of information policy: a case study using the SATCOM report [D]. Urbana, Champaign: University of Illinois, 1988.

6.3 人文社会科学信息分析方法和成果表达

6.3.1 人文社会科学信息分析方法

信息研究的方法很多，但是归纳起来，可以分为定性研究和定量研究两类。

定性研究法是指运用分析与综合、相关与比较、归纳与演绎等一系列逻辑手段进行信息研究的方法。该方法的优点是直观性强、推理严密、有较好的适应性和广泛性，既可单独使用，也可以与其他方法结合使用。对于社会科学研究中不易或者不能进行定量分析的课题，常可以选用定性分析方法。定性分析方法的缺陷在于其结论是定性的描述而无量化的数据，不适用于那些必须进行量化研究的课题。

定量研究法是运用数理统计、应用数学和其他一切借助于数学计算和处理等方法来进行信息研究的方法。运用数学方法进行信息研究，弥补了定性分析方法的缺陷，是信息研究向数学化、定量化发展的必然结果。定量研究法的优点是数据充分、结论具体、高度抽象和概括。缺点是只能反映出局部的、暂时的变化，不能充分地揭示出可能发生变化的一些不可预测的因素。

下面介绍社会科学研究中常用的三种定性信息研究方法。

1. 综合法

在信息分析研究中综合法是一种行之有效的方法。它可以将各种来源的分散、片面、内容各异的有关信息(情况、数据、素材等)按特定的目的汇集、整理、归纳和提炼,从而形成系统、全面、新颖的知识和结论。在信息分析研究中,人们经常采用的综合方法主要有简单综合、系统综合和分析综合三种类型:

简单综合是通过汇集、归纳和整理收集到的与研究课题有关的信息,通过对各种因素的综合考虑,从错综复杂的现象中,探索出被研究对象发展的规律、趋势或者获得新的结论。例如,将在抗击"非典"时期,全国上下政令畅通、步调一致,紧密配合,危难面前,大局至上,一方有难,八方支援的有关情况集中起来,进行归纳整理,就可以得出社会主义制度具有强大的精神感召力,能够在最短的时间内用爱国主义、集体主义、社会主义凝聚人心、号令全国的结论。

系统综合是从系统论的角度出发,对与研究课题有关的大量信息进行时间与空间、纵向与横向等方面结合起来研究,进而创造性地深入研究课题的全貌,掌握事物发展的规律和趋势。例如,在着手企业竞争情报分析与预测时,既要从纵的方面综合企业自身、竞争对手、竞争环境、竞争战略等的历史、现状和未来的趋势,又要从横的方面通盘研究和把握与企业竞争有关的这些因素之间的关系,以便为制定企业竞争战略提供可靠的依据。

分析综合是对所搜集到的与研究课题有关的信息(情况、数据、素材等),在进行分析、对比和推理的基础上进行综合,以便认识研究对象的全貌、本质和发展动向,获得系统的知识和正确的结论。分析综合方法在信息研究中应用广泛。例如,为了在短时间内开发出驰骋全球的名牌摩托车产品,日本在1968年从各摩托车修理厂抽调了大量的工程技术人员和情报人员,花了一年时间对世界摩托车工业做了广泛的全球性情报调查,收集了大量的情报和样车。他们结合收集到的情报,对全世界所有厂家生产的各种型号的摩托车及其零部件的质量、优缺点等进行全面的分析对比和推理,博采众长,最后设计出了一种轻便耐用、性能优良、价格便宜的摩托车。

综上所述,综合法首先必须以占有大量的已知信息为前提。已知信息可以是文献形式的,也可以是非文献形式的。其次,综合法的实质是从个别到普遍、从特殊到一般、从具体到抽象的分析推理过程。它既不是对大量复杂素材的牵强附会的编排,也不是对一大堆事实进行机械的分类罗列,而是要从现象的综合归案中析出事物之间的内在联系,找出事物的共性和本质规律。

综合法的局限性在于只以已有的文献信息和事实为分析研究的基础,它不能对事物复杂多变的发展作出准确的预测。所以我们在运用综合法分析研究信息资料时,应尽可能地与其他分析方法结合使用,以避免所作结论的局限性。

2. 相关分析法

相关分析法是利用事物之间内在的或者现象之间的联系,从一种或者几种已知事物判断未知事物的信息研究方法。按照事物之间联系的方式,相关关系可以分为因果相关、伴随相关、并立相关和包容相关等。相关分析法具有下述几个特点:

相关分析法是一种由此及彼的研究方法。它研究甲事物,目的却是探索乙事物。它常常通过研究甲乙事物之间的联系,从甲事物出发,采用迂回的、侧面的方法接近和认识乙事物。

相关分析法是一种由表及里的研究方法。在分析研究过程中常通过采用由原因追踪到结果，由现象追踪到本质的方法，从而对事物的认识发生从感性到理性的深化和飞跃。

相关性是事物间普遍存在的一种特性。如何将相关的事物巧妙地联系在一起联想，产生新的构思，这在很大程度上要依靠研究者丰富的经验、渊博的知识和逻辑思维的能力。应用相关分析法必须对各种相关事物进行仔细的观察，积累大量的相关资料，分析研究其所有的内在和外在的相关因素，才能总结出规律性的东西来。

相关分析法运用广泛，即可用作定性分析，又可用作定量分析。该方法对军事技术、专利及其他不易直接获得情况和事实的领域展开信息研究特别有用。

例如，钢窗厂的产值与住宅建筑合同额这两个变量间存在着比较密切的关系。当住宅建筑的合同额增加时，钢窗的产量必然随之上升。经相关分析后获得的这一结论，有利于提前做好产业结构的调整以及住宅建设规模和钢窗生产的规划。

3. 比较分析法

比较是人类认识客观事物、揭示客观事物发展变化规律的一种基本方法。有比较才能有鉴别，有鉴别才能有选择和发展。比较方法是运用类比推理的方式比照各个事物，以确定其差异点和共同点的一种进行信息分析的方法。比较在信息分析研究中的作用主要表现在：第一，通过比较，能够发现事物间本质上的异同，揭示地区、行业部门间存在的差距，进而便于相互借鉴，明确赶超目标；第二，通过对事物不同时期发展状况和水平的比较，可以认识事物的过去和现在，了解其发展的轨迹，揭示其发展的过程和规律，判明其发展的方向，以便于总结经验、吸取教训；第三，通过比较不同的方案，可以明确优劣、真伪，从而为识别、判断和选择最佳方案提供依据。

比较通常有时间上的比较和空间上的比较两种类型。时间上的比较是一种纵向的比较，即将同一事物在不同时期的某一指标（如产品的质量、品种、产量、性能、成本、市场、价格等）进行对比，以便动态地认识和把握该事物发展变化的历史、现状和走势。空间上的比较是一种横向比较，即将某一时期不同国家、不同地区、不同部门同类事物做对比，以便找出差距，判明优劣。在实际的分析中，时间和空间上的比较往往是相互结合使用的。

在对事物之间的进行比较时，应注意以下几个问题：第一，进行比较的各个对象必须具有共同的基础（即可比性）。它包括时间上的可比性、空间上的可比性和内容上的可比性。只有具有可比性的事物才可以进行比较。第二，必须建立一个客观可行的比较标准，否则所进行的比较只能是表面的、非本质的、不可靠的。第三，不同的比较方式会产生不同的结果，可以用于不同的目的（例如，时间上的比较可以反映出某一事物动态变化的趋势，可用于预测目的，而空间比较可以找出不同比较对象之间的水平和差距，可帮助科学决策），因此要注意比较方法的选择。第四，在比较时，应注意不要被所比较的对象的表面现象所迷惑，应深入到其内在的本质深处。深入的程度越深，比较的结果就越准确、越有价值。第五，用来比较的资料越具有典型性，得出的结论就越可靠，切忌对不具有代表性的个例下结论。第六，定量化色彩较浓的数据或者图表间的比较比定性的描述性比较，能够更加直观地揭示事物的水平和差距，因此应尽量收集数据资料作比较。

例如，澳大利亚的能源运输有三个方案：一是把电站建在煤矿附近就地发电，再进行高压输电；二是把电站建在远离煤矿的某地带，铁路运煤到电站发电；三是把电站建在远离煤矿的某地带，管道运煤浆到电站发电。通过对这三个方案的比较可以直观地发现，第三个方案运输效率和设备运转效率高、经费投入少、不占用地面，是三个方案中的最佳方案（见表6－2）。

表6－2　三种能源运输方案的比较

方案	运输效率(%)	用水	土地利用	设备运转效率	经费投入(万美元)	
					基本投资	维修经费
Ⅰ	90	难	无	高	15 100	2 596
Ⅱ	94	易	有	低	14 200	3 197
Ⅲ	95	易	无	高	10 700	2 035

6.3.2　信息分析研究成果的表述

1. 信息研究成果的主要类型

根据信息研究的任务和最终成果的内容特点，信息研究的成果主要有综述、述评、预测性研究报告等。

（1）综述性研究报告。综述性研究报告是对某一课题的有关资料进行分析、归纳、整理和综合加工而成的一种研究报告。这类报告具有目录性报告和文摘性报告两种类型。该两类综述的特点是只对某段时间内就某一学科、专业或者专题所发表的原始文献内容本身作浓缩和描述，按照时间先后或者学科发展的顺序扼要地组织起来，并逐一标注参考文献。文摘型综述报告既具有一般综述的作用，又能起到文摘索引的作用。

综述的特点在于对所研究课题的有关资料、数据和情况作全面系统的分析、归纳的基础上，仅客观地作综合性叙述，一般不加入研究者个人的观点和个人的建议。但是在客观分析的基础上编写者会提出对今后发展趋势的预测。综述报告能够比较全面、系统地反映国内外某专业或者某行业的发展历史、现状和未来发展趋势的特点，使其成为解决信息爆炸问题的有效工具。它有助于读者以少量的时间和精力，获取丰富的信息和数据。特别对于涉足科研领域时间不长的年轻科研工作者，利用综述可以帮助他们全面地了解和掌握本专业学科基础研究和前沿研究的方向，有助于他们制定自己的研究计划和主攻方向。

（2）述评性研究报告。述评性研究报告也叫作分析性综述，是对原始文献中就某一专题研究发表的论文内容进行细致而不带偏见的分析和研究，并从最早的论文发表以来该领域取得成就的角度，对论文中论述的问题进行解释和评价，进而在此基础上通过对分析研究的成果加以综合，并推翻旧的理论和假说，以形成新的知识图景。

综述性研究报告与述评性研究报告的主要区别在于，前者的编写者仅将原始文献作者所提供的内容和见解通过浓缩用系统化的形式表达出来，对原文中阐述的论点和方法不作任何评价；而述评性研究报告，撰写者则不仅需要对原文中提及的理论和方法作出评价，而且在对原始文献的内容进行逻辑分析和综合的基础上，提出自己的观点，并作出结论。

撰写述评的作者，必须阅读大量的相关文献，具有渊博知识和从事本领域研究工作的丰富经验。撰写述评的主要工作在于把已经获得的大量文献、科技成果信息进行归纳整理，使之有序化；根据现有的理论和方法对不同的学术观点展开分析，阐明自己的学术观点或者对其发展方向作出科学的预测。述评主要是综合前人或者他人的研究成果、技术成就和理论方法，并在通过作者创造性劳动的基础上发展新的理论和假说，建构出新的知识图景。述评中引用的数据、论点、成果必须有根有据，不允许主观臆造。对文献中不同的学术观点可以通过与现有的理论作比较，找出据以论证这些理论的假设，进而阐明自己的倾向性意见。一般来说，述评要求作者在客观阐述的基础上，对目前达到的研究水平、存在的主要问题和今后的发展趋势作出主观的评论，有时还可以结合自己的研究成果进行综合评论。

(3) 判据性信息研究成果。判据性信息研究成果，是以研究课题的各种数据和统计资料为主要对象，重点在于经过整理、比较和分析，对某项科研成果或新技术、新工艺、新方法的可靠性、先进性和实用性作出科学的鉴定。阅读这类信息成果既可以了解到课题的实际水平，与国内外同行之间的实际差距，也能了解到作者经过比较后提出的科学判断和明确的建议。因此，该类成果中也含有知识创新的内容。判据性信息研究成果多为内部报告，不公开出版。

(4) 数据汇总类信息研究成果。数据汇总类信息研究成果是在围绕某学科领域或者专业全面调查和收集数据资料的基础上，经过整理、分析和信息浓缩，编撰成手册、字典、辞典、年鉴、百科全书、名录、指南、专题文献题录和数据库等的一类成果。这类成果以资料和数据的全面、系统和准确见长。用户通过该类研究成果可以便捷、全面地了解到有关方面的基本情况。因此，该类成果对日常生活、工作和专题研究都具有重要的咨询价值和参考价值。

2. 信息研究成果的内容结构和编写方法

(1) 综述的内容结构和编写方法。综述文章的主要部分一般由题目、摘要、前言、正文、结束语和参考文献 5 个部分。

题目是综述论文主题思想的概括。综述的题目应用最简练的文字表述出文章特定的研究范围和思想内容。确定的题目必须与综述的内容相吻合。使读者一目了然，产生强烈的吸引力，引起读者的兴趣。

摘要是对综述全文内容的简介。中文摘要一般为 200～300 字，虽然简短，但应该使用高度浓缩的语言，准确、完整简练地揭示出综述的性质、内容和对未来发展的预测。

前言又称引言，简要地说明综述写作的背景、缘由、意义、目的，以及写作的基础和内容适用的范围。语言必须精练，但不要与摘要表述的内容雷同。

正文是综述的主体。具体包括下述几部分内容：

提出问题——综述文章的开端应开门见山地陈述撰写综述的理由，点出主题，或者指出所述问题的普遍意义。如“中国的区域发展与区域污染”一文，著者一开头就指出，中国经济取得了举世瞩目的发展，是研究发展问题尤其是可持续发展的重要对象。同时面对着十分严重的环境问题，其环境问题也像经济发展一样十分突出。当然，如果这些内容在前言中已被阐述，这里可以从略。

发展概况——综述类文章通常按照时间顺序精要地介绍课题研究的历史沿革，在各个阶段的发展状况和特点，已经解决的问题、主要困难和存在的问题。反映历史背景的材料要有所选择，切忌写成编年史。

现状分析——要求客观地描述出目前课题发展的现状。可以按照不同的学派、理论方法和观点作横向的比较，特别要注意说明其成就、特点和发展方向。可以采用下述方法组织内容：

循序渐进法。以课题研究的不同历史阶段为基础,按照学派、理论观点或者方法发展的时间序列组织内容。这种方法比较适用于综述或者评述一个国家或者几个国家某一种理论观点或者方法的产生和发展。

分路挺进法。按照事物包含的若干方面或者所论述问题中包括的几件事物分别列举,作逐一介绍并给予分析和比较。例如,一篇介绍区域环境治理的综述文章,可以从工业废水治理、工业废气治理、工业固体废物治理、生活污水和废物的治理等方面予以展开。

纵深逼近法。即按照事物内在的联系组织内容,犹如采用剥笋的方法,对文章中讨论的内容通过专论或者列表的方法,从外围向纵深一层层作深入的分析。例如,可以先提出问题,接着介绍国外做法,最后提出自己的具体措施。在综述某一新的理论观点或者整体性强的问题时,可以采用该方法。

综合法。是指同时采用上述 2 种以上方法写作综述。这种方法适用于内容篇幅较大的综述。

在写作实践中并非每一篇综述或者述评都必须包括以上几部分的内容,在内容的安排次序方面也可以根据需要灵活安排。甚至可以把以上几部分内容穿插起来写。

趋向预测——从研究环境和现实的条件出发,结合在纵横对比分析中发现的发展规律,预测和展望我国在所论专业范围内的发展对策。

结束语——结束语可以根据需要确定,如果正文部分已有明确详细的结论,结束语可以省去。如果正文内容阐述得不够充分,结束语以精炼的结论则可以起到画龙点睛的作用。

(2) 述评的内容结构和写作方法。述评的结构与综述类似。在内容安排上现状分析和趋向预测是述评写作的重点。在作现状分析的同时,必须对不同学派、不同的理论方法和观点加以评述。在撰写述评时应注意列举的材料与评述的观点相统一,由于述评重在评述,因此要避免列举材料太多,而评论太少的倾向。预测不是猜测,在预测部分对吃不准的东西不要轻易下结论。

6.4　人文社会科学信息调研案例

6.4.1　信息调研

课题名称:工作倦怠理论研究评述

1. 研究背景文献调研

(1) 概念理解。

使用百度百科,以“工作倦怠”为检索词查得以下简要解释:

> 职业枯竭(Job Burnout)又称“工作倦怠”,是指在工作重压下的一种身心疲惫的状态,厌倦工作的感受,是一种身心能量被工作耗尽的感觉。职业枯竭可表现为身体疲劳、情绪低落、创造力衰竭、价值感降低,工作上的消极状态还会进而影响整个生活状态。

使用 CNKI 学术定义(define. cnki. net),以“工作倦怠”为检索词,查得 7 条相关定义,下面是其中的一条：

从组织行为学来看，工作倦怠是指个体因为不能有效地应对工作上延续不断的各种压力，而产生的一种长期性反应，包括情绪衰竭、玩世不恭和成就感低落。

(2) 概念溯源。

以策略 first (coin OR characterize OR propose) concept "burn-out"，检索 Google 网页，其首条结果为：

PHYSIOLOGICAL BURN-OUT AND FUNCTIONAL SKILL LOSS IN CEREBRAL PALSYA new concept called physiological burn-out is offered. ... In order to explain this condition I propose to introduce a new concept, that of physiological burn-out. ... For the first two years of employment her work performance was ...

www. reocities. com/pierremal/cp_pages/burnout. htm

该文的关键段落和文献出处为：

"The concept of burn-out, although a loosely defined term has, since the original academic work on the phenomenon by Freudenberger (1974) and Maslach (1976), being generally accepted as a form of psychological distress that comes from overburdening or over extending the self."

文献出处 FREUDENBERGER, H. J. Staff Burn-Out. J. Social Issues. 1974, 30: 159 - 165

(3) 概念族及其英文单词。

通过已有的综合性和专业性主题词表，了解核心概念的族系关系，以帮助扩展概念。

以"burnout 'narrower term'"为策略，在谷歌中检索，得到《Australian Occupational Health and Safety Thesaurus》(3rd Edition 2003)。打开该文件，得到相关主题词的族系关系为：

Psychological and physiological hazards

• Stress (Psychological)

• • job stress

• • • burnout

又得到《Gender Work Thesaurus》，其中相关主题词为：

OCCUPATIONAL HEALTH
• NARROWER TERM
OCCUPATIONAL STRESS
• USED FOR
BURNOUT
EMPLOYEE STRESS
WORKER STRESS

(4) 概念组面及其扩展。

由上述所得，结合相关知识，得到以下概念组面及其扩展结果：

概念组面 1：工作和员工

含概念：工作(job，career)，职场(Workplace)，职业(occupation)，员工(employee，worker，staff)

概念组面 2：倦怠

含概念：倦怠(bounout)，焦虑(anxiety)，压力(stress)，枯竭(exhaus)

2. 已有的研究成果调研及其内容分析

(1) 文献综述。

以策略“(职场 OR 职业 OR 工作 OR 员工) AND (倦怠 OR 焦虑) AND (综述 OR 述评 OR 进展)”，在 CNKI 中检索得到若干篇文献。以下是其中的 3 篇：

刘华. 国内工作倦怠研究述评. 郑州航空工业管理学院学报(社会科学版)，2007/02

张永旺. 国外工作倦怠干预研究述评. 未来与发展，2009/11

贾晓波. 工作倦怠的测量及其干预研究综述. 心理与行为研究，2006/01

以策略“(career OR job OR staff OR employee) AND (burnout OR anxiety OR exhaustion) AND (review OR overview OR progress)”，检索 OA 资源 SOCOLAR，得到若干篇。以下是其中的 2 篇：

Ball S, Goddard A, Shekhar A. Review Article — Evaluating and Treating Anxiety Disorders in Medical Settings. T-Space at The University of Toronto Libraries, 2002

van Ham I, Verhoeven A A, Groenier K H, et al. Job satisfaction among general practitioners: A systematic literature review Peer-Reviewed. The Digital Archive of the University of Groningen, The Netherlands, 2006

(2) 国外文献分析。

选择标题字段，以检索策略“Burnout or ‘burn out’”在 SSCI 中检索，得到 2 321 篇文献。按照被引次数排列这些文献，系统给出的结果(部分)如下：

1) 前 5 名高产作者：SCHAUFELI WB，85 篇，占总篇数的 2.714%；BAKKER AB，59 篇，占 1.853%；SHANAFELT TD，51 篇，占 1.206%；SALMELAARO K，26 篇，占 0.560%；DYRBYE LN，19 篇，占 0.819%。

2) 作者所在国家前 5 位：USA，622 篇，占 26.799%；NETHERLANDS，208 篇，占 8.962%；SPAIN，140 篇，占 6.032%；ENGLAND，124 篇，占 5.343%；GERMANY，109 篇，占 4.696%。

3) 作者所在机构前 5 位：UNIV UTRECHT(Netherlands)，95 篇，占 4.093%；TEL AVIV UNIV (Israel)，35 篇，占 1.508%；KAROLINSKA INST (Sweden)，32 篇，占 1.379%；UNIV VALENCIA(Spain)，26 篇，占 1.120%；UMEA UNIV(Sweden)，24 篇，占 1.034%；UNIV GRONINGEN(Netherlands)，23 篇，占 0.991%。

4) 来源出版物前 5 位：INTERNATIONAL JOURNAL OF PSYCHOLOGY，119 篇，占 5.127%；WORK AND STRESS，41 篇，占 1.766%；PSYCHOLOGICAL REPORTS，34

篇，占 1.465%；PSYCHO ONCOLOGY，33 篇，占 1.422%；ANXIETY STRESS AND COPING，31 篇，占 1.336%。

5）高被引文献前 5 篇。

Maslach C, Schaufeli WB, Leiter MP. Job burnout. ANNUAL REVIEW OF PSYCHOLOGY，2001(52)：397－422 被引频次：849（本篇列入综述参考文献）

Lee RT, Ashforth BE. A meta-analytic examination of the correlates of the three dimensions of job burnout. Journal of Applied Psychology, 1996，81(2)：123－133 被引频次：486（本篇列入综述参考文献）

Demerouti E, Bakker AB, Nachreiner F. The job demands-resources model of burnout. Journal of Applied Psychology，2001, 86(3)：499－512 被引频次：361（本篇列入综述参考文献）

Schaufeli WB，Bakker AB. Job demands，job resources，and their relationship with burnout and engagement：a multi-sample study. Journal of Organizational Behavior, 2004，25(3)：293－315 被引频次：267

Brotheridge CM，Grandey AA. Emotional labor and burnout：Comparing two perspectives of "people work". Journal of Vocational Behavior, 2001，60(1)：17－39 被引频次：147

（3）调查报告。

以数据支撑背景，材料取整体调查，一般不取行业局部。

以策略"intitle：中国 intitle：(职场|工作|职业) intitle：(焦虑|倦怠) 调查"，检索百度网页，得到若干免费文献信息，以下是其中的两条信息：

人民网—2004 中国"工作倦怠指数"调查报告

2004 年 12 月 9 日... 第二部分：中国职场人士工作倦怠状况 一、中国职场人士总体工作倦怠程度不... 调查结果显示：在所有职业中，公务员中 54.88%的被调查者出现了工作倦怠...

www.people.com.cn/GB/shenghuo/1089/304299 ... 2009－7－18－

2010 年中国职场人士工作倦怠现状调查报告- docin.com 豆丁网

第一部分：序言 调查背景：你是不是对工作总提不起兴趣？对于目前的职业状态...为此，于 2009 年 3 月进行"2009 中国职场人士工作倦怠现状调查"。本次调查...

www.docin.com/p－148531135.html 2011－7－29－

以策略："全文：(倦怠 OR 工作压力) AND 全文：(调查)"，精确匹配，词频控制 3，检索中国重要报纸全文数据库，得到 207 篇文献，下面是其中的几篇：

罗燕倩，肖蓓. 世界 500 强企业员工健康调查：1 000 份可怕的体检报告. 东方早报，2011－05－14

敖琼. 雷格斯调查：全球范围内中国工作压力增幅最大. 中国经济时报，2009－11－26

王晓. 7成人染职场倦怠症. 中国妇女报,2008－05－31
张伟，吴珊. 中国“工作倦怠指数”调查. 医药导报,2004－12－14(05)

以策略“(career OR job OR staff OR employee OR worker) AND (burnout OR Anxiety OR stress OR exhaustion) AND (survey OR investigation)”限制在题名字段，检索SSCI得43篇，下面是其中的3篇：

Wang X, Chen L, Pei H. An investigation of stress and mood state of employees in state-owned enterprise. INTERNATIONAL JOURNAL OF PSYCHOLOGY,2004,39(5－6)：300

Lu CQ, Spielberger C. Reliability and validation of the Chinese version of Job Stress Survey (JSS). INTERNATIONAL JOURNAL OF PSYCHOLOGY, 2004,39(5－6)S：429

Nahrgang Jennifer D, Morgeson Frederick P, Hofmann David A. Safety at Work: A Meta-Analytic Investigation of the Link Between Job Demands, Job Resources, Burnout, Engagement, and Safety Outcomes. JOURNAL OF APPLIED PSYCHOLOGY,2011, 96(1)：71－94

Schutte N, Toppinen S, Kalimo R, et al. The factorial validity of the Maslach Burnout Inventory-General Survey (MBI－GS) across occupational groups and nations. JOURNAL OF OCCUPATIONAL AND ORGANIZATIONAL PSYCHOLOGY, 2000, 73(Pt 1)：53－66 被引频次：102(本篇列入综述参考文献)

3. 形成原因文献调研

以策略“主题：(企业 OR 公司) AND 主题：(职场 OR 职业 OR 工作 OR 员工) AND 篇名：(倦怠 OR 焦虑 OR 压力) AND 主题：(成因 OR 原因 OR 因素 OR 机制)”检索CNKI,得到若干篇。下面是其中的6篇：

周梅. 昆明市企业职工工作倦怠的影响因素调查. 环境与职业医学,2010/09
曾垂凯,时勘. 工作倦怠形成机制的初步研究. 人类工效学,2010,16(2)
陈朱云. 状态-特质焦虑与职业紧张的关系及其影响因素分析. 中国职业医学,2010/01
曾晓红. 企业员工工作倦怠成因及防范. 职业时空,2009/10
袁凌. 企业中层管理者工作倦怠的成因及其干预措施. 湖南大学学报(社会科学版),2009/01
李磊. 知识型员工工作倦怠的影响因素及缓冲策略. 人力资源管理,2008/06
李超平. 分配公平与程序公平对工作倦怠的影响. 心理学报,2003/05

以策略“(career OR job OR staff OR employee OR worker) AND (burnout OR Anxiety OR stress OR exhaustion) AND (cause OR impact OR factor OR influence)”,限制在题名字段,检索SSCI得150篇。下面是其中的6篇：

Nishitani Naoko, Sakakibara Hisataka. Job Stress Factors, Stress Response, and Social Support in Association with Insomnia of Japanese Male

Workers. INDUSTRIAL HEALTH,2010,48(2):178-184

Lasalvia Antonio, Bonetto Chiara, Bertani Mariaelena. Influence of perceived organisational factors on job burnout: survey of community mental health staff. BRITISH JOURNAL OF PSYCHIATRY,2009, 195(6):537-544

Choi Eun Sook, Ha Yeongmi. Work-related Stress and Risk Factors among Korean Employees. JOURNAL OF KOREAN ACADEMY OF NURSING, 2009,39(4):549-561

Moore JE. One road to turnover: An examination of work exhaustion in technology professionals MIS QUARTERLY, 2000, 24(1):141-168(本篇列入综述参考文献)

Harden RM. Stress, pressure and burnout in teachers: is the swan exhausted? MEDICAL TEACHER 1999 卷:21 期:3 页:245-247 被引频次:13(本篇列入综述参考文献)

Bakker AB, Demerouti E, Euwema MC. Job resources buffer the impact of job demands on burnout. JOURNAL OF OCCUPATIONAL HEALTH PSYCHOLOGY. 2005, 10(2):170-180(本篇列入综述参考文献)

以"burnout"为检索词在题名字段检索 socolar (www. SOCOLAR. com),获得多篇文献,下面是其中的2篇:

Gabris GT. Does performance appraisal contribute to heightened levels of employee burnout?: The results of one study. Public Personnel Management, Summer 2001(本篇列入综述参考文献)

Leiter, MP. Burnout and quality in a sped-up world. Journal for Quality and Participation, The Year: 2001 Vol. Summer 2001(本篇列入综述参考文献)

4. 模型或者措施文献调研

以策略"主题:(职场 OR 职业 OR 工作 OR 员工) AND 篇名:(倦怠 OR 焦虑) AND 主题:(模型 OR 应对 OR 措施 OR 干预 OR 解决 OR 对策)"检索 CNKI,得到若干篇。下面是其中的4篇:

刘晟. 创新型企业员工职业倦怠审视与干预. 企业研究,2010/12

王锋. 青年职业倦怠成因及应对策略. 当代青年研究,2007/11

张燕. 工作倦怠理论模型和相应干预措施. 中国健康心理学杂志,2006/03

鞠鑫. 职业倦怠的工作要求——资源模型. 应用心理学,2004/03

以策略"(career OR job OR staff OR employee OR worker) AND (burnout OR Anxiety OR stress OR exhaustion) AND (model* OR countermeasure*)"限制在题名字段,检索 SSCI,得85篇。下面是其中的几篇:

Demerouti E, Bakker AB, Nachreiner F. The job demands-resources model of burnout. JOURNAL OF APPLIED PSYCHOLOGY,2001,86(3):499-512 被引频次:357

Bakker AB, Demerouti E, Verbeke W. Using the job demands-resources model to predict burnout and performance. HUMAN RESOURCE MANAGEMENT,2004,43(1): 83－104 被引频次: 115

Demerouti E,Bakker AB,Nachreiner F,et al. A model of burnout and life satisfaction amongst nurses. JOURNAL OF ADVANCED NURSING, 2000, 32(2): 454－464 被引频次: 87(本篇列入综述参考文献)

Van der DM, Maes S. The Job Demand-Control (-Support) model and psychological well-being: a review of 20 years of empirical research. WORK AND STRESS,1999 13(2): 87－114 被引频次: 350(本篇列入综述参考文献)

Niedhammer I, Tek ML, Starke D, et al. Effort-reward imbalance model and self-reported health: cross-sectional and prospective findings from the GAZEL cohort. SOCIAL SCIENCE & MEDICINE, 2004, 58(8): 1531－1541 被引频次: 59 (本篇列入综述参考文献)

6.4.2 文献述评

工作倦怠理论研究评述

(据胡利利等《科技管理研究》2011 年第 3 期论文节略)

1. 工作倦怠研究背景

美国学者 Freudenberger 1974 年在心理健康领域首次用“倦怠”一词,描述服务业及医疗领域中个体所体验到的负面症状[1]。工作倦怠从提出到现在,已成为组织行为与人力资源管理领域中研究的热点。

随着现代社会的发展,竞争愈加激烈,工作倦怠(Job Burnout)已成为世界范围内的普遍现象。中国职场焦虑调查报告(2005)显示: 中国普通员工倦怠感高达 64.57%,有 35.54%的白领人士“对工作产生厌倦情绪”。中国翰德就业报告(2006 年 2 季度)显示: “33%的公司表示工作倦怠情况愈演愈烈”。《财富》(中文版)与易普斯咨询公司 2006 年面向中国 25 个省市 10 000 名企业管理者的问卷调查结果表明: 73.4%的经理人感觉压力较大或极大,而 26～45 岁的男性、任职 6～15 年、高职位的经理人压力感更大。2008 年 4 月 1 日《北京晚报》的调查显示: 工作倦怠已经成为工作场所流行的心理性困扰问题,中国公司中 20%的员工都存在工作倦怠,中国每 100 人中就有 12 人严重情绪耗竭, 9 人严重愤世嫉俗。

综上所述,中国境内企业员工存在的工作倦怠现象及其发展趋势不容忽视。工作倦怠会影响个体心理和生理健康、工作生活质量,影响企业士气、效率与效益等。对工作倦怠特征、影响因素、测量工具等进行理论综述,对于个体和组织了解、识别并干预倦怠现象,寻找合适的工作倦怠舒缓措施,具有重要现实意义。

2. 工作倦怠概念

“工作倦怠”(job burnout)又称“职业枯竭”、“职业倦怠”等,是指助人行业工作者因持续的情感付出以及与他人相互交往过程中所遇到的各种矛盾、冲突而引起的挫折感加剧,从而导致的在情绪、情感、行为等方面身心耗竭状态。社会心理学代表人物 Malsch & Jackson (1982)比较了 15 种对工作倦怠的不同定义并提出“工作倦怠是一种情绪耗竭、去人性化和成就感低落的现象,经常出现在从事人际工作的个体身上”[1]。在学者系统研究工作倦怠之前,它已经被从业者认为是一个重要的社会问题,它更多的是一个“基层”现象,职场中人对它有着实际的经验。该术语本身表明:“工作倦怠”有着丰富的实际起源而不是学术理论。更确切地说,工作倦怠被定义为特定人群情绪耗竭、人格解体和个人成就感降低的心理综合症。

工作倦怠的特征无疑是学者们研究的重点之一。目前,在工作倦怠领域得到大部分学者认同的是 Maslach 提出的工作倦怠的 3 个主要特征:情感耗竭、效能低下和去人性化。

情感耗竭。表现为个体情绪化过度和情感资源的耗尽,发生的主要原因是超负荷工作和人际关系冲突等。Maslach(1998)指出,情感耗竭与工作要求和工作回报有关[2]。情感耗竭可能是个体应对高工作要求的一种方式,从而对别人在情感上产生疏离。情绪耗竭特征是工作倦怠的基本压力维度。

去人性化。表现在个体对别人的消极的、冷漠的、过分偏离的反应,并包括理想的丧失。Ashforth & Lee(1996)认为去人性化是个体在面对耗竭和压力时的一种防御性行为[3]。去人性化是在情感耗竭的基础上发生的,是个体在情感上对“分离忧虑”的缓冲,是一种自我保护行为。去人性化特征是工作倦怠的人际维度。

效能低下。表现为个体在工作中能力和效率的降低。这种低下的自我效能与沮丧和无法应对工作要求有关,并因缺乏工作支持和职业发展机会而恶化。效能低下特征是工作倦怠的自我评价维度。

工作倦怠的三个特征从不同角度描述个体对工作中影响因素的反应。一般来说,情感耗竭和去人性化来源于工作负担和工作冲突现状,同时效能低下是由缺少工作资源(例如,缺少关键信息、必要工具或是时间不足)而不能完成工作引起的。这三方面的相互作用导致了产生倦怠的危险。

3. 工作倦怠前导因素

Sarason(1983)指出“倦怠不仅是个体的特征,也是社会属性在个体心理特征上的一种反应”。Maslach 也强调,工作倦怠是环境的一个产物,并且是通过个体的层面表现出来的。Maslach 研究指出个人和组织的不匹配可能引起工作倦怠的六个方面:工作量、控制感、报酬、一致性、公平性、价值。本文以这六个方面为主线,总结出工作倦怠的前导因素。

超负荷工作。当工作要求超出个体的承受能力,而个体又不得不在时间限制内完成组织交给的工作,这时就产生了个体与工作量的不匹配。如果长期处于超负荷工作的环境中,那么就会导致个体效率下降、情绪低落等,产生倦怠感。Moore(2000)对 IT 业专业技术人员的衰竭和离职原因的研究中指出,众多预测变量中超负荷工作是对衰竭最有影响的一项,而人员以及资源不足又是导致工作负荷多大以及衰竭的主要原因[4]。

缺乏控制。当个体对他们所做的工作控制较少时,不匹配就会产生。Demerouti(2001)提出的工作要求—资源模型(JD－R)认为,长期的工作要求可能最终导致情感衰竭,工作资源的缺乏将导致个体从工作中的分离和自我效能感的降低最终产生了工作倦怠,并且这些工作要求或是压力是慢性质的,是持续表现出来的[5]。

报酬不足。当人们做的工作缺乏合适的报酬时也会产生工作和人的不匹配。也就是说，报酬的不足降低了工作和个体价值。这里的报酬包括外部奖励（如薪水、福利等）和内部奖励（赋予重任的自豪感等）。Siegrist（1996）提出的努力—回报模型（Effert-rewards model）指出，当个体回报与努力程度不相匹配时，导致工作倦怠[6]。Brissie 等（1988）研究指出，教师的个体回报感越强其工作倦怠水平越低。

不一致。当人们失去与工作中其他人积极的联系时就会发生不一致。Maslach 指出，当个体在工作中与他人发生长期的、未解决的冲突就会产生了连续的挫折和敌意的消极情感，并减少了社会支持，导致工作倦怠的产生。

缺乏公平。公平就是分配合理、机会均等和程序公正等以及与个体有关的组织制度、政策、措施等的公平。公平代表了尊重个体的自我价值，当工作中存在不公平时，人和工作就会发生严重不匹配。例如，当工作量和报酬不相符时，不公平就发生了；如果公司制度没有合理的晋升制度等，这些就被认为是不公平的。这些现象都会导致个体对组织的疏离，导致情感、效率等的恶化。Gabris（2001）研究了绩效评价的工具有效性、分配公平性、程序公平性对政府部门员工工作倦怠及工作满意度的影响，结果表明对于专业人士，程序公平性和分配公平性与工作倦怠有中等程度的相关[7]。

价值冲突。主要是指当工作要求和个人原则不匹配时。一些情况下，人们可能感觉被工作所限制而强迫做一些不道德的并与自己的价值观不一致的事情，这时就会容易产生个体工作倦怠。另外，无论是角色冲突还是重要价值观的冲突，当工作中出现太多冲突时，使人筋疲力尽，人们为了应付精疲力竭而与人们拉开距离，这样久而久之就会产生无效感，出现工作倦怠症状。Leiter 和 Maslach（2001）提出的匹配—不匹配模型，认为工作与个体之间的匹配程度差距越大越易产生工作倦怠[8]。

从工作倦怠产生的六个方面可以看出，工作倦怠的产生不是个体单方面的原因，而是个体与组织相互作用的结果，而工作倦怠的特征通过个体层面表现出来。Maslach（1998）指出，工作倦怠不仅是个体对压力的反应而且是在工作环境中个体与其他人之间的相互联系的反应[2]。也就是说，工作倦怠是在组织环境背景下，由众多压力源的交互作用而产生的。这就要求一方面对工作倦怠前导因素的理解上不能把个体与工作情景分割开来；另一方面，在工作倦怠的干预上，也不能单纯从个体或是组织一方面展开。

4. 工作倦怠干预措施

Maslach 的多维模型使我们更好地理解工作倦怠，而不是单纯的线性“压力”途径。三个维度有着不同的影响因素，多维模型更加清楚地指出了工作倦怠现象产生的复杂的社会和组织背景。考虑到工作倦怠的产生背景以及工作倦怠的直接影响者——个体，本文从个体和组织两个方面提出干预措施。对个体而言，主要是改变个体工作方式来排除、减少工作压力，或是采取相应措施达到减少工作倦怠负面影响的目的；对组织而言，主要是通过制度的改变通过创造和谐的工作环境，或是提供相应资源，减少个体产生倦怠的环境压力，通过有计划地帮助个体应对工作中的压力，以减少压力的扩大。

(1) 以个体为主的方法。目前工作倦怠的预防措施大多是将建议归到个体这一层面，虽然也有一些对于工作场所压力作用的认知，但根本观点是个体在预防工作倦怠上起着核心作用。

1) 改变工作形式。工作倦怠产生的最主要原因是工作压力过大，因此预防工作倦怠的一个基础性的建议就是减少工作量，或是减少每周的工作时间。当个体出现工作倦怠时，就要谨慎地放慢工作的步子，而不是比以前更加快速地工作或者工作得更努力。

2）发展应对技能。该方式是通过改变个体的应对方式达到减少工作压力的影响，不是对压力本身的改变。应对是指成功对付环境或是问题的能力。通过积极应对可以使自己有效地面对各种心理应激源，达到平衡状态。发展应对技能，对环境中的各种的变化及时做出反应，把压力转化成动力，而不是自身改变的阻力。

3）利用社会资源。社会支持经常被用来预防工作倦怠。Cohen 和 Wills(1985)研究发现，与工作有关的社会支持对压力的负面影响有缓冲作用；Karasek & Theorell(1990)认为支持，尤其是能够通过培养积极的、解决问题以满足工作要求方式的支持，共同促进了幸福感和生产效率。来自同事的支持、来自管理者的支持或来自家庭和朋友的个人支持，以及有效地引导，都可以帮助个体处理工作压力。

4）认识自我。就是个体对自己人格、需求和动机的更好理解。了解自己的优势和劣势，正确理解可能会导致自己工作倦怠风险的因素。在自我分析的基础上，改变自己处理工作的方式，减少工作倦怠倾向。可以采取相应措施来增强自我意识或自我评估，调整不现实的个人目标，减少自己内在的力，并做好"职业高原"准备。以个体为主的预防措施的前提是，个体工作倦怠发生的原因更多的是在于个体，而不是工作环境。但是工作倦怠不单是个体或是不合适的工作环境单方面引起的，更重要的是个体对环境的不恰当反应。组织能够为工作中的压力管理采取相应措施，但为了预防工作倦怠而放弃所有的个体方式对于遭受工作倦怠的个体来说是不合适的、不现实的。

(2) 以组织为中心的措施。大量的研究发现：社会和组织因素比个体因素在干预工作倦怠上发挥着更加大的作用，因此，以组织为中心的措施对工作倦怠的预防必不可少。

1）提供助人和谐的文化氛围。从工作倦怠的社会文化观出发，当社会分化氛围难以改变外，企业文化职业影响员工的个体行为。当企业文化提供给个体一个助人和谐的氛围时，有利于形成互助的环境，个体更能融入到企业中，对集体的事物和工作产生热情，对周围的人更是乐于帮助，这样能对个体情感上的耗竭起到缓解作用，进而预防工作倦怠。

2）建立合理激励制度。工作要求—资源模型(JD－R)指出，当个体掌握更少的资源时可能会产生工作压力和工作紧张，这里的资源包括物质的、条件的、能量的以及有价值的东西等，因此合理的激励制度包括物质激励、成就激励和机会激励等方面。其中，物质激励主要包括薪酬、福利、分红、股权等以实物激励；成就激励包括精神激励、赋予有挑战性的工作等，成就激励是个体的行为内驱力，使个体感受成就，主动地创造自己的成就；机会激励主要是关注员工职业生涯规划和辅导，为员工提供培训和职务晋升机会，激励其在工作中更加主动积极。

3）进行职业生涯规划。当个体与组织情景不匹配时更容易产生工作压力，很大一部分是由于组织没有给予个体明确的职业生涯发展目标。当组织站在员工角度，在不同发展阶段，为个体设定合理的工作目标，开发个体潜力，实现个体的成就感，同时对个体进行职业生涯管理，防止工作倦怠的产生。例如，组织可以采取员工援助计划(EAP)，为其个体设置一项系统的、长期的服务项目，这样既解决个体及其家人的心理和行为等问题，又可以实现组织的长期发展目标。以组织为中心的措施旨在消除工作压力的负面影响。事实上，工作都是有压力的。当工作中的压力适当时，可以使人们对工作更努力且更有效率，关键是怎样应对这种压力。这也就要求组织利用好压力，使个体产生更高的工作绩效。

参考文献：

[1] Maslach C，Schaufeli W B，Leiter M P. Job Burnout[J]. Annual Review of Psychology，2001，52：397－422.

[2] Maslach C. Job Burnout：New Directions in Research and Intervention [J]. Current directions in psychological science，2003.

[3] Lee R，Ashforth B E. A Meta-Analytic Examination of the Correlates of the Three Dimensions of Job Burnout[J]. Journal of Applied Psychology，1996，81(2)：123－133.

[4] Moore J E. One road to turnover：An examination of work exhaustion in technology professionals [J]. MIS Quarterly，2000，24(1)：141－175.

[5] Bakker A B，Demerout I E，Euwema M C. Job Resources Buffer the Impact of Job Demands on Burnout [J]. Journal of Occupational Health Psychology，2005,10：170－180.

[6] Isabelle Niedhammera，Johannes Siegrist. Effort reward imbalance model and self-reported health：cross-sectional and prospective findings from the GAZEL cohort[J]. Social Science & Medicine,2004,58：1531－1541.

[7] Gabrisg T，Ihrke D M. Does performance appraisal contribute to heightened levels of employee burnout? The results of one study[J]. Public Personnel Management，2001，30(2)：157－172.

[8] Leiter M P，Maslach C. Burnout and quality in a sped-up world[J]. The Journal for Quality and Participation，2001，24(2)：48－51.

习　　题

1. 简述通过正式和非正式渠道收集文献信息的方法。

2. 如何鉴别文献信息的价值?

3. 请您按照本章中的相关内容,将下列书目信息改写成标准格式的文后参考文献：

(1) 刘莲花:《房地产抵押若干法律问题探讨》,载《法学评论》,1999 年第 2 期

(2) 袁庆寿 牛德林主编《中国边疆经济发展概略》,黑龙江人民出版社,1993 年版

(3) 石庆伟、孙浩。"白发浪潮"提前到来"银色住宅"应对不及,人民日报,2003 年 02 月 08 日第五版

4. 选择一个专题,从 CNKI 检索一批相关文献,并将其导入 Endnote,分析其关键词和期刊等分布,并尝试将其中的文献作为文后参考文献载入 Word 文件中。

7

实 习 指 导

7.1 课题概念分析和检索策略的构建

1. 实习目的

掌握课题分析、概念扩展和检索策略构建的一般方法。

根据课程指定课题或者自拟课题要求，通过一定工具获取背景材料，进而分析课题的主要概念并扩展这些概念，在此基础上分别构建中英文检索策略。

2. 实习要求

课题名称：自拟的课题必须具体，不得以学科名称或者只包含一个概念的名词作为课题。

背景材料：仅要求说明课题的主要内容，可以包括主要研究对象、学科归属、研究方法、研究目的或研究现状，限100～200字，可以取自相关期刊、百度百科、教科书等。不得整篇拷贝文章。

主要概念及其扩展：要求分组面给出课题的主要概念和拟采用的中英文检索词。不得使用无专指意义的概念。

检索策略：要求给出课题的中英文检索策略，注意概念之间的逻辑关系，多使用几种检索算符。算符一律使用半角字符，英文策略中任何相邻两个单词之间不得简单使用空格，必须使用算符。

3. 实习思考题

(1) 网上获取课题背景材料的互动性工具有哪些?

(2) 如何分析课题的主要概念?

(3) 扩展概念有哪三种主要方法?

(4) 如果需要同时检索同一词根的英文单词，应该使用什么算符?

(5) 属于不同组面的概念之间应该使用什么算符?

4. 实习示例

姓名：尚达胜　学号：002008888

课题名称：关于银行不良资产处理的研究

背景材料：非良好经营状态的银行资产，主要是不良贷款资产，即银行不能及时收回本金和利息的贷款。包括逾期贷款、呆账和坏账等。（据百度百科改写）

主要概念和扩展：

主要概念：银行 不良资产

概念组面 1：银行 bank

概念组面 2：不良资产 toxic assets

逾期贷款 overdue loans

呆账 sluggish loans

坏账 bad loans

（术语对应的英语单词取自 search. cnki. net 等）

检索策略

中文策略：

银行 and（不良资产 or 逾期贷款 or 呆账 or 坏账）

英文策略：

bank and（toxic and asset* or（overdue* or sluggish or bad）and loan*）

7.2 中国学术期刊网络出版总库检索

1. 实习目的

（1）掌握单逻辑检索、多逻辑检索和“在结果中检索”方法；

（2）掌握课题概念分析、汉语词语切分和概念扩展的方法，确定课题相关的检索词；

（3）运用数据库提供的各种调整方法，扩展和缩小检索范围。

2. 实习要求

（1）进入中国学术期刊网络出版总库后，浏览界面和相关分类专辑。

（2）打开网络课件，下载中国学术期刊网络出版总库实习示例。

（3）根据课题要求，分析检索概念，要求至少有一个概念扩展出两个检索词。

（4）根据课题内容，选择总分类目录（专辑）、子分类目录（专业）和数据库的年份。

（5）通过单逻辑检索、多逻辑检索，运用汉语词语切分、概念扩展和二次检索方法，分别换用不同的字段，检索与课题相关的文献，记录检索策略和所获的文献篇数，选择密切相关的一篇文献。

（6）打开 WORD 文件，将密切相关的一篇全文的第一页粘贴在文件中，并按照示例将学号、姓名、中文课题名称、检索过程补写入该文件，取“学号 zw. doc”为文件名存盘。

（7）通过网络课件提交作业。

3. 实习思考题

（1）多逻辑界面检索和单逻辑检索相比，有哪些区别？

（2）如何合理地组合使用逻辑与和逻辑或？

(3) 为什么全文字段所得的文献往往不相关?
(4) 由系统提供的“扩展”按钮自动产生的检索策略可否直接用于概念扩展?
(5) “模糊”和“精确”匹配用于辅助字段检索时有何区别?
(6) 词频控制主要用于什么场合?

4. 检索示例

姓名：尚达胜　学号：002008888
练习数据库：中国学术期刊网络出版总库
练习题目：查找“关于银行不良资产处理的研究”方面的相关文献
练习过程：
(1) 概念分析与扩展。
区分概念类型和运用扩展概念的方法扩展主要概念得到的结果填入下表：

区分概念类型	运用扩展概念的方法扩展主要概念	
主要检索概念	银行	信用社，金融机构
	不良资产	呆账，坏账
辅助检索概念	处理，研究	/
禁用词	关于，的	/

(2) 构建检索策略。
1) 未经概念扩展的检索策略。
银行 * 不良资产 * 处理
2) 已经概念扩展的检索策略。
(银行 + 信用社 + 金融机构) * (不良资产 + 呆账 + 坏账) * 处理
(3) 检索操作。
1) 进入检索界面的步骤。
图书馆主页→电子资源/数据库→中国知网(总站)→ 中国学术期刊网络出版总库检索界面，
2) 使用未经概念扩展的检索策略检索。
系统设置取数据库默认值，即界面为单逻辑，年份范围为 1999～2012 年，匹配控制为模糊，将“银行 * 不良资产 * 处理”输入文本框，字段分别选择主题、篇名、摘要和关键词，检索后，将结果填入下表：

字　段	检　索　策　略	命中篇数
主　题	银行 * 不良资产 * 处理	592
篇　名	银行 * 不良资产 * 处理	63
关键词	银行 * 不良资产 * 处理	16
摘　要	银行 * 不良资产 * 处理	501

3）使用已经概念扩展的检索策略检索。

选用专业检索界面，年份范围为大于1999年，字段选取“主题”，具体策略为：

SU=（银行+信用社+金融机构）*（不良资产+呆账+坏账）*处理 and YE>1999

重复上述步骤，但更换字段为“篇名”、“摘要”和“关键词”，分别检索后，将所得文献篇数填入下表：

字　段	命中篇数
主　题	607
篇　名	62
关键词	2
摘　要	460

4）在“篇名”字段的检索结果中取一篇文献，点击该文的篇名，以“无格式”方式拷贝其文摘信息如下：

不良资产处置的战略选择：建立有问题金融机构的市场退出机制

【英文篇名】Strategic selection of non-performing asset handling

【作者】郭金春；陈璇；

【作者单位】华中科技大学管理学院；清华大学会计研究所；

【刊名】特区经济，Special Zone Economy Special Zone EC，编辑部邮箱 2006年03期

期刊荣誉：中文核心期刊要目总览　ASPT来源刊　CJFD收录刊

【关键词】不良资产；金融风险；问题金融机构；

【英文关键词】Non-performing； Assets （ NPLs ）； Financial Risks； Problematic Financial Institutions；

【摘要】本文首先分析了当前我国处置有问题金融机构的政策误区，在比较借鉴成熟市场经济国家处理有问题金融机构做法的基础上，提出建立我国有问题金融机构市场退出机制的宏观模式。

【英文摘要】This study starts with an analysis of the fallacies in China's current policy arrangements for dealing with the problematic financial institutions. Based on the experiences and lessons drawn from several mature market economies, this study proposes a macro model for the problematic financial institutions to exit.

5）辅助字段检索。

从上述文摘中选取作者单位信息“华中科技大学”和期刊刊名信息“特区经济”，再次检索，证明从已知辅助字段信息，同样可以检索该文。

(4) 将CAJ文件内容转换成Word文件。

下载并打开上述郭金春一文的CAJ文件，通过选择、拷贝和粘贴，将其全文第一段转换成下列Word文字：

一、当前我国处置有问题金融机构的政策误区

自1999年以来，我国通过组建金融资产管理公司处理了大量的商业银行不良资产。同时，各家商业银行、非银行金融机构及一些地方政府也相应地组建了专业的部门或机构，专门负责不良资产处置工作，处置了数千亿的不良资产。但通过组建金融资产管理公司以及其他专业机构简单地处置不良资产并没有从根本上解决金融体制运行中的诸多问题，当前金融风险形势依然严峻。主要是因为我国重视处置不良资产，不关注有问题金融机构的处置问题。

7.3 EBSCO全文数据库检索

1. 实习目的

(1) 掌握数据库的基本使用方法。

(2) 掌握词组、逻辑、优先、字段、截词和位置算符的运用方法。

2. 实习要求

(1) 进入EBSCO全文数据库后，浏览基本检索和高级检索界面。

(2) 打开网络课件，浏览或下载EBSCO全文数据库实习示例。

(3) 根据课题要求，分析检索概念，要求至少有一个概念扩展出两个检索词。

(4) 通过基本检索、高级检索，运用词组检索的方法以及逻辑、优先、字段、截词和位置算符的运用方法，检索与课题相关的文献，记录检索策略和所获的文献篇数，选择密切相关的一篇文献。

(6) 打开WORD文件，将密切相关的一篇文献的文摘粘贴在文件中，并按照示例将学号、姓名、中文课题名称、检索过程补写入该文件。保存文件。

(7) 通过网络课件提交作业。

3. 实习思考题

(1) 怎样才能合理地使用截词算符？

(2) 使用位置算符检索时需要注意什么问题？

(3) 限制选项和扩展选项中的fulltext和also search within fulltext articles有什么区别？

4. 检索示例

姓名：尚达胜　学号：002008888

练习数据库：EBSCO—Academic Source Premier

练习题目：查找“经济定量分析研究”方面的相关文献

(1) 分析概念和确定检索词、检索策略。

本课题的主要概念为“经济”和“定量分析”，其对应的英语，使用CNKI翻译助手得到：

经济：economy，economic

定量分析：quantified analysis，quantification analysis，quantitative analysis

同时比较 CNKI 翻译助手的示例，选定对应"经济"和"定量分析"的英语单词分别为"economy"和"quantitative analysis"。其余英语词组作为概念扩展使用。

拟定以下检索策略：

未经概念扩展的检索策略：economic quantitative analysis

已经概念扩展的检索策略：econom* AND (quantified analysis OR quantification analysis OR quantitative analyses)

使用截词算符的检索策略：econom* AND quanti* AND analys*

(2) 高级检索界面(Advanced Search)的检索过程和检索结果。

1) 使用未经概念扩展的检索策略检索。

直接在一个检索文本框输入"economic quantitative analysis"字段取篇名(title)，其余系统设置取默认值，系统响应：找不到任何结果。

分析后认为，找不到任何结果的原因是词组检索中一次使用过多的单词。将策略按照概念分成"economic"和"quantititive analysis"，分别放在两个文本框中检索，字段仍取篇名，检索后系统响应：所有结果：1～2，共 2 页。下面是系统给出的第一篇文献的题录信息：

> The Law, Economics, and Politics of Federal Preemption Jurisprudence: A Quantitative Analysis. By: Spence, David B.; Murray, Paula. California Law Review, Oct 99, Vol. 87 Issue 5, p1125, 82p, 13 charts; (AN 2581101)

2) 使用已经概念扩展的检索策略检索。

在上下两个检索文本框分别输入"econom*"和"quantified analysis or quantification analysis or quantitative analysis"，字段仍取篇名，其余设置取默认值，检索后系统响应：所有结果 1～3，共 3 页。

3) 使用截词算符的检索策略检索。

在一个检索文本框中输入"econom* AND quantit* AND analys*"，字段仍取篇名，其余设置取默认值，检索后系统响应：所有结果 1～6，共 6 页。

4) 使用字段算符的检索策略检索。

在一个检索文本框中输入 ab (econom* AND quanti* AND analys*)，字段取默认(系统显示为"选择一个字段(可选)")，检索后系统响应：所有结果 1～10，共 930 页。

5) 使用位置算符的检索策略检索。

在一个检索文本框中输入 econom* N5 quantit* N5 analys*，字段取默认值(系统显示为"选择一个字段(可选)")，检索后系统响应：所有结果 1～10，共 47 页。

(3) 取一篇相关文献的摘要。

取以上检索得到的 Spence, David B 一文：

标题：The Law, Economics, and Politics of Federal Preemption Jurisprudence: A Quantitative Analysis.

作者：Spence, David B. Murray, Paula

来源：California Law Review; Oct 99, Vol. 87 Issue 5, p1125, 82p, 13 charts

文献类型：Article

主题词：*CONSTITUTIONAL law, * FEDERAL government, *JURISPRUDENCE

地理术语：UNITED States

摘要：Deals with the conflict and controversy of federal preemption case law under the Supremacy Clause and dormant Commerce Clause of the United States Constitution. Description of federal preemption jurisprudence; Statistical analysis and traditional analytic methods of preemption decisions in federal courts; Patterns of the decisions.

ISSN：0008－1221

入藏编号：2581101

此记录的永久链接：

http：//search. ebscohost. com/login. aspx? direct＝true&db＝a3h&AN＝2581101&lang＝zh-cn&site＝ehost-live

数据库：Academic Source Premier

7.4 网站信息检索与评价

1. 实习目的

练习搜索引擎的使用方法，收集学术网站，并以主客观方法评价网站。

2. 实习内容和要求

以百度作为主要的练习搜索引擎，要求运用并掌握百度的逻辑算符和字段限制等方法，检索获得与专业相关的一个学术网站，运用谷歌的"link"命令和两种主观评价方法评价网站。

(1) 关于课题的选择和搜索引擎的检索策略。

练习中使用的学科课题名称建议以专业的名称为基础，例如，法学院的知识产权专业，即取"知识产权"作为课题名称基础。在此基础上，再按照网站类型区分，增加限制词，构成检索策略，例如限制为门户网站，取"知识产权 门户"作为检索策略；限制为学术专家网站，取"知识产权 (博士生导师|教授)"作为检索策略；限制为学术机构网站取"知识产权 (研究所|学院)"作为检索策略；限制为学术论坛博客网站取"知识产权 (论坛|博客|inurl:forum|inurl:bbs|inurl:blog)"作为检索策略。

(2) 关于提交的学术网站。

检索所得的一个网站必须是学术性网站，内容可以是与专业有关的期刊网站、学术机构网站、专家个人网站。提交的网络资源内容包括网站的名称、简要说明(可以是提供单位、主要内容或特色等)以及网站的网址。

(3) 关于网站评价。

网站评价要求运用 Google 的"link"命令，评价其影响力；通过点击网站各个链接，检查有无死链接，评价其完整性；通过网站本身提供的"关于我们"等链接，获取该网站的主办单位、办站主旨和服务对象信息，评价其可靠性。

作业完成后，应按照网络课件中本作业的项目要求填写使用的搜索引擎名称、检索策略、所得的网站名称、网站的简要说明以及对网站的简要评价。

3. 作业评分标准

本次作业的评分标准为：所得网站的网址无错误链接或死链接，资源为学术性网站，网站评价过程清楚，提交的作业规范（所得信息完整，运用了逻辑检索和字段检索，应用了要求的网站评价方法，字体统一），按时提交作业。

具体地说，有以下情况的作业不符合本次实习的要求：

（1）非学术性网站。一般的介绍性文字，例如，产品介绍、专业介绍、厂家介绍、无杰出成就的个人介绍等，或者一般的文献及其书目信息，例如，论文、题录、文摘、引用文献等为非学术性网站。

（2）项目不全。例如，无检索策略、无说明文字。

（3）检索策略中没有使用逻辑算符、字段算符或者优先算符。

（4）所得结果的网址与站点说明无关。例如，检索历史学研究机构，给出的网址却为一本历史学书籍的广告信息。

（5）简单地直接拷贝搜索引擎得到的标题和说明语，或者直接拷贝网上现成的网络导航内容。

（6）没有进行网站评价。

4. 作业示例

学科课题：知识产权相关的研究机构

姓名：尚达胜　学号：002008888

（1）检索收集得到的一个学术网站。

使用的搜索引擎：百度

检索策略："知识产权（研究所|学院）"

检索结果：

> 北京大学知识产权学院
>
> ·学院新闻·［醒目］2005 法硕知产导师分配 2007－5－22［招聘］世泽律师事务所专场招聘会（毕业生）2007－4－18［实习］天元律师事务所招聘暑期实习生宣讲会 2007－4－18 北京大学-美国亚太法学研究院 2007 年知识产权国际论坛 2007－4
>
> www.iplaw.pku.edu.cn/ 22K 2007－6－28－百度快照

网站名称：北京大学知识产权学院

网址：www.iplaw.pku.edu.cn/

网站说明：为北京大学知识产权学院网站，主要栏目有学院概况、机构设置、教学设置等。

（2）网站的简要评价结果。

1）网站客观评价。

运用 Google 的"link"命令，得到本网站有链接 20 项，首页中非本校链接两项。这两项链接均为学术机构。

2）网站主观评价。

点击网站各个栏目，全部有信息内容，无死链接，内容完整性好。

网站无"关于我们"栏目，但是从网站内容，可见这是一个国内著名高校院系建立的学术机构网站。

从上述简要的评价结果可知，北京大学知识产权学院网站为知识产权领域的学术机构网站，网站结构完整，内容完整性好，且有外部学术机构与其链接，说明在学术上有影响力。

7.5 EndNote的使用及文后参考文献的标准著录

1. 实习目的

掌握通过 EndNote 管理文献和在 Word 文件中按照标准格式著录文后参考文献。

2. 实习内容和要求

(1) 通过 SSCI、EBSCO 和 CNKI 数据库检索相关文献，将检索结果导入 EndNote 文库。

(2) 对储存在 EndNote 文库中的文献，进行简单的文献分析。

(3) 在 Word 文件写作中自动载入参考文献，并将其改成标准的文后参考文献著录格式。

3. 实习思考题

(1) 如何将 CNKI 数据库的文献批量导入 EndNote?

(2) 利用 EndNote 分析文献的核心作者、热门课题需要通过 EndNote 的什么功能?

(3) 在 Word 文件写作中自动载入参考文献需要做哪几个操作步骤?

(4) 按照标准的文后参考文献格式，超过三位作者应该如何著录? 西文作者的姓名如何著录?

(5) 如何从 EndNote 分析得到的课题主要期刊中选出相关的核心期刊?

4. 实习示例

姓名：尚达胜　学号：002008888

课题：应用语言学研究(Studies on applied linguistics)

首先在 EndNote 中建立一个名称为"应用语言学研究"的文库，然后进行以下三个操作。

(1) 利用 EndNote 汇总相关文献信息。

1) SSCI。

直接使用 EndNote 的联机检索功能，在 SSCI 数据库的 Topic 字段，使用"applied linguistics"作为检索词，共检索所得 330 篇，将其导入"应用语言学研究"文库。

2) EBSCO。

登录进入 EBSCO 数据库，在高级检索界面，分别选取题名、文摘和主题词字段，检索词使用"applied linguistics"，字段间取逻辑或运算，共得到 370 篇文献。将其逐批导入"应用语言学研究”文库。

3）中国学术期刊网络出版总库。

登录进入中国学术期刊网络出版总库，匹配控制取“精确”，其余系统设置取默认值，检索词用“应用语言学”，共得国内期刊文献 130 篇。所得文献经格式过滤处理，通过 EndNote 导入功能将其导入“应用语言学研究”文库。

（2）利用 EndNote 分析数据库中已有的文献。

点击“工具”（Tools）下的“主题书目”（Subject Bibliography），在系统给出的字段列表中选择系统进行分析的字段，例如关键词（Keywords），再点击右边的“OK”和随后出现的“# Records”，即可得到文库中按照文献篇数统计得到的研究热点。与此同理，如果分别选择作者（Author）和作者单位（Author address），可以得到文库中发文最多的作者姓名以及单位名称。下面是对应用语言学研究文库的分析结果。

1）研究热点分析。按照发文篇数，国外应用语言学研究的热点是 COMPUTATIONAL linguistics（计算语言学，41 篇），MATHEMATICAL linguistics（数理语言学，17 篇），ACQUISITION（习得，15 篇），LANGUAGE acquisition（语言习得，13 篇），MACHINE translating（机器翻译，13 篇），INFORMATION theory（信息论，12 篇），SOCIOLINGUISTICS（社会语言学，11 篇）。

国内应用语言学研究论文量小，且主题非常分散。相对比较集中的研究课题是汉语语言学（3 篇）、研究方法（4 篇）、研究现状（3 篇）。

2）主要研究单位和研究人员分析。按照发文篇数，国外应用语言学研究的主要研究人员是 Lafford，B. A.（Arizona State Univ，Tempe，AZ 85287 USA）主要研究西班牙语和语言习得，近年共发文 6 篇，Atkinson，D（Temple Univ，Philadelphia，PA 19122 USA）主要研究语言社会学、批判教育学、语言后处理，近年共发文 5 篇，Lazaraton，A.（Penn State Univ，University PK，PK 16802）主要研究第二语言习得、课堂话语和会话分析，近年共发文 5 篇。

国内主要研究人员是于根元（北京广播学院应用语言学系）、石林平（兰州师范高等专科学校外语系）和桂诗春（广东外语外贸大学）。

3）主要期刊分析。按照文献篇数，国外应用语言学领域的主要期刊是 Modern Language Journal（66 篇）、Applied Liguistics（60 篇）、International Journal of Applied Linguistics（47 篇）、Tesol Quarterly（33 篇）、Canadian Modern Language Review（28 篇）和 Language Learning（28 篇）。国内应用语言学领域的主要期刊是《暨南大学华文学院学报》（10 篇）、《外语教学与研究》（10 篇）、《语言文字应用》（9 篇）、《山东外语教学》（7 篇）。将这些主要期刊比照国内认可的核心期刊表，即可得到应用语言学的国内外核心期刊。

（3）利用 EndNote 在 Word 文本中引用规定格式的文献。在下面 Word 文件中调用已建立的 EndNote“应用语言学研究”的文库参考文献信息。打开“应用语言学研究”的文库，从编辑菜单（Edit）下点击输出格式（Export style），选择 numbered 格式文件。回到该 Word 文件，将光标停放在要插入引用的地方“最初 20 年的文章绝大多数是关于教学法的”句尾，点击工具菜单（Tools）下的“转到 EndNote（Go to EndNote X）”。再在 EndNote 文库中选择需要引用的文献“杨瑛，应用语言学研究综述”，点击 EndNote 文库工具菜单（Tools）下的“在撰写中引用”（Cite while you write），EndNote 文库自动将引用内容插入文件，并在文章结尾生成相应的参考文献目录。

20世纪70年代以前，语言学理论及对语言的描述在语言教学，特别是外语教学中应用最为广泛，因此，语言学家当时多从狭义的角度理解应用语言学，在一些著作中常把应用语言学与语言教学等同，比如/LanguageLearni创刊于1948年，Catford不久前对其发表的学术论文按10年间隔进行了抽样调查，结果表明，最初20年的文章绝大多数是关于教学法的[1]。这从一个侧面表明应用语言学的发展轨迹。

参考文献：

[1] 杨瑛. 应用语言学研究综述[J]. 天津工程师范学院学报，2005(04).

主要参考文献

[1] 蒋永新. 自然科学技术信息检索教程(第2版)[M]. 上海:上海大学出版社,2009.

[2] 喻萍. 现代经济信息检索与利用[M]. 北京:化学化工出版社,2010,72-75.

[3] 曹志梅. 信息检索问题集萃与实用案例[M]. 北京:北京图书馆出版社,2008,64-91.

[4] 王丽英. 法律文献[M]. 北京:北京大学出版社,2010,223-253.

[5] 吉久明,孙济庆. 文献检索与知识发现[M]. 上海:华东理工大学出版社,2010,7-107.

[6] 程娟. 信息检索[M]. 北京:中国水利水电出版社,2009,67-71.

[7] 沙振江,张晓阳. 人文社科信息检索与利用教程[M]. 镇江:江苏大学出版社,2007,237-248.

[8] 王全斌. 社会科学文献检索与利用[M]. 南京:东南大学出版社,2007,221-226.

[9] 戴守义等编著. 法学文献信息检索[M]. 北京:中国政法大学出版社,2002.

[10] 吴长江. 现代信息资源检索案例化教程[M]. 武汉:华中科技大学出版社,2011,22-187.

[11] 马文峰主编. 人文社会科学信息检索[M]. 北京:北京图书馆出版社,2004.

[12] 张斗. 从安徽安特集团的经验看网络营销中收集情报的方法[J]. 计算机世界(北京),2000:(3).

[13] 杜慰纯,宋爽,李娜,等. 信息获取与利用[M]. 北京:清华大学出版社,2009.

[14] 花芳. 文献检索与利用[M]. 北京:清华大学出版社,2009.

[15] 柯平. 信息素养与信息检索概论[M]. 天津:南开大学出版社,2005.

[16] 《当代信息检索技术》编写组. 当代信息检索技术[M]. 北京:科学出版社,2010.

[17] 谢德体,陈蔚杰,徐晓琳. 信息检索与分析利用[M]. 北京:清华大学出版社,2007.

[18] Bradley P. The Advanced Internet Searcher's Handbook[M]. London: Library Assocaiation Publishing,1999.

[19] Large A, Tedd L A, Hartley R J. Information Seeking in the Online Age Principles and Practice[M]. London: Bowker Saur Press,1999.

[20] Ackermann E, Harman K. The Information Specialists' Guide to Searching. Researching on the Internet the World Wide Web[M]. 2nd ed. Chicago: Fitzrory Dearborn Publisher,2000.

[21] Gash S. Effective Literature Searching for Research[M]. 2nd ed. Hampshire: Gower House, 1999.

信息素质教育丛书

人文社会科学信息检索教程

（第四版）

主编　詹华清

上海大学出版社
·上海·

内 容 提 要

本书从当前我国人文社会科学专业文献信息检索与利用及其教学的实际需要出发，系统地论述了文献信息检索与利用的基础理论和基本技能。全书共分文献信息的基本知识、信息检索的基本知识和技能、人文社会科学专业事实数据检索知识、人文社会科学常用文献检索方法、互联网信息的检索利用方法、文献信息的收集整理方法六部分内容。本书可使学生在掌握信息检索方法的同时，学会合理选择和利用信息资源，具有内容丰富、简明扼要、通俗易懂、适应面广的特点。另外，本书配有案例分析和练习习题，具有很强的指导性和实用性。

本书可作为文科大学生和研究生的文献信息检索教材，也可供从事文科教学研究人员以及图书情报工作人员学习文献信息检索知识时参考。

图书在版编目(CIP)数据

人文社会科学信息检索教程/詹华清主编. —4版.
—上海：上海大学出版社，2012.9(2021.7 重印)
ISBN 978-7-5671-0271-2

Ⅰ.①人… Ⅱ.①詹… Ⅲ.①人文科学-情报检索-高等学校-教材②社会科学-情报检索-高等学校-教材
Ⅳ.①G252.7

中国版本图书馆 CIP 数据核字(2012)第 167644 号

策划/编辑 江振新 许 铭
封面设计 谷夫平面设计工作室
技术编辑 金 鑫 钱宇坤

信息素质教育丛书
人文社会科学信息检索教程(第四版)
主编 詹华清
上海大学出版社出版发行
(上海市上大路 99 号 邮政编码 200444)
(http://www.shupress.cn 发行热线 021-66135112)
出版人：戴骏豪
*
南京展望文化发展有限公司排版
上海华业装潢印刷厂有限公司印刷 各地新华书店经销
开本 787×1092 1/16 印张 12.5 字数 312 千字
2012 年 9 月第 4 版 2021年7月第4次印刷
印数：13301-15400册
ISBN 978-7-5671-0271-2/G·829 定价：28.00 元